Gian Antonio Stella
Sergio Rizzo

Vandali

L'assalto alle bellezze d'Italia

Rizzoli

ISBN 978-88-17-05027-2

Prima edizione: febbraio 2011

Realizzazione editoriale: Studio Editoriale Littera, Rescaldina (MI)

Vandali

Ai nostri bambini
perché possano vedere ancora
quanto era bella l'Italia.

1

La storia sotto le ruote delle autoblu

Il degrado d'un patrimonio unico, la cecità della mala-politica

Se non fosse per il fastidioso selciato millenario che a tratti obbliga gli autisti a rallentare, l'Appia Antica sarebbe proprio una bella bretella autostradale. Niente semafori. Niente traffico. Niente cittadini con la pretesa che la strada sia di tutti. Ogni giovedì pomeriggio, sfrecciando verso l'aeroporto sulle luccicanti autoblu dai finestrini oscurati dopo i soliti tre giorni di aula settimanali, i prepotenti della politica sospirano: che seccatura, i lastroni del basolato romano che qua e là affiorano sopravvissuti all'asfalto...

Direte: ma percorrere la meravigliosa e delicata Regina Viarum in macchina non è proibito da decenni? Non è vietato proprio perché le auto danneggiano quelle bellissime basole di pietra sistemate lì a partire dal 312 a.C. per volontà del censore Appio Claudio Cieco? Certo. Fatta eccezione per i mezzi di soccorso e le autoblu, però. Vuoi mettere la comodità?

L'Appia Antica è stata spesso amata dai prepotenti. Scortato dai pretoriani, Commodo la percorreva speditamente per raggiungere, cinque miglia fuori Porta Appia, la splendida Villa dei Quintili. Che aveva requisito ai fratelli Sesto Quintilio Condiano e Sesto Quintilio Valerio Massimo mandandoli al patibolo con l'accusa, pare falsa, di cospirazione. Per farsi largo sulla strada, il sanguinario imperatore figlio di Marco Aurelio e la sua guardia usavano la frusta. I consoli e i proconsoli del potere d'oggi usano i lampeggianti sul tetto.

Irrompono arroganti sull'antica via consolare alla Porta di San Sebastiano, sfrecciano a cento all'ora sui sampietrini del primo tratto ignorando il limite dei quaranta, inchiodano appena passata la tomba di Cecilia Metella per superare lentamente duecento metri di basolato che sarebbero fatali per le sospensioni delle monumentali berline, schizzano via accelerando e rallentando, di basolato in basolato, fino all'ultima deviazione che li riporta sull'Appia Nuova dopo aver saltato code e semafori. Un pezzo è contromano? Chissenefrega...

L'aggressiva violenza padronale a quella che forse è la più bella strada del mondo, percorsa con religioso stupore dai grandi viaggiatori del passato che la risalivano a piedi o a cavallo sostando alle catacombe di San Callisto, alla Villa di Massenzio, al tumulo dei Curiazi, non è solo una delle manifestazioni di mancanza di rispetto di una politica troppo occupata in altre faccende per porsi il problema del nostro patrimonio. Quelle gomme delle auto blindate che calpestano delicati selciati costruiti ventitré secoli fa per le quadrighe sono la metafora di come la classe dirigente di questo Paese calpesta quotidianamente i grandi tesori italiani.

Non abbiamo il petrolio, noi. Non abbiamo il gas, non abbiamo l'oro, non abbiamo i diamanti, non abbiamo le terre rare, non abbiamo le sconfinate distese di campi di grano del Canada o i pascoli della pampa argentina. Abbiamo una sola, grande, persino immeritata ricchezza: la bellezza dei nostri paesaggi, la bellezza dei nostri siti archeologici, la bellezza dei nostri borghi medievali, la bellezza delle nostre residenze patrizie, la bellezza dei nostri musei, la bellezza delle nostre città d'arte.

E ce ne vantiamo. Ce ne vantiamo sempre. Fino a fare addirittura la parte dei «ganassa» («Abbiamo il 40% dei capolavori planetari!», «No, il 50%!», «No, il 60%!») giocando a chi la spara più grossa. Primato che, per quanto ne sappiamo, spetta all'unica «rossa» che piace al Cavaliere, la ministra del turismo Michela Vittoria Brambilla. Che nel portale in cinese con il logo «Ministro del Turismo» lancia un messaggio al popolo dell'Impero di mezzo e sostiene non solo che «le grandi marche di moda sono italiane» e «tutti i tifosi del mondo seguono il campionato di serie A italiano» ma anche che l'Italia «possiede il 70% del patrimonio culturale mondiale». Bum!

E il Machu Picchu, i templi di Angkor, le piramidi, Santa Sofia e il Topkapi a Istanbul, il Prado, San Pietroburgo, la Torre di Londra, la cittadella di Atene, i castelli della Loira, Granada, la città proibita di Pechino, il Louvre, la thailandese Sukothai, il Taj Mahal, il Cremlino, l'esercito di terracotta di Xi'an, Petra, Sana'a e tutto il resto del pianeta? Si spartiscono gli avanzi.

Un'intervista di Marcello di Falco all'allora ministro del Turismo Egidio Ariosto sul «Giornale» ci ricorda che nel maggio 1979 l'Italia era «il secondo Paese del mondo per attrezzatura ricettiva, il primo per presenze estere, il primo per incassi turistici, il primo per saldo valutario». Tre decenni più tardi siamo scivolati al quinto posto. E la classifica per la «competitività» turistica, che tiene conto di tante cose che richiamano, scoraggiano o irritano i visitatori (non aiutano ad esempio le notizie su «1 spaghetto aragosta: 366 euro» al ristorante La Scogliera alla Maddalena) ci vede addirittura al ventottesimo posto.

Certo, è verissimo che abbiamo la fortuna di avere ereditato dai nostri nonni più siti Unesco di tutti. Ne abbiamo 45 contro 42 della Spagna, 40 della Cina, 35 della Francia, 33 della Germania, 28 del Regno Unito, 21 degli Stati Uniti. Ma questa è un'aggravante, che inchioda i nostri governanti, del passato e del presente, alle loro responsabilità. Al loro fallimento.

Spiega infatti un dossier del dicembre 2010 di Pwc (PricewaterhouseCoopers, la più grossa società di analisi del mondo per volume d'affari) che lo sfruttamento turistico dei nostri siti Unesco è nettamente inferiore a quello degli altri. Fatta 100 l'Italia, la Cina sta a 270, la Francia a 190, la Germania a 184, il Regno Unito a 180, il Brasile e la Spagna a 130. Umiliante.

E suicida. Non abbiamo molte altre carte da giocare. Ce lo dicono i dati del Fondo monetario internazionale e il confronto con le nuove grandi potenze. Dal 1994 a oggi, in quella che per noi è stata la Seconda Repubblica, mentre il nostro Pil cresceva di 1,9 volte in valuta corrente, inflazione compresa, quello brasiliano si moltiplicava per 3,6 volte, quello indiano per 4,9 volte, quello cinese addirittura di 11,5 volte. Al momento dell'irruzione sulla scena del Cavaliere, il Pil italiano (1054 miliardi di dollari) era il doppio di quello cinese (559), quasi il doppio di quello brasiliano (596) e oltre il triplo di quello indiano (323). Nel 2011, sempre secondo il Fmi, siamo a molto meno di un terzo di quello cinese, molto sotto a quello brasiliano e superiori solo a quello indiano che però è così lanciato da superarci di slancio prima del 2015. Quando i tre giganti, che rappresentano il 38% della popolazione mondiale e nel '94 non arrivavano a fare insieme neppure una volta e mezzo il nostro Pil, saranno complessivamente 7 volte più grandi di noi.

Una perdita di peso da paura. Tutta colpa di Berlusconi, il Dominus della politica italiana in questo periodo? Assolutamente no. Troppo facile scaricare su di lui. Le responsabilità del nostro arrancare sono di tanti. Di destra e di sinistra. Dei sindacati, delle aziende troppo poco coraggiose, della macchina pubblica imbolsita, della società civile, di tutti. Certo è che stando a una puntigliosa elaborazione del «País» del 24 ottobre 2010 su dati ufficiali del Fondo monetario internazionale, il nostro è il Paese che in assoluto è cresciuto di meno negli ultimi dieci anni fatta eccezione per la disastrata Haiti: 179° su 180. Non siamo riusciti a stare al passo di un mondo che correva molto di più.

È una scommessa persa da tempo. Commentando la visita di Carlo Azeglio Ciampi in Cina nel 2004, visita che tentava di rimediare a storici ritardi, Mario Carraro, l'imprenditore padovano arrivato a produrre un quinto degli assali industriali del mondo in stabilimenti sparsi per tutti i continenti, scriveva sul «Mattino» di Padova che quella stessa settimana «era ospite del governo cinese (per la sesta volta in sei anni) il premier tedesco, Schroeder, accompagnato da una massa di investimenti che fanno impallidire la nostra presenza. Nel solo 2003 la Germania ne ha attuati per circa 8 miliardi di euro. La stessa Francia è arrivata a 6 miliardi. L'Italia non ha miseramente superato i 265 milioni, largamente in coda di una lunga lista».

Bene: in diciassette anni da quando è sceso in campo, il Cavaliere non ha mai trovato il tempo per andare in Cina come capo del governo. Lui dirà che è falso, che c'è andato ben due volte. No: ci andò perché proprio non poteva farne a meno prima nella veste di presidente di turno della Ue (certo, era anche premier: ma lì stava per conto dell'Europa) e poi per il vertice dell'Asem, l'Asia-Europe Meeting. Ma mai come capo del governo per un bilaterale Cina-Italia tutto dedicato ai rapporti con la grande potenza emergente. Mai. Nonostante dal '94 alla fine del 2010 sia rimasto al governo, come lui stesso non perde occasione di vantarsi, più di chiunque dopo Mussolini: 2975 giorni. Pari a otto anni molto abbondanti. Né ha trovato il tempo per andare una sola volta, manco una, in India. Il Paese che, secondo l'«Economist» della fine di settembre 2010, «sta crescendo a un ritmo altissimo» e «crescerà più in fretta tra tutti i grandi del mondo nei prossimi 25 anni». Di più: nonostante gli inviti, ha rinviato mille volte la visita in Brasile per poi fare una scappata a San Paolo durata meno di 28 ore.

Dispaccio Ansa delle ore 18.27 del 28 giugno 2010: «Il premier Silvio Berlusconi è arrivato da pochi minuti a San Paolo...». Dispaccio Ansa delle ore 22.23 del giorno dopo: «Il premier Silvio Berlusconi ha lasciato l'albergo che lo ha ospitato in questi due giorni a San Paolo diretto all'aeroporto...». Totale: 27 ore e 56 minuti.

Sufficienti al Cavaliere per segnare nel diario, oltre agli incontri diplomatici, tre note di viaggio. La prima: un'imboscata delle Iene brasiliane che gli mandano una top model di coscialunga in micro slip e micro reggiseno leopardati: «Presidente! C'è un regalo per teeee!». La seconda, una barzelletta per gli imprenditori ospiti: «Stamani in albergo volevo farmi una ciulatina con una cameriera. Ma la ragazza mi ha detto: "Presidente, ma se lo abbiamo fatto un'ora fa...". Vedete che scherzi che fa l'età?».

La nota di viaggio più indimenticabile, però, resterà la terza. La serata all'hotel Tivoli São Paulo-Mofarrej rivelata dal quotidiano «Estado de São Paulo»: «Malgrado la sua fitta agenda di incontri con imprenditori e con il presidente Lula, il premier ha trovato il tempo per un party con sei ballerine...». Comunicato ufficiale di smentita di Palazzo Chigi: «Lunedì 28 giugno il presidente Berlusconi, accompagnato da persone del suo staff e da numerosi agenti della sua sicurezza, ha partecipato, su invito di un imprenditore (...) a un breve spettacolo di folclore tipico...». Cosa ballavano: il forrò baião, il rojão o qualche danza antica dei tempi della schiava Isaura? La risposta è nel nome della star della serata: Alexandra Valença. La cui specialità è generosamente offerta a chi naviga su YouTube. Dove la splendida figliola, rimasta seminuda dopo uno spogliarello mozzafiato, si avvita in slip neri, reggiseno nero, stivali con tacchi a spillo neri, intorno al palo della lap-dance.

Dirà il Cavaliere: ma nessuno ha rapporti buoni come me con la Russia. Vero. Anche la Russia, dal '94 a oggi, è cresciuta moltissimo: con 207 miliardi di dollari aveva un Pil che era un quarto del nostro. Nel 2014, dice ancora il Fmi, ci sarà davanti. Il Cavaliere ha scommesso forte, sui Paesi del Patto di Varsavia. Al punto di consigliare nel 2005 ai nostri imprenditori, ricorda l'Ansa, «di investire nei Paesi dell'Europa orientale piuttosto che in quelli emergenti come Cina e India» poiché secondo lui «il tasso di povertà di quei mercati è tale da non consentire, se non a una piccolissima percentuale della popolazione, l'acquisto di prodotti del "made in Italy"».

Solo due anni dopo (due!) Federico Rampini scriveva sulla «Repubblica» che secondo la classifica Hurun i miliardari cinesi, avanguardia di un arricchimento generale, erano già un centinaio. Al punto di essere il gruppo più folto di ricchi, secondo solo a quello americano. Cinque anni dopo il «China Daily» annotava soddisfatto in margine all'Expo di Shanghai che i cinesi con almeno un milione e mezzo di dollari di patrimonio liquido erano già 875.000. E gli *affluent*, come vengono chiamati nel gergo anglosassone i borghesi già in grado di permettersi più di un capriccio, addirittura 180 milioni. Destinati, almeno su tempi medi, a crescere ulteriormente.

Tutti potenziali clienti. Così ben disposti nei nostri confronti da fare del padiglione italiano all'Expo di Shanghai il più visitato dopo quello cinese e, ovvio, quello giapponese. Alla fine di gennaio del 2011 Giampaolo Visetti scriveva sulla «Repubblica» che «sarà il turista cinese ad alimentare la crescita dei viaggi a lungo raggio ed entro il 2015 diventerà il padrone assoluto dei pacchetti organizzati e dello shopping di lusso in Europa. Il rapporto annuale dell'Accademia cinese del turismo prevede che nell'anno in corso trascorreranno le ferie all'estero 57 milioni di cinesi, che spenderanno poco meno di 50 miliardi di euro. Nel 2010 sono stati 54 milioni, per un giro d'affari di 40 miliardi. Cinque anni fa erano 34 milioni e il Piano turistico nazionale calcola che entro il 2015 si recheranno all'estero tra i 100 e i 130 milioni di persone, arrivando a spendere oltre 110 miliardi di euro. La travolgente crescita economica della Cina plasma la classe media più numerosa del pianeta e produce il maggior numero di nuovi miliardari della terra.»

Peccato che non ci capiscano. L'Italia, «agli occhi di Pechino, rappresenta un incomprensibile caso a sé. Dieci anni fa era la mèta preferita dei pionieri dei viaggi in Europa. I cinesi amano il mito dello "stile di vita", il clima mediterraneo, la passata potenza imperiale e culturale, la moda e il lusso, la natura, la varietà gastronomica che esalta la qualità dei vini. "Eravate il punto di partenza ideale" dice Zhu Shanzhong, vicecapo dell'Ufficio nazionale del turismo cinese "per un tour europeo. Poi ci avete un pochino trascurati"». Al punto che «la promozione turistica dell'Italia in Cina è inferiore a quella dei Paesi Bassi».

Una follia. Ma per capire la fondatezza dell'accusa basta farsi un giro sul portale turistico aperto dal governo italiano in cinese, www.yidalinihao.com. Costato un occhio della testa e messo su con una sciatteria suicida che grida vendetta. Per cominciare, le quattro grandi foto di copertina che riassumono l'Italia mostrano una Ferrari, una moto Ducati, un pezzo di parmigiano e un prosciutto di Parma. In mezzo: Bologna. Con tanto di freccette sulla mappa che ricordano la sua centralità rispetto a Roma, Milano, Venezia e Firenze. Oddio: hanno sbagliato capitale? No, come ha scoperto «il Fatto Quotidiano», è solo un copia-incolla dal sito cinese della Regione Emilia-Romagna aimiliyaluomaniehuanyingni.com. Un'idea per risparmiare tempo e fatica da parte del curatore, Luca Moschini, uno dei collaboratori dei Circoli della Libertà della Brambilla arruolati al ministero.

Ma ancora più stupefacenti sono i video che illustrano le nostre venti regioni. Dove non solo non c'è un testo in cinese (forse costava troppo: i milioni di euro erano finiti...) ma ogni filmato è accompagnato da un sottofondo musicale. Clicchiamo il Veneto? Ecco il ponte di Rialto, le gondole, il Canal Grande, le maschere, i vetrai di Burano... E la musica? Sarà di Antonio Vivaldi o Baldassarre Galuppi, Tomaso Albinoni o Benedetto

Marcello, Pier Francesco Cavalli o Giuseppe Tartini? Sono talmente tanti i grandi compositori veneziani del passato...

Macché: la *Carmen* del francese Georges Bizet rivista dal russo Alfred Schnittke! La musica dell'Umbria? Del polacco Fryderyk Chopin. Quella della Campania? Del norvegese Edvard Grieg. Quella del Lazio? Dell'austriaco Wolfgang Amadeus Mozart. Quella dell'Abruzzo? Dell'inglese Edward Elgar. E via così: tutti ma proprio tutti i video che dovrebbero far conoscere l'Italia ai cinesi, fatta eccezione per quello della Basilicata dove la colonna sonora è del toscano Luigi Boccherini, sono accompagnati dalle note di musicisti stranieri. Amatissimi, ma stranieri. Un delirio: la ministra e i suoi collaboratori, tra una passarella berlusconiana e una campagna per gli animali da compagnia, hanno mai sentito nominare Giuseppe Verdi, Gaetano Donizetti, Ruggero Leoncavallo, Pietro Mascagni, Giacomo Puccini, Amilcare Ponchielli, Gioachino Rossini e mille altri ancora? Pura sciatteria. Da dimissioni istantanee.

Il guaio è che da molto tempo immaginiamo che tutto ci sia dovuto. Che gli stranieri, per mangiar bene, bere bene, dormire bene, fare dei bei bagni e vedere delle belle città, non abbiano altra scelta che venire qui, da noi. Che cortesemente acconsentiamo a intascare i loro soldi, quanti più è possibile, concedendo loro qualche spizzico del dolce vivere italiano. Peggio: siamo convinti che questi nostri tesori siano lì, in cassaforte. Destinati a risplendere per l'eternità senza avere alcun bisogno di protezione. Di cura. Di amore.

Non è così. Non è più così. Affacciamoci alla finestra, scrive in *Paesaggio Costituzione cemento* Salvatore Settis, presidente del consiglio scientifico del Louvre da anni in trincea contro il degrado, e «vedremo boschi, prati e campagne arretrare ogni giorno davanti all'invasione di mesti condominî, vedremo coste luminose e verdissime colline divorate da case incongrue e palazzi senz'anima, vedremo gru levarsi minacciose per ogni dove. Vedremo quello che fu il Bel Paese sommerso da inesorabili colate di cemento».

Chi comanda a Catanzaro e a Reggio spaccia le coste calabresi come fossero rimaste quelle descritte con stupefazione alla fine degli anni Settanta dal veneto Giuseppe Berto, pazzo d'amore per Capo Vaticano: «Appena la vidi seppi che quella terra, dalla quale si scorgevano magiche isole, era la mia seconda terra, e qui son venuto a vivere. Sto su un promontorio alto sul mare, è un panorama stupendo. E quando il giorno, dalla punta del mio promontorio, guardo gli scogli e le spiaggette cento metri sotto il mare limpidissimo che si fa subito blu profondo, so di trovarmi in uno dei luoghi più belli della terra».

Andarci oggi spezza il cuore. Grandi maison coatto-hollywoodiane. Palazzine senza intonaco. Esercitazioni edilizie di geometri scadenti. Verande appiccicate. Baracche e baracchette. Un abusivismo da spavento che toglie il sonno al procuratore Mario Spagnuolo: «Sono qui da due anni e passiamo il tempo a denunciare e perseguire abusi. Hanno devastato tutto. A Joppolo, accanto a Capo Vaticano, hanno tirato su illegalmente spacciandole per baracche agricole una decina di ville californiane, comprate da professionisti del Nord o stranieri che non vogliono sapere "chi" le ha costruite». E passate di mano senza che i notai, evidentemente, si accorgessero che erano abusive...

«Costa degli dei», la chiamano. E come scrive sulla «Repubblica» Beppe Baldessarro, raccontando di uno studio della Regione sulla cementificazione che ha accertato una casa abusiva ogni 150 metri di costa e perfino 412 in luoghi di «gravi condizioni di rischio idraulico», tutto il litorale è pieno di Costa Viola, Costa dei Gelsomini, Riviera dei Cedri e insomma nomi che evocano paradisi ambientali, ma che nei fatti sono segnati dalle ferite di decenni di incuria, di complicità, di connivenze. Documenti che rappresentano la sintesi delle speculazioni di imprenditori senza scrupoli, delle mafie del mattone e della cultura, dell'illegalità «domestica». Al punto che, secondo Legambiente, la Calabria occupa un ventesimo del territorio nazionale e vi risiede un ventottesimo della popolazione ma ospita un settimo di tutte le illegalità nel ciclo del cemento, con una percentuale di costruzioni abusive rispetto a quelle regolari in linea col Sud peggiore, che svetta col 26,2% di abitazioni fuorilegge sul totale, contro il 4,8% del Nord e il 9,5% del Centro.

E cosa fa la politica? Non ci prova neppure ad abbattere e risanare. Preferisce il lifting. Prima la campagna affidata a Oliviero Toscani, che da professionista serio non ci pensa neanche a cercare posti che, col taglio della foto, «sembrino» incontaminati e preferisce puntare sulle facce pulite di tanti ragazzi. Poi la sponsorizzazione dell'Italia del calcio con soldi europei, bastonata dal settimanale tedesco «Der Spiegel»: «La Calabria è piccola, povera, mafiosa e sponsor ufficiale della nazionale di football. Per attirare i turisti offre milioni alle star del calcio italiano, finanziate con i fondi di sviluppo dell'Ue». Infine uno spot con Rino Gattuso, che passeggia lungo una spiaggia apparentemente vergine: «Greci, arabi, normanni, pure loro so' venuti cca. Mica scemi. Co' 'stu panorama...». E tutti si mettono «la mano sul cuore». Mano sul cuore anche i Bronzi di Riace. Che nella realtà sono stati così trascurati da avere nel 2009 meno visitatori dello zoo di Pistoia.

Quanto alla prima casa di Berto, la stupenda campagna veneta è ormai ridotta spesso a un'oscena poltiglia cementizia di capannoni, villette a schiera, hangar per il bowling, aree industriali, villini coi nanetti, outlet, sottopassi... Spiega uno studio dell'Associazione europea cementieri che l'Austria nel 2004 ha prodotto 4 milioni di tonnellate di cemento, il Benelux 11, la Gran Bretagna 12, la Francia 21 e mezzo, la Germania 33 e mezzo, la Scandinavia meno di 36 e noi 46,05, battuti di un soffio solo dalla Spagna. Solo che la Spagna ha 90,6 abitanti per chilometro quadrato, noi 199,3: più del doppio. Insomma, di territorio ne abbiamo già consumato troppo. Non parliamo del Veneto, che con il resto del Nord assorbe il 47% di quel cemento nonostante una densità abitativa che arriva a 265: quasi il triplo del Paese iberico.

Non c'è altro fiume al mondo che scorra tra tante ville straordinarie come il Brenta. Goethe restò affascinato: «La gita sul Brenta col burchiello pubblico (...) è simpatica e piacevole. Le rive sono adorne di giardini e di ville; piccoli paesi si allineano sulla sponda, lungo la quale corre talora la via maestra». Decenni dopo, lo storico Cesare Cantù confermò: «Seguendo il Brenta, belle e amene villeggiature vediamo seguitarsi via via, fiancheggiate da viali, da giardini: le une di grandiosa mole, le altre di più moderata costruzione, dove il pittore tenne luogo dell'architetto e dello scultore...».

Per questo vengono da tutto il mondo. E sulla conservazione di questa fantastica prospettiva acquea che squaderna Villa Pisani e Villa Widmann, la barchessa di Villa Alessandri e Villa Valmarana e la Malcontenta palladiana e tutte le altre a decine e decine, uno Stato serio punterebbe tutto. Qual è invece il futuro che si prefigura? Cantieri, cantieri, cantieri. Il progetto d'una grande città della moda da 130.000 metri cubi spalmata in un tratto di campagna miracolosamente integra «da riqualificare». Il progetto d'una nuova camionabile sul tracciato della vecchia idrovia da Padova alla Laguna. Il progetto autostradale della Venezia-Orte. Il progetto Veneto City, una sorta di new town direzionale e commerciale da quasi due milioni di metri cubi. Perché poi un turista dovrebbe venire da qualche megalopoli americana o cinese per ritrovarsi in una realtà somigliante a una megalopoli americana o cinese?

Una ricerca di Tiziano Tempesta, del dipartimento Territorio dell'Università di Padova, spiega che non ne vale la pena. Almeno nel Veneto. E non solo sul piano del paesaggio, delle margherite e del cinguettio dei passerotti: se in questi anni la popolazione è aumentata di circa 243.000 abitanti (in buona parte stranieri), sono già state costruite «abitazioni sufficienti a dare alloggio a circa 788.000 persone». Il triplo. Morale: anche con gli «elevatissimi tassi d'immigrazione degli ultimi anni» (difficile...) le concessioni edilizie già rilasciate saranno «sufficienti a soddisfare la domanda di case per i prossimi 13 anni». Con un tasso immigratorio ridotto, come si è ridotto, fino al lontano 2034. Allora: che senso ha?

«Un odioso incantesimo sembra riservato alla memoria e alla bellezza» scrive Roberto Ippolito nel suo libro *Il bel paese maltrattato*. «Si abbatte su monumenti vittoriosi nella sfida contro il tempo e su un territorio davvero unico. Non si tratta semplicemente di un'offesa ripetuta al passato o all'aspetto: è un'offesa all'identità nazionale, al patrimonio che caratterizza il Paese, all'anima della vita quotidiana, ai tesori che rappresentano il cammino da ieri a oggi e sui quali si dovrebbe saper costruire anche il futuro. Un'offesa alla creatività e all'imprenditorialità. E quindi anche al turismo e all'economia.»

Pochi mesi prima di morire, l'8 aprile 2001, rispondendo a un lettore che gli chiedeva aiuto per salvare la riviera ligure, Indro Montanelli maledì sul «Corriere» questo nostro Paese che tanto aveva amato. E scrisse che le ruspe sono sempre in agguato per «dare sfogo all'unica vera vocazione di questo nostro popolo di cialtroni che non vedono di là dal proprio naso: l'autodistruzione». Aveva condotto decenni di battaglie ambientaliste. Per l'amatissima Venezia. Per la Sardegna dove era cresciuto. Per la Lombardia dove le fabbriche avevano allagato «la campagna di prima e di sempre, con le sue isolate cascine, i suoi borghi antichi, le sue straducole sbilenche, cariate di pozzanghere in inverno o sfatte di polvere in estate». Per la Toscana assaltata dal cemento senza rispetto per il monito che «ogni filare di viti o di ulivi è la biografia di un nonno o un bisnonno».

Quella sua ultima invettiva sulla Liguria è indimenticabile: «Nella distruzione della vostra Riviera è responsabile tutta la vostra classe dirigente, non soltanto quella politica. Ne sono responsabili quella imprenditoriale, quella finanziaria, quella mercantile, quella alberghiera. Tutti. Tutti, anche il cosiddetto uomo della strada: tutti abbacinati dall'irruzione dei cantieri, fabbriche di miliardi e di posti di lavoro; dalla speculazione edilizia che prenderà d'assalto il promontorio dando agl'indigeni la grande occasione di arricchirsi con un orto. Che pacchia! Una pacchia che durerà sei, sette, dieci anni, per poi ridurre questo angolo d'immeritato paradiso alla solita colata di cemento e di asfalto».

Intendiamoci, spiegava: «Io non sono un ambientalista, né parlo in nome degli ambientalisti che spesso impediscono ciò che invece è necessario non solo a migliorare, ma anche a conservare. La difesa di certe fatiscenze solo perché hanno dalla loro qualche secolo, è spesso insensata e controproducente per le Cause giuste e buone. Ma la distruzione di un paesaggio come quello vostro è un crimine che dovrebbe valere ai responsabili la galera a vita. (...) Noi italiani siamo in fondo un popolo che non ama il proprio Paese. Siamo sempre quelli di Guicciardini che amano solo "il suo particulare"».

Era un nemico della patria, Montanelli? Un pessimista reo di collaborazionismo con quegli stranieri che ci rinfacciano la colpa di non conservare i nostri tesori, un patrimonio non solo nostro? Uno di quei «catastrofisti» e «disfattisti» invisi a Silvio Berlusconi perché «bisogna essere ottimisti» dato che «con il pessimismo si fa soltanto il male dei cittadini»?

Lasciamo rispondere a Curzio Malaparte, rileggendo l'articolo sul «Tempo illustrato» del 1956 ripreso da Filippo Maria Battaglia e Paolo Di Paolo nel libro *Scusi, lei si sente italiano?*: «Non mi stancherò mai di ripetere che vi sono due modi di amare il proprio Paese: quello di dire apertamente la verità sui mali, le miserie, le vergogne di cui soffriamo, e quello di nascondere la realtà sotto il mantello dell'ipocrisia, negando piaghe, miserie, e vergogne, anzi esaltandole come virtù nazionali.

«Tra i due modi, preferisco il primo. Non solo perché a me sembra il giusto, ma perché l'esperienza insegna che la peggior forma di patriottismo è quella di chiudere gli occhi davanti alla realtà, e di spalancare la bocca in inni e in ipocriti elogi, che a null'altro servono se non a nascondere a sé e agli altri i mali vivi e reali. Né vale la scusa che i panni sporchi si lavano in famiglia. Vilissima scusa: un popolo sano e libero, se ama la pulizia, i panni sporchi se li lava in piazza. Ed è cosa inutile e ipocrita invocare la carità di patria. La carità di patria fa comodo soltanto ai responsabili delle nostre miserie e vergogne, e ai loro complici e servi, fa comodo a chi ci opprime, ci umilia, ci deruba, ci corrompe. Non è certo con questa specie di carità che si potranno evitare nuovi malanni, e nuovi lutti all'Italia. (...) E non si dica che l'Italia è ormai talmente avvilita, che non può sopportare la verità, e ha bisogno della menzogna per vivere e sopravvivere. Se non sopporta la verità, se ne vada al diavolo. Io non so che farmene di una patria che non sopporta la verità».

E qual è questa verità che non viene sopportata? Diamo qualche flash sullo spreco. Le gallerie della Tate Britain hanno «fatturato» nell'ultimo anno fiscale 76,2 milioni di euro, poco meno degli 82 milioni entrati nelle casse con i biglietti di tutti i musei e i siti archeologici statali italiani messi insieme. Il merchandising ha reso nel 2009 al Metropolitan Museum quasi 43 milioni di euro, ben oltre gli incassi analoghi di tutti i musei e i siti archeologici della penisola, fermi a 39,7. Ristorante, parcheggio e auditorium dello stesso museo newyorkese hanno prodotto ricavi per 19,7 milioni di euro, tre in più di tutte le entrate di Pompei, il nostro gioiello archeologico. Dove i «servizi aggiuntivi» sono stati pari a 46 centesimi per visitatore: un ottavo che agli Uffizi, un quindicesimo che alla Tate, un ventisettesimo che al Metropolitan, un quarantesimo che al MoMa, il Museum of Modern Art. Un disastro.

Per non dire di come custodiamo le nostre ricchezze. Ti prudono le mani a sapere che il tombarolo che ha scoperto e saccheggiato la villa di Caligola a Nemi non ha fatto un minuto di galera e quasi certamente non entrerà mai in carcere. Ti prudono a sapere che quando lo hanno preso (nel gennaio 2011: non ai tempi della Stele di Rosetta) stava per vendere all'estero la statua dell'imperatore ma hanno dovuto obbedire schifati alla legge indecente e rilasciarlo. Ti prudono a sapere che forse ha spaccato altre sculture per venderle a pezzi. Perché non è un episodio isolato: è lo specchio dell'Italia. Isterica col borseggiatore, invelenita con il vucumprà, distratta con chi ci rapina del nostro unico tesoro.

L'hanno riconosciuto da un calzare, Caligola. Al piede sinistro la statua ha la *caliga*, la scarpa dei legionari che Gaio Giulio Cesare Germanico era solito indossare fin da fanciullo. Un vezzo che gli era valso il soprannome col quale sarebbe stato tramandato ai posteri, sinonimo di crudeltà, violenza, dissolutezza. Ma anche senza quel marchio inconfondibile ci sarebbero stati ben pochi dubbi. Il trono sul quale la figura sta seduta è decorato con i simboli imperiali. E poi il materiale: marmo di Paros, considerato un tempo il migliore e più pregiato del mondo.

I finanzieri del Gruppo tutela patrimonio archeologico hanno trovato i pezzi della gigantesca scultura, alta più di due metri e trenta, su un Tir che li stava portando a Ostia, dove sarebbero stati imballati per essere spediti all'estero. Destinazione: la Svizzera. Accogliente rifugio per opere d'arte trafugate. Un saccheggio ignobile, nel quale sono impegnati tombaroli, insospettabili mercanti d'arte, ma anche case d'asta e perfino i musei più importanti del mondo.

Il predatore ha portato i militari dove aveva scavato. Su una collinetta a ridosso di Nemi, in un punto spettacolare, da cui si vede il mare fino ad Anzio, dove Caligola era nato. L'imperatore adorava quel laghetto a una trentina di chilometri da Roma. Vi aveva fatto costruire e ormeggiare due gigantesche navi lunghe settanta metri. Palazzi galleggianti e lussuosi, con i pavimenti di mosaico e le colonne di marmo, attrezzati per i baccanali suoi e della sua corte. Ucciso a 29 anni dalle sue stesse guardie del corpo, il crudele imperatore era così odiato che alla sua morte gli scafi furono affondati. Per riemergere negli anni Venti del Novecento quasi intatti (il fasciame, i tubi di piombo dell'impianto idraulico con stampigliato il nome dell'imperatore, una pompa di sentina funzionante...) ed essere distrutti nel giugno del 1944 da un incendio pare appiccato dalle truppe tedesche in fuga.

È quasi certamente lì, la villa di Caligola. Lì c'è da scavare. Eppure la scoperta, mentre eccitava gli archeologi, al tempo stesso li gettava nello sconforto: dove trovare i finanziamenti per scavare, in questi anni di vacche magrissime e di tagli traumatici? Si apriva una gara non diversa da quelle raccontate da Steven Spielberg con Indiana Jones: arriveranno prima gli studiosi o i razziatori, i quali dei divieti se ne fottono e distruggono le tracce che aiutano a ricostruire la storia e sanno che non rischiano assolutamente nulla?

Dice l'Ufficio delle Nazioni Unite per il controllo della droga e la prevenzione del crimine di Vienna che quello delle opere d'arte trafugate è il terzo business mondiale del crimine dopo i traffici di droga e di armi. Eppure tra i 69.000 detenuti nelle carceri italiane all'inizio del 2011 neanche uno era in cella per avere scavato una tomba etrusca, rubato un quadro o trattato la vendita di un vaso antico a un ricettatore straniero. Se sei ricercato per «tentato furto di una mucca», come capitò all'albanese Florian Placu, puoi restare sei mesi a San Vittore. Se cerchi di vendere all'estero la statua di Caligola non vai in carcere. Se poi trovi certi giudici, puoi perfino tenerti la merce.

È successo ad Angelo Silvestri, un sub laziale denunciato per essersi «impossessato di beni culturali appartenenti allo Stato». Aveva trovato, guardandosi bene dall'avvertire la soprintendenza, 28 pezzi tra i quali varie anfore antiche e un set di preziosissimi strumenti chirurgici romani con tanto di astuccio, perfettamente integri. Il pubblico ministero chiese una condanna ridicola: sei mesi e 2500 euro di multa. «Esagerato!», pensò il giudice di Latina Luigi Carta. E il 3 maggio 2004 assolse l'imputato perché «di anfore, piatti di terracotta, crateri e vasi, manufatti di vario genere, sono pieni i nostri mari e la nostra penisola, crocevia di popoli e di civiltà in continua evoluzione e costituiscono oggetti di valore culturale in senso lato, ma non tutti sono di valore storico e archeologico dal punto di vista scientifico». E chi lo decide, se hanno valore o no? Il magistrato.

C'è poi da stupirsi se i musei stranieri, davanti alla nostra richiesta che venga restituito questo o quel pezzo ricettato, che magari loro con amore custodiscono e con amore offrono in visione a milioni di visitatori, fanno resistenza pensando che quel pezzo finirà anonimamente nel mucchio delle tante ricchezze abbandonate in qualche museo di periferia? Prendete l'Atleta vittorioso, lo splendido bronzo attribuito a Lisippo trovato nell'agosto 1964 da un peschereccio nel mare di Fano e ora al J. Paul Getty Museum di Los Angeles, che lo pagò quasi 4 milioni di dollari. Sono anni che l'Italia dà battaglia nei tribunali. Eppure nel gennaio 2011 lo storico Alberto Berardi confida all'Ansa: «Quando il Lisippo tornerà a Fano, perché tornerà, dovremo dire agli americani che non sappiamo dove metterlo e magari che lo tengano ancora un po' loro». Nessun progetto di sistemazione, nessuna idea: «Una risata mondiale potrebbe seppellirci».

La stessa risata che avrebbe seppellito il ministero del Turismo se non fosse stata accuratamente ignorata un'ordinanza stupefacente. Quella del 30 luglio 2009. Che dopo i soliti bla-blabla burocratici spiega che «in vista dell'Expo 2015 è necessario estendere la portata attrattiva dell'evento a tutto il sistema Paese» e che «la grave crisi economica in atto rende necessaria ed indifferibile la predisposizione di azioni e di strumenti di intervento straordinari» e altri «interventi straordinari e urgenti» eccetera eccetera... Quindi? Quindi il governo nomina al Turismo un commissario con poteri di Protezione civile che avrà a disposizione tre milioni l'anno. È o non è il governo Berlusconi unico al mondo? Voilà: l'unico caso planetario di un ministero commissariato.

E chi è il commissario plenipotenziario? Il capo di gabinetto della ministra Brambilla, Claudio Varrone, un giudice amministrativo «in sonno» che dopo aver avuto nel solo '92 arbitrati e incarichi extragiudiziari per 350.000 euro, fu collocato tempo fa (tra mille polemiche) ai vertici del Poligrafico dello Stato. Insomma, un grand commis di lunghissimo corso sempre appiccicato al potere e nominato da Giancarlo Galan presidente dell'Unione nazionale razze equine. Riassumendo, nel gennaio 2011 risulta essere insieme presidente dell'Unire, capo di gabinetto della Brambilla e commissario della Protezione civile al Turismo. Tutti incarichi che non svolge, diciamo così, gratis. Vi chiederete: ma se il turismo è così in crisi da aver bisogno di un commissario, dove troverà il tempo per fare tutte queste cose?

Tranquilli: al fine di consentirgli di espletare le sue funzioni con la massima efficienza, il medesimo «è collocato in posizione di fuori ruolo, eventualmente in soprannumero, anche in deroga ad ogni contraria disposizione». Traduzione: mano libera. Del resto a questo serve, come vedremo, il grimaldello della Protezione civile: a fare le cose senza gli impicci delle regole. Scegliere senza gare d'appalto chi pubblicherà libri, giornali e opuscoli per le campagne stampa. Decidere senza gare a chi affidare «l'organizzazione e la gestione di mostre, esposizioni, spettacoli, concerti, gare, eventi sportivi, raduni, premiazioni e manifestazioni...». Ingaggiare senza gare giornalisti, grafici, attori, scenografi, consulenti, pubblicitari, musicisti, cantanti e testimonial. Assumere a termine quindici persone e quattro consulenti, da scegliere fra magistrati, avvocati dello Stato e dirigenti pubblici... Possibilmente, dicono le denunce del «Fatto Quotidiano», molto berlusconiani.

Immaginiamo già le obiezioni: sempre critiche, critiche, critiche... «Non è così che si fa il bene dell'Italia!» Anche Gaetano Polverelli, il capo ufficio stampa del Duce, la pensava così. Ed emanava l'ordine nel 1931 a «improntare il giornale a ottimismo, fiducia, sicurezza nell'avvenire. Eliminare le notizie allarmistiche, pessimistiche, catastrofiche e deprimenti». Ne scrisse sulla «Frankfurter Zeitung» anche il grande Joseph Roth spiegando che i giornali erano sbarrati a chi era accusato di aver «esercitato un'azione contrastante gli interessi della nazione».

La verità è che tutti i grandi intellettuali italiani sono stati spesso durissimi con l'Italia. Proprio per amore dell'Italia. Da Antonio Gramsci, che ironizzava sulla viltà di tanta parte della nostra cultura citando una quartina di Giuseppe Giusti («Dietro l'avello / di Machiavello / giace lo scheletro / di Stenterello») a Oriana Fallaci: «La mia Patria, la mia Italia, non è l'Italia d'oggi. L'Italia godereccia, furbetta, volgare degli italiani che pensano solo ad andare in pensione prima dei cinquant'anni e che si appassionano solo per le vacanze all'estero o le partite di calcio. L'Italia cattiva, stupida, vigliacca, delle piccole iene che pur di stringere la mano a un divo o una diva di Hollywood venderebbero la figlia a un bordello di Beirut ma se i kamikaze di Osama Bin Laden riducono migliaia di newyorchesi a una montagna di cenere che sembra caffè macinato sghignazzano contenti bene-agli-americani-gli-sta-bene». Prospettive diversissime, ma anti-italiane?

Antonio Cederna non fece mai sconti, all'Italia che non gli piaceva. E nell'introduzione al libro *I vandali in casa*, recentemente ripubblicato a cura di Francesco Erbani, spiega: «Chiediamo (...) perdono alla memoria dei Vandali, per l'opinione comune che li calunnia: Roma e l'Italia sono state distrutte dai romani e dagli italiani. I vandali che ci interessano sono quei nostri contemporanei, divenuti legione dopo l'ultima guerra, i quali, per turpe avidità di denaro, per ignoranza, volgarità d'animo o semplice bestialità, vanno riducendo in polvere le testimonianze del nostro passato: proprietari e mercanti di terreni, speculatori di aree fabbricabili, imprese edilizie, società immobiliari industriali commerciali, privati affaristi chierici e laici, architetti e ingegneri senza dignità professionale, urbanisti sventratori, autorità statali e comunali impotenti o vendute, aristocratici decaduti, villani rifatti e plebei, scrittori e giornalisti confusionari o prezzolati, retrogradi profeti del motore a scoppio, retori ignorantissimi del progresso in iscatola».

Ecco, se quel «grillo parlante» fosse stato ascoltato quando scriveva che «le meraviglie artistiche e naturali del "Paese dell'arte" e del "giardino d'Europa" gemono sotto le zanne di questi ossessi», l'Italia di oggi sarebbe migliore. E probabilmente anche più ricca. Ma la cattiva politica non ha mai voluto sentire. È troppo occupata in altre faccende. Troppo occupata a conservare i propri privilegi per conservare il nostro patrimonio, le nostre bellezze, i nostri tesori.

2

Il cane piscia nelle domus? È la sua natura...

Mosaici a pezzi, randagi, teatro fatto nuovo: l'agonia di Pompei

«E questa è la famosa moquette degli antichi romani...» ride il custode. E si piega per strappare dei lembi di stoffa che coprono le pietre della stradina che porta alla stupenda Casa di Marco Lucrezio Frontone. Che razza di storia è questa? Controlliamo. Ha ragione lui. L'acciottolato del vicolo è stato coperto da uno strato di panno bianco ormai marcito sopra il quale è stato buttato uno strato di ghiaia lavica. Come mai? «Doveva venire in visita Silvio Berlusconi (che poi manco è venuto) e volevano portarlo anche qui. Forse pensavano che la strada fosse un po' sconnessa... Magari temevano che si slogasse una caviglia posando male i tacchi.»

La moquette! Si sono posti il problema della moquette e intanto, nell'inverno del 2010, lo stupendo mosaico della Casa di Cecilio Giocondo scricchiola sinistro sotto i piedi. Irrimediabilmente destinato a sollevarsi, gonfiarsi, sgretolarsi. Come tanti altri mosaici di Pompei.

L'ultimo mosaicista, Enrico Gabbiano, che curava ogni mosaico pompeiano come una donna amatissima al punto da chiamarlo al femminile «la mosaica» e di sfasciarsi le ginocchia a forza di lavorare carponi, appena arrivava novembre copriva tutte le sue creature meravigliose con sabbia lavica, asciutta e senza sale, in grado di proteggere e insieme di far respirare quei delicatissimi disegni composti da migliaia di «abaculi». In pensione dal lontano 1° aprile 2001 non è mai stato sostituito. Come non sono mai stati sostituiti tutti gli altri operai della manutenzione quotidiana (fabbri, muratori, stuccatori) andati via via a riposo. Erano 98, secondo lo stesso segretario generale del ministero: sono rimasti in 8. Che importa della manutenzione ai teorici della politica dell'emergenza? Gli inviati dei grandi giornali stranieri, arrivati in massa dopo il crollo della Scuola dei Gladiatori, non credono ai loro occhi nel vedere certe cose. Girano attoniti per i cardi annotando le gettate di cemento. Infilano sgomenti la mano sotto gli intonaci dipinti che si staccano dai muri. Chiedono cosa diavolo siano gli orrendi capannoni tirati su negli ultimissimi anni e costati, sotto la voce «gruppo di edifici destinati a locali spogliatoi e servizi igienici per il personale addetto ai servizi di vigilanza negli scavi», la bellezza di 2.080.598,79 euro. Stentano a credere che la straordinaria Casa dei Vettii sia rimasta chiusa dal '97 e che invece di finire l'interminabile restauro abbiano preferito eliminare il cartello che annunciava la fine dei lavori per una data già scaduta da tempo così da evitare che ogni turista ci scrivesse sopra «vergogna, vergogna, vergogna». Domandano sbalorditi: come mai non c'è neppure nelle case più a rischio qualche telecamera di videosorveglianza?

Lasciamo rispondere a un articolo di «Panorama» del lontano gennaio 2002 dedicato alle fatiche di Sisifo di Giuseppe Gherpelli, un emiliano tosto mandato giù da Veltroni per avviare l'autonomia gestionale e rimasto lì fino all'arrivo al ministero di Giuliano Urbani, che non riuscirà a convincerlo a restare: «La sorveglianza, affidata ai soli custodi, non basta. E Gherpelli, fra i primi atti della sua gestione, fa montare un sistema di telecamere a circuito chiuso. Ma l'impianto, inaugurato in pompa magna, non entrerà mai in funzione per l'impossibilità di raggiungere un accordo sindacale sul personale da destinare alla centrale di controllo». I risultati sono lì, sotto gli occhi di tutti.

Dice Pietro Giovanni Guzzo, soprintendente a Pompei fino all'agosto 2009, che la Schola Armaturarum sarebbe crollata perché stava come quella dei Casti Amanti sul lato nord di Via dell'Abbondanza, «dove solo una parte è stata scavata. I due terzi rimangono sotto un terrapieno che sovrasta di circa cinque metri il piano del calpestio della strada. Quando piove sul terrapieno l'acqua si infiltra e arriva alle canalette di scolo di Via dell'Abbondanza e defluisce». Se poi «sulla Casa dei Casti Amanti per quei lavori assurdi di "valorizzazione" si apre un grande cantiere, che per fare girare i camion deve creare dei piani impermeabili

e vengono costruite delle baracche con tetti pesanti, è chiaro che l'acqua non trovando più la sua strada, ne cerca un'altra».

Dunque ci saranno altri crolli? «Sì, è probabile, ma è possibile che anche altre zone collassino, perché la manutenzione si è interrotta da tempo.» Se questo è il dubbio, ogni persona con la testa sul collo immaginerà che sia partito un ordine: mai più mezzi pesanti su quel terrapieno. Falso. A fine dicembre del 2010, su quella montagnola che ogni tanto frana sulle case di sotto, è al lavoro un caterpillar. E se crolla tutto? «Hiiii, facimm' 'e ccorna!»

Prosit, Pompei! Cosa diavolo ci sia da festeggiare, nel più prezioso, fragile e sventurato sito archeologico del mondo, non si capisce proprio. Eppure, con l'acqua alla gola come dicono di essere, hanno trovato 55.000 euro per comprare una partita di mille bottiglie di vino Villa dei Misteri. Mille. Un po' le hanno spedite in giro per le ambasciate e i consolati italiani nel mondo. La maggior parte, due terzi, le hanno messe in un magazzino. E lì sono state trovate nell'ottobre del 2010 dalla nuova soprintendente, Jeannette Papadopoulos (sostituita due mesi dopo da Teresa Elena Cinquantaquattro).

Cinquantacinque euro a bottiglia! Per un vino fatto con uva prodotta su terreni dello stesso sito archeologico. O almeno così dice la pagina web dell'azienda Mastroberardino contattata alla metà degli anni Novanta dalla soprintendenza per «ripristinare la viticoltura nell'antica città di Pompei». Cinque piccoli vigneti per un totale di un ettaro circa. Dove sono «impiantati i vitigni autoctoni Piedirosso e Sciascinoso, scelti sulla scorta di ritrovamenti archeologici, studi botanici, bibliografici e iconografici condotti anche sugli antichi affreschi».

Fu una buona idea? Mah... La soprintendenza pensava di guadagnarci: non solo l'azienda vinicola s'impegnava a tenere in ordine gli spazi senza un centesimo di oneri pubblici, ma a pagare un affitto di 5 milioni di lire l'anno. Ma già nel 2007 il segretario generale del ministero per i Beni culturali Giuseppe Proietti avviò un accertamento sull'acquisto nel 2006 da parte del direttore amministrativo degli scavi Luigi Crimaco di cento bottiglie di vino Villa dei Misteri per 3600 euro. Risultato? Tre anni dopo, le bottiglie comprate dagli scavi si moltiplicano per dieci volte.

Sfogliamo on-line il catalogo prezzi della Mastroberardino: il Lacryma Christi del Vesuvio rosso costa 9,90 euro, la Falanghina Sannio 8,60, il Mastro Campania 6,65. Prezzi popolari. E il Villa dei Misteri Pompeiano 100. Cento! Il prezzo di un Sassicaia. Il triplo di un Brunello di Moltalcino. Va da sé che ti viene un sospetto: quante bottiglie vende, a parte quelle rastrellate dal commissario straordinario di Pompei, il Villa dei Misteri? Mistero.

In realtà, come dimostra un'inchiesta sull'«Espresso» di Emiliano Fittipaldi e Claudio Pappaianni, tutto il bilancio di Pompei è pieno di voci oscure. E sconcertanti. Nella scia di una storia pazzesca. Con accordi interni che ancora nel 1997 obbligavano gli elettricisti a salire solo su scale contrattualmente non più alte di 70 centimetri: tre gradini. Oltre, no. E alla vigilia del Terzo Millennio, quel contratto veniva fatto rispettare con tanta pignoleria che una volta restarono un anno intero (un anno!) senza luce alla Villa dei Misteri perché inchiodati a un problema sindacale: gli elettricisti interni non potevano avventurarsi alle vertiginose altezze di una lampada e la direzione non poteva rivolgersi a ditte esterne.

Nel dicembre del 1997, quando ci arriva come direttore amministrativo, Giuseppe Gherpelli trova che l'organico della soprintendenza di Pompei, impegnato anche sui siti di Ercolano, Boscoreale, Oplontis e Stabia, è di 770 dipendenti (più 150 lavoratori socialmente utili) «ripartiti in 44 qualifiche funzionali diverse, la maggior parte delle quali non corrispondenti alle effettive esigenze». Quarantaquattro qualifiche!

Mancano operai per i lavori di fatica, abbondano i dattilografi: 44. In compenso le macchine per scrivere son tutte rotte o in condizioni pessime e non c'è, trentadue anni dopo l'arrivo sul mercato dei primi Pc da tavolo, manco un computer. Nonostante risulti che col progetto di Gianni De Michelis sui giacimenti culturali del 1988 la Ibm aveva fatto per Pompei un progetto di informatizzazione da un miliardo di lire. Appena arrivano i Pc, immediata trattativa sindacale: «Computer? Ma noi siamo dattilografi!».

Un quadro, come scrive «Panorama», «allucinante. L'unico servizio che sembra funzionare è il Ristorante internazionale, dal 1950 in gestione a una famiglia napoletana e anche l'unico presente all'interno degli scavi. Esercita la propria attività (oltre alla ristorazione, vendita di guide e gadget) su un'area di oltre 1500 metri quadrati senza versare neppure una lira alla soprintendenza». È in mano ai fratelli Italiano che, entrati come custodi nel 1949, hanno messo su una specie di cooperativa e allestito la trattoria praticamente senza licenza. Molto redditizia, pare. Tanto da fornire il capitale iniziale per aprire una serie di *italian restaurants* in America a loro volta così remunerativi da portare gli Italiano, narra la leggenda, a scalare la classifica dei ricconi di «Forbes».

I bagni sono sempre sporchi e spesso rotti: nel mansionario a nessuno tocca pulirli. Il sabato e la domenica il Bancomat è sempre fuori servizio. La direzione avverte la banca immaginando che quella si precipiti ad aggiustare. Macché, niente. Che storia è mai questa? Semplice: il banchetto appena fuori dal cancello degli scavi fa anche da sportello cambiamoneta. E la banca non vuole grane.

Dentro gli scavi (ma proprio dentro il recinto dell'area archeologica) ci sono alcuni laboratori artigiani. Qualche dipendente, nelle ore di lavoro, costruisce souvenir per i turisti. Altri fabbricano un po' di tutto. A Ercolano una dipendente ha messo su un negozietto di bomboniere. Chi deve battezzare il figlio si presenta all'ingresso: «Scusassero, posso entrare? Devo solo ordinare le bomboniere...».

I biglietti sono un incubo. Quattro su dieci vengono venduti, sei dati in omaggio. Gli incassi vanno malissimo. Finché salta fuori che, quando è in arrivo una gran nave da crociera, un furbetto corre a Napoli, aspetta il bastimento, vende ai capigruppo un migliaio di ticket, torna agli Scavi e aspetta. Quando arrivano i turisti, ritira i biglietti venduti senza strapparli, a blocchi di 50 o di 100, e li mette da parte per rivenderli ai prossimi crocieristi. A Pasqua e Pasquetta il direttore emiliano resta inchiodato dietro gli sportelli della biglietteria per capire quali possono essere i trucchi. Decide che così non si può andare avanti, fa una gara europea (altro che commissariamenti...) e affida al vincitore la biglietteria. L'anno dopo, dice la relazione ufficiale, «la soprintendenza registrò entrate per euro 17.000.000, cioè dell'800% superiori a quelle precedenti».

Dirà poi Sandro Bondi che grazie al solito commissariamento deciso dal governo Berlusconi è cambiato tutto in meglio. Chiamato a riferire alla Camera dopo il crollo della Scuola dei Gladiatori, a metà novembre del 2010, raccomanda ai deputati: «Vi invito a visitare Pompei e vi renderete conto di quale era la situazione e quali progressi abbiamo fatto in questi due anni di lavoro».

È scalognato. Il giorno dopo, «L'espresso» dimostra, sulla base del bilancio ufficiale del commissario Marcello Fiori, un funzionario dell'Acea scelto come uomo di fiducia (e dirigente ministeriale con un decreto *ad unicam personam...*) da Guido Bertolaso e spedito a Pompei poco prima del terremoto all'Aquila e quindi rimasto per mesi a mezzo servizio un po' di là e un po' di qua, che non è cambiato quasi niente. Un esempio? Il problema dei cani randagi. Che gironzolano per cardi e decumani entrando e uscendo anche dalle case affrescate.

Un problema vecchio come il cucco. Nel lontano 1998 il custode Cristiano De Cristofaro, a chi gli faceva notare un randagio che innaffiava di pipì quel patrimonio dell'umanità, rispondeva fiacco: «'O cane piscia? Hiiii, dottore mio! Lo sappiamo che 'o cane piscia. Pure sugli affreschi, dice? Sfortunatamente la natura è quella: piscia. Ma che ci possiamo fare? Ce lo dica lei, che ci possiamo fare?». Certo, ammetteva che i cani in un posto speciale come Pompei non ci dovrebbero stare: «Il cane è cane e tiene il vizio che ogni tanto leva la zampa dietro».

Ogni randagio, per decenni, ha avuto la sua *insula*. Uno tra le pietre della Panetteria di Terenzio Proculo, l'altro nei dintorni della Casa del Poeta Tragico, l'altro ancora nell'Edificio di Eumachia. E occupavano via via un po' delle strutture. Quelle aperte e visibili nel 1956, quando Bondi doveva ancora nascere, erano 64. Oggi, dopo averci speso decine di milioni di euro, quelle aperte e visitabili sono, dice il ministero, 23. Facciamo un controllo, un giorno a caso, il 20 dicembre 2010: quelle aperte come sempre, spiegano in biglietteria, sono 5: Villa dei Misteri, Casa del Fauno, Casa dei Ceii, Casa della Venere in Conchiglia, Casa di Pansa. Più due con pagamento supplementare: la Casa di Giulio Polibio e quella dei Casti Amanti, imbracata in un'orribile struttura metallica spacciata per una grande idea museale: il «cantiere evento». Più 8 a progetto, cioè con i custodi pagati a parte con straordinari extra: la Casa di Menandro, quella degli Amorini Dorati, dei Quattro Stili, di Lucrezio Frontone, di Casca Longus, di Sallustio, dell'Ara Massima e di Obellio Firmo dove nel 2007 i vandali buttarono giù una colonna. Totale: 15. E va già meglio, se ha ragione Bondi, che nel 2008 quando erano 11.

Nella Casa di Casca Longus, adiacente a una guardiola dei custodi, davanti alla scoperta che non c'è un guardiano a proteggere gli splendidi affreschi, urliamo a tutta gola: «Aiuto! Custodi!». Per cinque volte lo urliamo: «Aiuto! Custodi!». A intervalli. «Aiuto! Custodi!» Non arriva nessuno. Se volessimo portarci via un affresco, potremmo provarci. Esattamente come quel giornalista del «Mattino» che, per dimostrare la disperazione di Pompei, un giorno di novembre 2010 ha scritto: «Ieri ci siamo tranquillamente impossessati per qualche ora di alcune tessere del mosaico delle fontane del Vigneto del Triclinio Estivo, accanto alla Palestra Grande. Tra i filari di viti ci sono due fontane ormai senz'acqua, decorate con mosaici raffiguranti pesci e altre figure marine. In un angolo, alcune tessere sono cadute e ieri erano ammonticchiate in una nicchia, poggiate sul marmo. Prenderle e metterle in tasca è stato un tutt'uno. Nessun occhio indiscreto a guardare: qualche turista più curioso è entrato, ma custodi niente».

Loro, i 165 custodi, dicono che non ce la fanno più. Che è durissima tener d'occhio 66 ettari e 1500 domus «camminando ore e ore su terreni accidentati». Che divisi in tre turni giornalieri, tolti le ferie e i malati, sono sì e no una quarantina a tener d'occhio quello spazio immenso. Che una volta erano molti ma molti di più. Che da quindici anni non viene più sostituito nessuno di quelli che vanno in pensione col risultato che il guardiano più giovane, Alfonso Schettino, ha 44 anni. Come possono dunque badare anche ai cani?

In meno di nove mesi, tra il 12 novembre 2009 e il 31 luglio 2010, il commissario ha speso 102.963 euro per il progetto (C)Ave Canem destinato all'«arresto incremento cani» e affidato alla Lega antivivisezione. Un'interrogazione parlamentare di Gabriele Cimadoro, cognato di Antonio Di Pietro, chiede conto di certi numeri strabilianti: «55 cani censiti; 26 cani adottati; 3 cani restituiti al legittimo proprietario; 2 cani trasferiti in centro di accoglienza per percorso educativo». Per capirci: 1872 euro ad animale. Per la stragrande maggioranza sborsati sotto la voce «accudimento e tutela dei cani».

Il sito www.icanidipompei.com si compiace dei risultati raggiunti. E pubblica le foto di tutte le care bestie con poetiche autobiografie. Il capolavoro è quella di Polibia: «A Pompei nel quartiere delle Terme Antiche, dove mi aggiro liberamente, mi chiamano Polibia. Ho cinque anni e, come i Polibii che si rispettano, sono una schiava liberta e quando posso prediligo quest'area di caldi umidi e di acque che gonfiano il mio pelo e rilassano le mie povere zampe stanche di lavoro. I miei amici canini a Pompei dicono che sono magica perché, d'improvviso una mattina, la mia coda si è svegliata con una spennellatura bianca...». Spennellatura data alla cagna da «Apollo Bellissimo, impennato e grande fusto» palesatosi «sul cocchio di porporina avvolto da una nuvola di fumo».

In compenso, tra le macerie di Pompei si «aggira liberamente» tra i cani un solo archeologo. Uno. Antonio Varone. Direttore degli scavi e di se stesso. «Non credo che al mondo ci sia un museo archeologico all'aperto di oltre 60 ettari con un solo archeologo» ha accusato il segretario generale dei Beni culturali Roberto Cecchi. Spiegando al «Venerdì» che «questa persona è lì, da sola, da anni. Non da ieri». E si occupa di tutto «macinando chilometri a piedi: non siamo in un campo da golf dove si gira con la macchinetta elettrica. Queste persone sono la spina dorsale della tutela, la sanno fare e la fanno con passione. Per me sono eroi. Il Paese dovrebbe tenerne conto». Stipendio dell'eroe, che «lavora anche 12 ore al giorno»: 1500 euro al mese.

Cioè 276 in meno, dice il bilancio, di quanto sono costate (1776 euro) le «divise degli autisti a disposizione del commissario». Per non dire di altre spese di difficile comprensione. Come i 12.000 euro pagati per rimuovere 19 pali della luce. O i 10.929 deliberati per la «ideazione, sviluppo e rilegatura di n. 50 copie del documento Piano degli interventi e relazione sulle iniziative adottate dal commissario delegato» cioè un riassunto degli interventi fatti e da fare stampato a gloria dell'uomo di Bondi: 218 euro a copia. Il doppio abbondante dell'edizione monumentale extralusso dei disegni di Federico Fellini. Altri 81.275 (dei quali 9600 al ristorante Il Principe) sganciati per l'«organizzazione accoglienza per visita presidente Consiglio», quella famosa visita mai avvenuta.

E che dire di certe scelte che hanno fatto fare un salto sulla sedia non solo ai vecchi bacucchi dell'archeologia come il video che apre il sito www.pompeiviva.it? Un ragazzino entra nella Villa dei Misteri, scatta una foto col cellulare a una donna dipinta sulla parete e quella si mette a cantare, dando il via a un coretto con tutti gli altri personaggi affrescati. E cosa cantano? Una cover di *I Will Survive* di Gloria Gaynor. Ma come: Pompei è il fiore all'occhiello delle antichità italiane e noi facciamo aprire bocca agli affreschi per canticchiare una canzone americana? Provincialismo. Totale della spesa per il progetto, affidato a Wind: 3.164.282 euro. Una tombola. Così come non appare a buon mercato l'altro appalto dato alla stessa Wind: 5.755.256 euro per il «contratto quadro per la fornitura servizi Spc». Dove Spc sta per «Servizi pubblici di connettività». Linee telefoniche.

Va da sé che l'azienda telefonica è grata. Tanto che nella pagina web dedicata al commissario inviato da Bondi lo chiama «prof. Marcello Fiori». Professore? Spiega il curriculum ministeriale: «Docente universitario del corso "Pianificazione degli interventi per la sicurezza del territorio" presso la facoltà di Ingegneria dell'Università degli studi di Roma - Tor Vergata». Cerchiamo nel sito web delle università italiane: non risulta. Nel sito dell'ateneo: non risulta. Strano, almeno un po' di riconoscenza! Se non altro per i 724.000 euro dati dal commissariato pompeiano a Tor Vergata per uno studio sullo «sviluppo di tecnologie sostenibili»...

E poi, basta con il mito dei professori. Sandro Bondi l'ha detto mille volte. E l'ha ripetuto anche nella citata relazione alla Camera: «I soprintendenti svolgono davvero un lavoro straordinario e dobbiamo essere loro grati, perché se l'Italia ha mantenuto ed ha potuto tutelare il patrimonio storico-artistico in questi ultimi decenni lo si deve quasi esclusivamente al loro lavoro. La loro formazione e la loro missione, tuttavia, non è quella di gestire i musei e le aree archeologiche, come avviene in tutti gli altri Paesi del mondo...».

Lui, ad esempio, appena fatto ministro si prese come direttore generale per la valorizzazione del patrimonio culturale del ministero Mario Resca, già presidente della McDonald's Italia. Dagli hamburger al Beato Angelico. Con qualche intoppo. Come la lettera leggendaria spedita al celeberrimo archeologo Amedeo Maiuri con l'invito a collaborare a un progetto ministeriale interattivo denominato iMiBac per una serie di iniziative con iPhone, iPod, iPad. Una cosa modernissima, finalmente. Peccato che tra patatine, ketchup e panini BigMac, a Resca fosse sfuggito un dettaglio: Maiuri, autore dei maggiori rilievi tecnici fatti proprio a Pompei, era morto da 47 anni.

Fosse stato vivo, sarebbe stato effettivamente interessante sentire il suo parere su tutti i soldi distribuiti in questi anni senza gare d'appalto. Con affidamenti diretti decisi dal commissario per motivi d'emergenza. Motivi invocati, ad esempio, per i 473.000 euro spesi per la mostra su «rischi vulcanici, terremoti e distruzione di Pompei». Mostra gestita da Comunicare organizzando, la società del potentissimo Alessandro Nicosia che gestisce il Vittoriano di Roma e che, coinvolta dalla Protezione civile anche in un paio di mostre per il G8 all'Aquila, è destinataria di generosissimi contributi di Arcus, la SpA con cui i Beni culturali distribuiscono denari in ogni direzione.

E poi niente gare per i 58.000 euro di «materiale informatico» piazzato nella Casa dei Casti Amanti di Pompei e commissionato alla Tecnovisioni, che molto a buon mercato non è se al G8 dell'Aquila noleggiò per pochi giorni «12 tv plasma» per 19.200 euro. E niente gare per il progetto da 135.000 euro di «promozione e comunicazione Pompeiviva» affidato a CO2 Crisis Opportunity: una onlus, hanno scritto Fittipaldi e Pappaianni sull'«Espresso», «fondata da Giulia Minoli, figlia di Gianni e Matilde Bernabei, che ha avuto Gianni Letta come testimone di nozze. Lo sposo? Salvo Nastasi». Cioè il capo di gabinetto di Bondi ai Beni culturali.

E ancora niente gare per i lavori di sistemazione del teatro, che dovevano costare 449.882 euro più Iva e sono costati undici volte di più: 5 milioni 966 mila. Appalto assegnato a un raggruppamento temporaneo di imprese trainato dalla Caccavo Srl di Pontecagnano, la ditta familiare di una certa Anna Maria Caccavo attiva da tempo a Pompei e scelta in meno di due anni dal commissario per 26 interventi per un totale di 16 milioni e mezzo di euro.

Direte: si vede che l'hanno dovuta scegliere perché i restauri sono una cosa delicatissima e quell'impresa è specializzatissima. Ovvio, in un luogo sacro come Pompei occorre entrare in punta di piedi e scavare con la cazzuola. Sciocchezze. Lo dimostrano le foto scattate dall'Osservatorio patrimonio culturale durante i lavori nel teatro: ruspe, betoniere, pale meccaniche...

Foto alla mano, il presidente dell'Osservatorio Antonio Irlando scrive alla fine di maggio 2010 una letteraccia a Bondi: «Sono in corso nell'area archeologica lavori definiti nella tabella di cantiere "Restauro e sistemazione per spettacoli del complesso dei teatri in Pompei Scavi" che hanno sin qui comportato evidenti stravolgimenti dello stato originario dei monumenti e dei luoghi archeologici, con gravi danni al loro stato di conservazione. L'evidenza della gravità degli interventi è facilmente e banalmente dimostrabile attraverso una rapida ricognizione dell'attuale consistenza del teatro, in particolare della cavea, che, rispetto a una qualsiasi foto o disegno di diversi momenti della vita degli scavi, risulta completamente costruita ex novo con mattoni in tufo di moderna fattura».

Non basta, insiste Irlando. E denuncia che nell'area della Scuola dei Gladiatori, che crollerà cinque mesi dopo, sono in corso «opere murarie particolarmente invasive (...) realizzazione di forature di muri per l'attraversamento di larghi tubi porta cavi; scavi di trincee, ampie e profonde, a ridosso di murature strutturali e all'interno di ambienti del teatro romano, per la posa di svariati e particolarmente lunghi tubi e di numerosi e ampi pozzetti di transito, il tutto ancorato, in area archeologica, con gettate di cemento necessarie per infrastrutturare il teatro antico come se fosse un teatro costruito ex novo; realizzazione di un palco invadente e sovradimensionato rispetto allo spazio antico esistente, che travalica e sovrasta l'antica scena, occupandone prepotentemente anche l'emiciclo anteriore, rendendo impossibile la fruizione del teatro antico da parte delle migliaia di visitatori che quotidianamente visitano Pompei...».

Risposta di Bondi? Silenzio assoluto. E avanti con le ruspe e le betoniere. Col risultato che il teatro, che fino al 2009 era stato lasciato così come era stato trovato, con qualche gradone di marmo sopravvissuto a eruzioni e terremoti e il resto delle gradinate coperto dall'erba, è stato stravolto. Con la gettata gradino per gradino di cordoli di cemento armato sui quali sono stati posati rozzi mattoni di tufo di un colore giallastro scuro che per quei geni del restauro somiglierebbero ai mattoni antichi ma ricordano tanto quelli usati per tirar su i tuguri di campagna nel Mezzogiorno più povero. A guardarlo viene in mente una battuta oscena detta dal generale serbo Ratko Mladić ai giornalisti che gli chiedevano con che coraggio bombardasse la gentile e preziosa Ragusa, il gioiello della Dalmazia: «Boh... La faremo più bella e più antica di prima!».

Né aveva avuto maggior successo, a febbraio del 2010, la lettera al ministero del direttore degli scavi Antonio Varone: «È ben noto come un notevole numero degli edifici di Pompei antica versino in condizione di degrado statico dovuto alle malte stanche che li cementano e alle intemperie. Si ravvisa la necessità, a breve, di provvedere per l'incolumità del pubblico e per la salvaguardia stessa del bene archeologico all'identificazione di murature ad immediato pericolo di dissesto statico, onde procedere all'eliminazione dei pericoli richiamati...».

Otto mesi dopo, ecco il crollo alla Scuola dei Gladiatori. «Al posto di questa sorta di club dove si custodivano le armi dei gladiatori», scriverà Gimmo Cuomo sul «Corriere del Mezzogiorno», «c'è ora solo un ammasso di macerie che evoca le immagini di un sisma, di un bombardamento, dell'abbattimento con le ruspe di un manufatto abusivo o di un villino palestinese nella Striscia di Gaza.» «La Schola Armaturarum, collassata ieri, non era ritenuta una struttura a rischio» preciserà sulle stesse pagine Simona Brandolini: «La conferma viene anche dall'ex commissario Marcello Fiori. (...) Per sapere quali siano le domus considerate in pericolo, dunque, lo dobbiamo dedurre logicamente dal piano di restauro presentato proprio dall'ex commissario in luglio. Si tratta della Casa dell'Efebo, la Villa dei Misteri, la Fullonica di Stephanus, le Case della Parete Rossa, del Criptoportico, dell'Ancora e di Loreio Tiburtino, costo totale 3 milioni e mezzo di euro».

Dice Bondi nella sua relazione che di più non si poteva fare: «Nei due anni del commissariamento, dal giugno del 2008 al giugno del 2010, quando il commissariamento è cessato per tornare alla normalità, sono stati investiti oltre 79 milioni di euro» dei quali «l'83% è stato destinato alla messa in sicurezza dell'area archeologica (per un ammontare di 65 milioni e mezzo), consentendo la manutenzione, il restauro e l'apertura al pubblico di un numero considerevole di edifici».

Gianfranco Cerasoli, sindacalista della Uil, che giudica quel commissariamento un autentico scandalo tanto da presentare nel luglio 2010 una denuncia alla Corte dei Conti e alle procure di Napoli e Torre Annunziata segnalando mille cose che non gli tornano, nega: «Ho fatto i conti. Se va bene siamo al 52%...». Anche i magistrati contabili, poche settimane dopo, arrivano a conclusioni simili: il commissariamento di Pompei è stato una forzatura. E lo scrivono stroncando la scelta del governo con una delibera di 31 pagine: per legge la Protezione civile può intervenire nel caso in cui sia necessario difendere «l'integrità della vita, dei beni, degli insediamenti e dell'ambiente dai danni o dal pericolo di danni derivanti da calamità naturali, da catastrofi e da altri grandi eventi». A Pompei non ce n'erano i presupposti.

La reazione della squadra di Bertolaso è indispettita: «A nostro avviso la Corte dei Conti ha deliberato riconoscendo la legittimità del nostro operato». No, ribattono i magistrati con un comunicato ufficiale senza precedenti: «Come si evince dalla lettura della delibera, la Corte ha escluso che nel caso dell'area archeologica di Pompei sussistessero i presupposti per la dichiarazione dello stato d'emergenza. Pertanto non appare corretta l'affermazione che la Corte dei Conti avrebbe riconosciuto la legittimità dell'operato della Protezione civile».

La verità è che non è mai stata, a Pompei, una questione di soldi. Ma di come vengono spesi. Fin da quando l'architetto Luciano Di Sopra, autore del piano di ricostruzione del Friuli terremotato, ebbe l'incarico di fare un progetto per il gruppo di siti archeologici pompeiani. Riuscì a ottenere 100 miliardi dal Fio, il Fondo per gli investimenti e l'occupazione. Cento miliardi: più di 163 milioni di euro di oggi. Quando i denari arrivarono (ministro era Vincenzo Scotti), lo liquidarono: «Grazie, si accomodi». E il progetto? Boh... E i soldi? Boh...

Spiega il presidente dell'Osservatorio: «Secondo i rilievi fatti pochi anni fa dalla Merrill Lynch per conto d'un grosso cliente internazionale, il "fenomeno Pompei" è sfruttato appena per il 5% delle opportunità turistiche».

Maria Rosaria Napolitano, Alessandro De Nisco e Riccardo Resciniti dell'Università del Sannio hanno fatto nel 2008 uno studio commissionato dalla soprintendenza che voleva capire come si potesse valorizzare quel patrimonio. È saltato fuori che Pompei produce ricavi medi di 8 euro a visitatore, ma che appena uno è frutto dei cosiddetti servizi aggiuntivi, cioè i bookshop, la ristorazione, le visite guidate... Un quarto della media italiana che già è bassissima. Meno di tre turisti su cento comprano qualcosa al bookshop: un terzo della media nazionale, peraltro catastrofica rispetto ai grandi musei mondiali. Ancora peggiore il bilancio delle visite guidate: le chiede l'1,04% dei visitatori, contro il 3,88% della già incresciosa media nazionale. Il ricavo è comico: 11.872 euro e 80 centesimi. Cioè 32 euro e 50 centesimi al giorno. Mezzo cent per ogni persona che, nel 2009, ha messo piede negli scavi. Meno di un terzo dell'anno prima, quando l'introito, comunque assurdo, era stato di 38.635 euro. Ma come: se c'è un posto dove un cicerone è fondamentale per non perdersi è Pompei e incassano per le visite guidate un duecentesimo del Louvre? La risposta è semplice: nel museo parigino non ci sono guide abusive.

Macerie archeologiche, macerie finanziarie, macerie turistiche. Una classifica stilata da The European House-Ambrosetti vede la Campania al quintultimo posto in Italia per visitatori ai siti antichi in rapporto agli abitanti, alla pari con la Calabria. Nonostante l'antica Capua, nonostante Velia e Paestum, nonostante Ercolano, Oplontis, Pompei e una miriade di altri siti.

Ancora più traumatica la classifica stilata da TripAdvisor, forse il più visitato dei siti turistici mondiali, che vive delle recensioni di decine di migliaia di viaggiatori di tutto il pianeta. Il 94% di chi c'è stato raccomanda di visitare Pompei. Quanto alla tutela, però, c'è da piangere. Nella graduatoria dei siti Unesco meglio conservati gli scavi napoletani scivolano inesorabilmente verso il basso, fino a un umiliante 324° posto. Dietro l'uzbeka Samarcanda, l'ungherese necropoli di Pécs, la libanese Baalbek, la guatemalteca Antigua... Da vergognarsi.

C'è poi da stupirsi se gli altri, infischiandosene dei proclami sulla superiorità italiana, ci superano? Nel 2008 Efeso, il bellissimo sito ionico a sud di Smirne, ha sorpassato Pompei staccandola di quasi mezzo milione di visitatori: 2,6 milioni contro 2,2. «Cos'è accaduto?» si è chiesto sul «Sole 24 Ore» Vittorio Da Rold. «Basta andare sul posto per capirlo. Ciò che colpisce il viaggiatore arrivando al recente aeroporto di Smirne, diretto agli scavi di Efeso, sono – oltre ai 300 cantieri aperti per l'espansione della metropolitana, il dragaggio della baia, la realizzazione dei collegamenti autostradali con Ankara e Istanbul, la ristrutturazione del terminal crocieristico al porto – l'efficienza della consegna dei bagagli, la pulizia, la gentilezza dei modi, la segnaletica bilingue, turco e inglese. Fuori dall'aeroporto, in spazi di verde irrigati da moderni sistemi automatici, sostano ordinati i taxi e poco più avanti gli autobus di linea che attendono una frazione di quell'immenso esercito composto da 24 milioni di visitatori che la Turchia accoglie ogni anno per scalare altre vette nella classifica delle mete più visitate al mondo.» E dovevano ancora arrivare i dati di oggi. Con il crollo a Pompei della Scuola dei Gladiatori parallelo al crollo dei biglietti venduti...

Il custode che ci accompagna indica le aree della città ancora sepolte sopra le quali, incredibile ma vero, lo Stato consente da tempo immemorabile a un po' di contadini di tenere delle serre di verdure coperte dal cellophane: «Spero che lì non scavino mai. Almeno i nostri nipoti, un giorno, forse, di Pompei troveranno ancora qualcosa».

3

Nelle mani di barbari e cannibali

Necropoli, chiese, regge, antichi borghi: mille tesori a rischio

La maledizione di uno sciamano vesuviano di 3700 anni fa, ecco quello che meriterebbero i vandali di Nola. Perché non si butta via così un'incredibile botta di fortuna. Scavando un terreno per farci un supermercato, nel più sgangherato entroterra napoletano, avevano trovato casualmente un immenso tesoro archeologico: una Pompei di quasi duemila anni più antica di quella annientata dall'eruzione nel 79 d.C. descritta da Plinio il Giovane. E dopo aver trovato materiale così prezioso da fare impazzire gli studiosi della preistoria, hanno lasciato che affondasse nell'acqua e nel fango. C'è una falda che butta. E la pompa idrovora non funziona.

Mentre ancora gli archeologi erano al lavoro e facevano emergere le capanne, le suppellettili, gli scheletri delle nove caprette tutte e nove gravide rinchiuse in un recinto, Piero Angela mandò giù per *Superquark* una troupe, che ne ricavò un servizio colmo di entusiasmo. «La forma dei pali, del tetto e perfino del rivestimento in paglia è ancora ben visibile e impressa nelle ceneri vulcaniche» riferiva commosso il reporter. «Un ritrovamento che non ha precedenti nella storia dell'archeologia!»

Sotto gli occhi febbricitanti degli studiosi, era emerso un intero, piccolo villaggio dell'età del bronzo. Che, investito da una pioggia di cenere lavica scaraventata in aria dall'eruzione vesuviana intorno al 1700 a.C., si era conservato intatto: le capanne, gli spazi per gli animali, le impronte degli zoccoli nella stalla, tutto.

«Questa è la prima volta che si trova veramente una capanna» spiegava emozionatissimo il soprintendente regionale Stefano De Caro. «Finora si trovavano le impronte dei pali per terra. Ora abbiamo due metri e mezzo di strutture conservate. E abbiamo trovato il villaggio in una condizione che sembra Pompei, sembra Ercolano. Un evento come questo è raro in archeologia. Si trova magari una cosa, un elemento, ma non si trova mai tutto insieme. (...) Abbiamo il suolo cosparso di ossa. Abbiamo una gabbia dove si allevavano delle capre, abbiamo un tetto che era fatto con la paglia del grano, abbiamo gli stinchi dei prosciutti appesi, abbiamo le impronte di bovini che avevano attraversato la zona, alcuni vasi appesi alle pareti in legno...»

Tutto il mondo ne parlò. Tutto il mondo. E l'archeologa del Cnr francese Claude Albore Livadie, che amorosamente aveva diretto gli scavi insieme con il professor Giuseppe Vecchio, spiegò alla rivista scientifica «Newton» che si trattava «d'un evento importantissimo, perché ora sappiamo con certezza come erano fatte le capanne e com'erano utilizzate». Di più: «Siamo ormai certi che ciascuna capanna era abitata da gruppi composti da 6 o 7 individui e che ogni "clan" delimitava il proprio terreno con palizzate e steccati. Circostanza che conferma quanto già si pensava, cioè che proprio nel Bronzo Antico sia nato il concetto di proprietà privata».

C'erano poi decine di vasi, alcuni dei quali contenevano ancora del cibo, e poi piatti e tazze e oggetti vari di uso domestico e in più «un misterioso copricapo di zanne di cinghiale, del quale ancora non si è capita bene la funzione». Forse il cappello che uno sciamano usava durante i suoi riti. Lo stesso sciamano del quale oggi viene invocata la vendetta. Contro coloro che hanno lasciato che lo straordinario sito preistorico, scoperto nell'autunno 2001 in via Polveriera, alla periferia di Nola e cioè all'estrema periferia dell'osceno suburbio napoletano, finisse più volte, negli inverni più piovosi, completamente sott'acqua. Ingoiato da una fanghiglia che le pompe idrauliche non riescono a risucchiare ed espellere.

Una vergogna. Da farci arrossire davanti alla comunità scientifica dell'intero pianeta. Tanto più dopo il cedimento, ai primi di gennaio del 2011, dopo anni di denunce intensificate negli ultimi mesi, di una parete della sezione di scavo del villaggio preistorico. Cedimento che ha provocato lo spostamento delle tettoie di copertura delle capanne. Un episodio gravissimo. Celebrato da un vero e proprio funerale organizzato il giorno dell'Epifania da quanti più si erano spesi in passato per la salvezza del tesoro archeologico. Non mancava il manifesto listato a lutto: «Dopo 4000 anni si spegne di nuovo tragicamente il villaggio preistorico di Nola. Ne danno il triste annuncio...».

Sarebbero tanti, i manifesti di questo genere, da affiggere in giro per l'Italia. Non solo nel Mezzogiorno. E non solo per i siti preistorici, i più trascurati d'un patrimonio trascurato. Verona e il suo territorio, ad esempio, sono abitati da tempi antichissimi e sono ricchi di testimonianze umane come forse nessun'altra località al mondo. Ma dire che i veronesi, e in particolare le autorità locali, siano coscienti di questo patrimonio sarebbe una forzatura.

Ricordate la storia delle selci blu? È la primavera del 2010 e, risolto il caso delle mozzarelle blu che avevano angosciato tante mamme, un altro giallo dilania questa volta gli studiosi: quello delle selci blu. Gli antichissimi reperti preistorici veronesi che, ammassati in un ex deposito militare, hanno misteriosamente cambiato colore. Come mai?

Il Museo civico di storia naturale di Verona, aperto nel 1861 nella scia di collezioni ancora più antiche, è organizzato sul modello viennese in quattro sezioni: geologia e paleontologia, zoologia, botanica e preistoria. Quest'ultima, grazie ai ricchissimi ritrovamenti sui monti Lessini e negli insediamenti di palafitte sul lago di Garda e nella Bassa veronese, è una delle più celebri del pianeta.

Meglio: sarebbe. Se le quattro stanze un tempo dedicate alla preistoria non fossero state ridotte (con l'aggiunta di un'aula per la didattica) a una sola di una cinquantina di metri quadrati. E se lo spazio ridicolo rispetto all'importanza della raccolta (un esempio: gli studi sul Dna di un neandertaliano trovato a Riparo Mezzena e la scoperta che aveva la pelle chiara, gli occhi azzurri e i capelli rossi sono finiti in copertina su «Science») non costringesse a tenere nei depositi migliaia di oggetti tra cui tutti quelli trovati negli ultimi vent'anni. Compresi pezzi straordinari come quelli recuperati dallo scavo subacqueo di Lazise. Come un pane bruciacchiato conservatosi miracolosamente intatto o uno spillone da cerimonia di 50 centimetri.

Un panorama indecoroso. Che insulta la ricchezza del nostro patrimonio e ci espone ai sarcasmi di tutti quei musei del mondo che farebbero pazzie per avere una fetta di questa nostra torta lasciata andare a male. Basti ricordare, come fa Laura Longo, conservatore di Preistoria destinata a essere trasferita a breve, che nel 2009 «una collezione raccogliticcia di 6231 pezzi è stata battuta all'asta a Monaco per 107 milioni di euro».

Il «giallo delle selci blu» si inserisce in questo contesto. E ha il punto di partenza nella decisione presa anni prima dal Comune di indire un concorso internazionale per sistemare il grande ma ammaccato Arsenale militare, così da trasferire il Museo di storia naturale lì. Ma, ahinoi, il progetto messo a punto dal vincitore, l'architetto inglese David Chipperfield, prevedeva una spesa enorme. E si sa quanto le casse comunali si sian fatte di anno in anno più povere.

Come tirar su i soldi per pagare questo e altri progetti? Idea: mettendo in vendita po' di palazzi donati nei secoli al municipio. Prima il Castel San Pietro, comprato dalla Fondazione Cariverona, poi via via il Palazzo Forti, il Palazzo Gobetti, il Palazzo Pompei, l'ex convento di San Domenico. Non vecchie caserme o capannoni: gioielli. Tanto che Palazzo Pompei e Palazzo Gobetti sono (erano) sedi del Museo di storia naturale. E Palazzo Forti, dono «all'amata Verona» di un ricco ebreo morto un anno prima delle leggi razziali del '38, ospita la Galleria d'arte moderna. A proposito: cosa avrebbe detto, sapendo che quella sua donazione «per farci un museo» sarebbe stata stravolta anni dopo da sindaco e assessori? Amen, ha risposto il Comune. Dichiarando di voler ricavare dalla vendita di questi ultimi edifici la bellezza di 115 milioni per ripianare i debiti, avviare il recupero dell'Arsenale, rilanciare il Polo finanziario e altre nuove opere.

«Non sarà che poi, dato il valore dei palazzi, non ci si potrà manco piantare un chiodo?» si interrogavano i possibili compratori. Tranquilli, ha risposto il Comune: «Per detti immobili è stato adottato un apposito provvedimento urbanistico che ha assegnato le diverse destinazioni urbanistiche (residenziale, direzionale e commerciale) consentendo la più ampia possibilità di utilizzo». Rileggiamo: «la più ampia». Più chiaro di così! Al massimo, com'è accaduto per il Forti inutilmente difeso da migliaia e migliaia di cittadini, la Cariverona ha dovuto impegnarsi a lasciarci il museo per vent'anni. Un periodo che per i tempi lunghi di una grande banca è un battere di ciglia. In compenso, invece di pagare i 65 milioni pretesi dal Comune ne ha pagati 33.

Nel frattempo, tutto il materiale preistorico in deposito, parte a Castel San Pietro e parte a Palazzo Gobetti, è stato sgomberato dagli edifici venduti e accatastato in due stanzoni al piano terra e al primo piano dell'Arsenale. I quali domani, ristrutturati, saranno stupendi. Ma oggi sono né più né meno che due magazzini semidiroccati.

Cosa sia successo non si sa. C'è chi ipotizza, come Gilberto Artioli del dipartimento di Geoscienze dell'Università di Padova, che il magazzino al piano terra fosse impregnato di qualche sostanza non ancora ben definita. Chi ritiene occorrono nuove analisi per capirci qualcosa. Chi ancora si avventura nell'immaginare un sabotaggio. Finché, mesi dopo, verrà abbozzata una risposta: probabilmente il danno alle selci è stato provocato dai tappetini dei mobiletti in cui erano state riposte. Probabilmente.

Fatto è che mentre i pezzi al piano superiore si sono conservati decentemente, quelli al piano inferiore hanno subito una sorprendente metamorfosi. Molti sono diventati, come dicevamo, blu. Subendo un danno così grave che per il conservatore Laura Longo, impegnata in una battaglia che le ha tirato addosso le ire del Comune, «in tanti casi non valgono più nulla: massicciata per le strade». Troppo pessimista? C'è da sperarlo.

Certo la cosa allarma la comunità scientifica internazionale. Su «Nature», la bibbia della scienza europea, il geologo e archeologo dell'Università del Texas Reid Ferring sostiene che sia «devastante che una raccolta dal così alto valore scientifico sia stata danneggiata». «Science» si affianca nella denuncia. Quarantadue scienziati di tutto il mondo firmano una lettera a Sandro Bondi in cui denunciano il fatto «che non ha precedenti nella storia del patrimonio culturale mondiale» e gli chiedono di «nominare un Comitato scientifico internazionale, composto da riconosciuti studiosi di preistoria».

La risposta dell'assessore alla Cultura veronese, la leghista Mimma Perbellini che è laureata in Farmacia, ha gestito per anni una casa di cura ed è digiuna della materia quanto un archeologo di veterinaria, è fantastica. Non solo dice che riviste e scienziati internazionali si sono mobilitati per un complotto politico di cui lei conosce i responsabili («Ma non lo dico, almeno non ora»), ma rassicura: «All'interno dei magazzini sono custodite circa 20.000 selci, e di queste solo poche sono diventate blu. Quelle che hanno subito la trasformazione sono di valore molto basso perché piuttosto comuni». «Quindi nessun errore?» le chiede il giornalista. E lei, anticipando le conclusioni degli scienziati e della magistratura: «Lo escludo nel modo più categorico».

Finché in ottobre i giornali locali pubblicano una notizia strepitosa: «La colorazione non è irreversibile. Da blu le selci potrebbero, forse, tornare al loro aspetto originale, anche se non si sa con quale sistema». Vi si dice che «il dirigente del Museo di storia naturale Giuseppe Manciotti ha spiegato che le analisi sono tuttora in corso» e che «non si è ancora capito in che modo si sia innescato il processo della colorazione» ma che «secondo l'ateneo patavino la mutazione è reversibile» e «i reperti, insomma, potrebbero essere salvati, anche se non si conoscono né i tempi né i modi e neppure i costi di una ipotetica operazione». «Sc-sc-scientifico!» direbbe il Vittorio Gassman dei *Soliti ignoti*.

Un punto, comunque, pare chiaro: la storia esemplare dei palazzi di Verona, dei clamorosi ribassi d'asta rispetto alle illusioni finanziarie, dello sfasamento tra la vendita (subito) dei musei di oggi in attesa (chissà...) dei nuovi musei di domani, è la prova che il federalismo demaniale è come il tritolo: può essere utile, ma va maneggiato con cura. O sarà accompagnato da regole rigidissime (non complicatissime, ma rigidissime sì) o rischiamo che i Comuni, con l'acqua alla gola, ne facciano di tutti i colori.

Per carità, forse la battuta del sindaco veronese Flavio Tosi contro il blocco dei lavori per un parcheggio sotterraneo dovuto alla scoperta di resti archeologici («Meglio il parcheggio che la conservazione di quattro sassi») è una provocazione. E una provocazione anche quella successiva del governatore Luca Zaia dopo l'alluvione di Vicenza e il crollo della Scuola dei Gladiatori: «Quei signori di Roma adesso pensano di spendere 250 milioni per i quattro sassi di Pompei: che vergogna!».

Fa però effetto un titolo dell'«Arena» dedicato al tema: *Palazzo Gobetti regala rotatorie a San Michele*. Vi si legge che, grazie alla vendita del palazzo che ospitava parte del Museo di storia naturale, il Comune «ha stanziato 900.000 euro per la costruzione di due rotatorie a San Michele» e «un milione e 100.000 per il campo sportivo Audace». Opere necessarie, forse. Però...

Che l'Italia abbia un patrimonio immenso e sia impensabile tutelare tutto, dai siti preistorici veronesi di Riparo Mezzena e Riparo Tagliente all'affascinante archeologia industriale della Snia di Pavia, dell'abruzzese chiesa romanica di San Clemente al Vomano all'antica polveriera della modenese Spilamberto, è vero. È doloroso ma va ammesso: non ci sono soldi per ogni cosa che meriterebbe un intervento. E forse non ci sarebbero neppure se lo Stato decidesse di investire sul serio sul patrimonio archeologico, monumentale, artistico nella convinzione di averne un ritorno non solo culturale ma anche economico.

Ma non è solo una questione di soldi. E Dio sa quanto ha ragione Isabella Bossi Fedrigotti, che sul «Corriere» ha scritto che certo, forse «abbiamo troppo: troppi monumenti, troppe antichità, troppi beni artistici, per cui veniamo al mondo già saturi del bello, come certi bambini ricchi stufi – e perciò incuranti – dei tanti giocattoli che ingombrano le loro stanze. Tuttavia, chi ancora si lascia incantare dallo splendore delle nostre innumerevoli piccole e grandi città, dalla grazia dei loro edifici, dall'armonia dei paesaggi, non può che interrogarsi, incredulo e sconfortato, sulle misteriose e perverse ragioni che inducono all'incuria del territorio un popolo che al territorio – inteso come obiettivo turistico – spesso deve la sua sopravvivenza».

Fatevi largo fra gli sterpi, le erbacce e i mucchi di vecchi materassi, poltrone sfondate, pannelli di eternit, lattine e pattume vario di via Brindisi a Quarto, un comune alla periferia nord di Napoli verso il lago di Patria. A un certo momento, vedrete apparire davanti a voi un complesso funerario: la Fescina. Spiega

Antonio Cangiano sul quotidiano on-line «Napoli.com» che la Fescina è un caratteristico mausoleo romano a cuspide piramidale e che il municipio ne va orgoglioso al punto di averlo messo nel gonfalone civico, nello stemma comunale, nella home page del sito internet, in tutti i documenti ufficiali. Eppure l'originale, l'antico mausoleo, «è sommerso dalla sterpaglia». Una pena: «Dimenticata, fatiscente, la Fescina di via Brindisi marcisce in stato di completo abbandono tra rovi e cespugli che ne impediscono non solo la fruizione ma anche la semplice visione; sparito il vano ipogeo posto al di sotto della cuspide, letteralmente sommerso da una jungla di rovi». E il Comune se ne infischia: il monumento antico e nobile gli basta averlo nel gonfalone.

Quante sono, le Fescine d'Italia? Medievali, etrusche, sannite, sarde, romane... È praticamente impossibile fare un censimento di tutti i «pezzi» del nostro catalogo storico e artistico abbandonati a se stessi. Italia Nostra, impegnata in queste battaglie dai tempi in cui le sue denunce venivano riprese sul «Corriere della Sera» da quello straordinario giornalista civile che era Antonio Cederna, ha steso nell'autunno 2010 una «lista rossa» dei beni più a rischio. Pompei, secondo la presidente dell'organismo culturale Alessandra Mottola Molfino, «rispetto a molti altri dei beni culturali, sta quasi bene. La situazione, l'abbiamo detto e lo ripetiamo, è drammatica».

Nell'elenco c'è di tutto. C'è la piccola chiesa di Santa Maria della Valle di Sant'Angelo d'Alife, in provincia di Caserta, dove i preziosi affreschi del Trecento «sono in uno stato di estremo abbandono, con cadute di intonaco e perdite di colore». C'è il Castello di San Lorenzo, costruito alla fine del XII secolo a Gattinara, in provincia di Vercelli. C'è la necropoli punica di Sulky, nell'isola sarda di Sant'Antioco, nella provincia di Carbonia-Iglesias, dove il sito non è più visitabile da una trentina di anni ed «è sottoposto all'azione degli agenti atmosferici, soprattutto alle acque piovane che, se non opportunamente convogliate, penetrando negli ipogei, rischiano di mettere a repentaglio la loro stessa esistenza, in particolare di quelli riccamente decorati».

E poi ecco il Castello di Montepescini nel comune di Murlo,

in provincia di Siena, che «si trova in stato di abbandono, con forte rischio di crollo per la torre e i tetti ormai scoperchiati». E l'Arco Etrusco o di Augusto di Perugia, monumento e icona della città, ridotto in stato «di grave degrado» al punto che a Italia Nostra «segnalano un rischio grave di crolli». E le Cascine di Tavola di Lorenzo il Magnifico a Prato e le Gualchiere di Remole a Firenze, «un unicum dell'architettura "produttiva" medioevale» dalla salute malmessa: «i tetti delle Cascine di Tavola uno ad uno stanno crollando» e «l'intero complesso delle opere idrauliche» lungo l'Arno versa «in totale abbandono». E via così, per pagine e pagine. Regione per regione.

«Ci sono intere nazioni con un patrimonio culturale meno illustre di quello che compone la lista rossa» di Italia Nostra, ha detto al giornalista inglese John Hooper, del «Guardian», il direttore generale del ministero dei Beni culturali Roberto Cecchi, e questo potrebbe aiutare a spiegare come mai i governi italiani siano stati tradizionalmente tanto indifferenti alla conservazione: «Quando hai le cose si tende a pensare che le avrai sempre». E questo è un guaio: «L'Italia non ha mai speso abbastanza per la cultura. La Francia ha 20 musei nazionali, l'Italia 400. In Francia ci sono 25.000 edifici protetti, qui tra i 350.000 e i 400.000. Se non lavoriamo per difendere questo enorme patrimonio, se ci concentriamo solamente sui casi più clamorosi, come il Colosseo o Pompei, rischiamo di perdere il resto».

A Roselle, otto chilometri a nord di Grosseto, denuncia «L'espresso», «si poteva passeggiare attorno alle mura etrusche. Enormi pietre incastonate a secco (...). Tre chilometri di storia sopravvissuta a guerre e saccheggi. Da lì si guardava la collina, il bosco verde scuro, addirittura la sagoma della Corsica che spuntava dal mare così come la vedevano sei secoli prima di Cristo. Adesso un'impalcatura sbarra la strada e la visuale. Se appoggi la mano alla pietra gelata senti l'acqua che le scorre nelle venature. Buchi e crepe di tre, anche cinque centimetri la fanno tremare. Le piante l'hanno infilzata con le radici legnose e, da dentro, rischiano di abbattere il muro che si oppose per secoli a eserciti e predatori. Tre chilometri di cinta che potrebbero cadere come un domino. Da quando la parete principale, lunga un centinaio di metri, è stata dichiarata pericolante».

L'antichissimo Ponte Lupo della tenuta San Giovanni in Campo Orazio nell'Agro Romano, lungo la via Prenestina, dove secondo la leggenda ebbe luogo la battaglia tra Orazi e Curiazi, fu costruito nel 144 d.C. e cade a pezzi. Il principe Urbano Riario Sforza Barberini Colonna di Sciarra, discendente del papa Urbano VIII e ultimo erede del feudo, lo ha offerto al prezzo simbolico di un euro a «chiunque sia in grado di tutelarlo e prendersene cura salvandolo così da un prossimo crollo, siano essi inglesi o americani, giapponesi o anche tedeschi». Agli italiani no, non l'ha offerto. Nel loro aiuto non ci crede più.

Sia chiaro: lo Stato, le Regioni, i Comuni, i privati, hanno compiuto a volte sforzi straordinari per la salvezza, il recupero, il rilancio di pezzi importanti del nostro patrimonio. E questo va riconosciuto. Un esempio su tutti è quello della Villa Gregoriana di Tivoli. Prima che se ne prendesse cura il Fondo ambiente italiano di Giulia Maria Mozzoni Crespi con i finanziamenti di Unicredit, ha scritto Antonella Amendola su «Oggi», «era diventata una forra con discarica a cielo aperto». Tanto che i volontari del Fai portarono via «quindici lavatrici, diciotto frigoriferi, cinque tonnellate di rifiuti vari e oltre mille di terra franata, sassi, rami secchi». Ora è tornata quasi ad avere il fascino che stregò Goethe: «Quelle cascate, insieme alle rovine e a tutto il complesso del paesaggio, sono tra le cose la cui conoscenza ci fa interiormente profondamente più ricchi».

Vale per la Villa Gregoriana, vale per la meravigliosa reggia di caccia dei Savoia a Venaria Reale (restaurata e imposta come uno dei massimi poli d'attrazione del panorama turistico-culturale italiano dalle più virtuose collaborazioni destra-sinistra degli ultimi decenni), vale per i magnifici castelli federiciani di Melfi, Lagopesole o Andria. E occorre stare alla larga da chi, a volte, cavalcando gli stereotipi sugli italiani superficiali e sciatti che lasciano andare tutto in malora, la spara grossa solo per finire sui giornali. Come ad esempio è riuscito a Yasmin Elisabetta Cristina Maria Ginevra Costanza Federica Aprile von Hohenstaufen Puoti Comneno Paleologo Lascaris Ventimiglia che, ai primi di settembre del 2009, si guadagnò su vari quotidiani, pugliesi ma anche nazionali, un titolo folgorante: *Principessa di Svevia rivuole Castel del Monte.*

Scriveva infatti la signora in una lettera alle autorità locali: «Avendo appreso dell'estremo degrado di Castel del Monte al punto che è stato escluso anche dai benefici, rischiando di essere escluso anche dai siti patrimonio dell'umanità Unesco, ai sensi autotutela di un patrimonio dinastico reliquiario monastico di valenza graalica della santa progenie sicena sveva su cui non vige usocapione in quanto bene monastico reliquiario imprescrittibile ed irrinunciabile, invano inserito per volontà della legittima erede nel patrimonio Unesco, essendo decaduto per l'incuria a simbolo di stupore dell'ignominia, si intima al Comune di Andria e alla Regione la restituzione con messa in mora, *hic et nunc* del *castrum* e pertinenze alla legittima erede di Federico II e Isabella d'Inghilterra...».

Spiegava anche, la madama, che con innata modestia usa far precedere il nome chilometrico da S.A.I.R. (Sua Altezza Imperiale e Reale), che la sua intenzione era di restituire «l'agalmonia e il palinsesto di calice del Graal». La risposta più garbata fu un sorrisetto ironico. Qualche problema, per carità, l'ha anche lo stupendo e maestoso maniero federiciano. Ma certo assai minore in confronto ai guai molto più seri di altri siti.

La splendida Reggia di Carditello, cuore di una vasta tenuta agricola borbonica a sud del Volturno, era un'azienda modello, un tempo. Le migliori bufale e i migliori cavalli delle Due Sicilie venivano allevati qui. L'agricoltura era all'avanguardia, i suoi terreni erano fertilissimi grazie a un sistema di drenaggio avveniristico: i Regi Lagni, che convogliavano verso il litorale domizio le acque di ristagno dell'agro casertano. Dalle terrazze si dominava una campagna meravigliosa.

Oggi l'occhio ti cade sulle montagne di immondizia pressata in ecoballe. Catapecchie senza intonaco. Baracche. Rigagnoli puzzolenti di liquami raccolti dalle discariche abusive. Come quella gestita a un chilometro da qui dalla camorra. L'avevano in gran parte restaurata, la real tenuta. Ci avevano speso 5 milioni di euro. Dovevano bastare. Non sono bastati.

Il proprietario, il Consorzio generale di bonifica del bacino inferiore del Volturno, non ha un quattrino. E il borbonico gioiello agreste, mancando perfino un minimo di sorveglianza, è rimasto in balia di ladri e teppisti. Che dopo il restauro hanno cannibalizzato tutto quello che potevano. Fanno ribollire il sangue le parole di Antonio Santagata, autore nel 2009 di una perizia di stima della gigantesca proprietà: «Sono stati trafugati i rivestimenti lapidei dello scalone che porta al piano nobile, i gradini delle altre scale secondarie (...) le pavimentazioni in cotto (...) la quasi totalità dei camini esistenti nella palazzina centrale e nelle otto torri». Per non dire della cappella che «versa in uno stato di completo abbandono privata di qualsiasi rivestimento e fregio: l'accesso ne è praticamente reso impossibile venendosi a trovare al centro di una discarica di immondizia non autorizzata».

Per il recupero del complesso, dice la soprintendenza, ci vogliono almeno 25 milioni. Ma nessuno li ha. Tanto meno il Consorzio di bonifica. Il quale è anzi nei guai con Intesa Sanpaolo per un grosso credito avuto a suo tempo dal Banco di Napoli e mai restituito: 38 milioni. Con il rischio che la tenuta dei Borbone finisca all'asta per un pezzo di pane.

Un altro luogo della memoria violato, nel profondo Nord, è il piccolo borgo di Leri, a una ventina di chilometri da Vercelli, al centro della grande tenuta che Michele Benso conte di Cavour comprò nel 1822 e dove il figlio Camillo, padre dell'Unità d'Italia, sperimentò tecniche di irrigazione d'avanguardia.

Oggi, a Leri, regna la devastazione. La statua del conte è stata decapitata. E si fa fatica a immaginare come sia stato possibile, nel civilissimo Piemonte che guarda spesso con insofferenza ai «terroni», ridurre tutto in quello stato. Dalla casa hanno portato via ogni cosa. Le porte, le tegole dei tetti, gli affreschi. Tutto. Hanno fatto a pezzi perfino la scala interna per rubare i gradini di marmo. Tra i rovi che avvinghiano i muri, le tettoie pelate e le pareti a brandelli, resiste solo una targa che ricorda come a Leri il conte «diede mirabile impulso alla coltivazione del riso». Lasciamo il giudizio a Italia Nostra: «Estremo abbandono e degrado».

Non meno insultante è un terzo edificio che appartiene alle vicende risorgimentali, cioè Palazzo Teti Maffuccini, soffocato dalla gramigna cementizia orrenda e invasiva cresciuta in ogni direzione, sprezzante delle leggi degli uomini, dei colori e della fisica a Santa Maria Capua Vetere.

Il tetto cade a pezzi, che non finiscono in strada soltanto perché questa è riparata da ponteggi così arrugginiti che ti chiedi come facciano ancora a stare su. La facciata è transennata: e dietro le transenne, in mezzo alla vegetazione nata sulla polvere depositata negli interstizi dallo smog del traffico, giacciono rifiuti, frammenti di laterizi, cocci di bottiglie, cartacce. Il portone è sprangato forse da vent'anni. Dentro, poi, è impossibile entrare.

Guardare le fotografie sul tavolo del prefetto Mario Morcone, direttore dell'Agenzia per i beni confiscati alla criminalità organizzata, fa venire il magone. Stanze finemente affrescate devastate dall'umidità. Infissi divelti. Solai sfondati. L'ampio giardino interno ridotto a un covo di sterpaglie che spaccano i pavimenti e divorano i muri. In questa Italia, in questo Sud, le dimore gentilizie degradate in uno stato simile non mancano. Ma Palazzo Teti Maffuccini è diverso. Perché in questo caso l'incuria oltraggia la nostra storia.

Lo dice una lapide accanto al portone, sbiadita dall'oblio e dallo smog: «In questa casa nel 1860 Giuseppe Garibaldi ebbe alloggio e accoglienza ospitale. Qui il 2 novembre fu sottoscritta la resa di Capua che assicurò il trionfo d'Italia e del suo diritto. I cittadini di Santa Maria C.V., per ricordare que' giorni di palpiti e di gloria, il 1° ottobre 1883 posero». Quello che nessuna targa racconta è che, indifferenti a quei palpiti, alla gloria e a Garibaldi, le cosche s'erano prese anche quel palazzo. Sequestrato dall'antimafia.

L'emergenza delle emergenze, tuttavia, è L'Aquila. Dove, a mano a mano che cominciavano a passare i mesi e gli anni dal terremoto si è capito, scusate il gioco di parole, che la prima delle emergenze è uscire dalla logica dell'emergenza. Per cominciare a recuperare un centro storico che per troppo tempo, dopo la scossa del 6 maggio 2009, è stato abbandonato a se stesso.

«L'Aquila è una coltellata al cuore» spiega Alessandra Mottola Molfino, che alla testa di Italia Nostra dà battaglia da tempo sull'urgenza di partire con i restauri. «Non solo il centro, dove si sono limitati a togliere un po' di macerie qua e là, è abbandonato ma stanno costruendo tutto intorno in modo selvaggio. Ripeto: selvaggio. Il risultato è spaventevole. I centri commerciali, morto il cuore della città, sono diventati il cuore della vita cittadina. Tutti gli esempi migliori di ricostruzione dopo un terremoto non li hanno neanche presi in considerazione. Perché avrebbero dimostrato la loro incapacità di affrontare il problema di come salvare e fare rinascere una città d'arte. Ognuno fa per conto suo. Senza regole. Costruisce come e dove gli pare. Spaventevole. Anna Maria Reggiani, che era la direttrice regionale dei Beni culturali al momento del terremoto, mi ha detto piangendo: "È la pagina più bassa della nostra storia civile".»

Settecento chilometri più a sud, nella sola Sicilia, che il governatore Raffaele Lombardo declama quotidianamente come l'isola più bella del mondo, Italia Nostra elenca una serie fittissima di siti a rischio. I resti dell'antica colonia greca di Capo Bianco a Cattolica Eraclea. Le strutture murarie di Megara Hyblaea vicino ad Augusta. L'antica colonia siracusana di Kamarina, alla foce del fiume Ippari. Il centro storico di Caltanissetta. Il patrimonio minerario della Sicilia centrale. Il sito archeologico di Gibil Gabib, appena a sud del capoluogo nisseno. La rocca di Sutera e il sottostante abitato di origini arabe. Il santuario rupestre della dea Cibele a Palazzolo Acreide. Le latomie, cioè le antiche cave di pietra, dell'Intagliata e Intagliatella presso il Teatro greco della stessa Palazzolo Acreide. Il Castello della Colombaia a Trapani. Il Castello di Pietra lungo il fiume Belìce a Castelvetrano.

Certo, non è solo nel Mezzogiorno che vengono trascurate ricchezze impensabili. Vittorio Sgarbi, per esempio, ha anche lui una lista rossa. E ne fanno parte la Villa Casati a Erba e la chiesa di Santa Caterina a Treviso e l'Arsenale pontificio del Bernini a Roma e l'ottocentesco Tiro a segno di Milano e la casa di Lodovico Pogliaghi a Varese e il forte San Nicolò al Lido di Venezia e la Villa Zeno palladiana di Cessalto e un maniero del Trecento in vendita per 200.000 euro a Castellazzo Novarese...

Ma lo scandalo degli scandali è in Sicilia: Selinunte. Insultata dall'assedio edilizio a est di Marinella e a ovest di Triscina, l'indecente cittadina turistica completamente abusiva della quale scriviamo a parte, la bellissima ma fragile colonia di Megara Hyblaea fondata nel VII secolo a.C. è in condizioni pesanti. Per dirla con Italia Nostra, tutta l'area è segnata da «fenomeni estesi di degrado».

«Servono interventi radicali, non abbiamo più finanziamenti ordinari né per gli scavi né per i restauri» si sgolò nel 2007 Caterina Greco, oggi direttrice del Parco archeologico di Selinunte e Cave di Cusa e allora responsabile della sezione archeologica della soprintendenza di Trapani. Nessun risultato. E nessun risultato ottennero le inchieste di Max Firreri che sul «Giornale di Sicilia» denunciava: «Nelle colonne del tempio E, quello ricostruito tramite una tanto criticata operazione effettuata nel 1959, il tondino di ferro è già venuto fuori. Il cemento utilizzato per riempire le parti mancanti delle antiche colonne si è consumato e il ferro arrugginito (utilizzato come anello d'unione tra i blocchi) è in bella vista». Niente: la politica era troppo impicciata in altre faccende.

Finché a metà novembre del 2010 Laura Anello accusava sulla «Stampa»: «Il tempio E dedicato a Era, il colosso del parco archeologico (...) perde quei pezzi faticosamente ricomposti mezzo secolo fa. Dopo gli allarmi sulla sua salute, sono arrivate le transenne. Impossibile entrare, ma anche avvicinarsi alla parte posteriore del gigante da settanta metri per sessantacinque che svetta sulla collina orientale: il simbolo del parco, il più fotografato dai turisti, lo scenario di manifestazioni a uso di telecamere si sta sbriciolando. A venire giù è il cemento steso a riempire i vuoti delle colonne, calcinacci che cadono come se piovesse, tanto da avere lasciato nudi i tondini di ferro sistemati durante la ricostruzione». Caterina Greco tornava a supplicare: «Serve un intervento urgentissimo». Ancora niente.

Circa 12 milioni di euro sarebbero necessari, secondo il piano presentato dalla direttrice del nuovo parco, per una sistemazione seria di tutta la meravigliosa area archeologica. Almeno 2.800.000 euro per la riparazione dei templi più famosi e malmessi: il C dedicato ad Apollo e l'E, dedicato appunto a Era. I soldi, sulla carta, potrebbero essere recuperati dai fondi Por (Programmi operativi regionali) europei per gli anni 2007-2011. Ma dal 2007 a oggi non un centesimo risulta essere stato speso, a dispetto delle denunce di Italia Nostra, per progetti di restauro.

Fatto sta che un po' di soldi agli sgoccioli del 2010, 180.000 euro, sono arrivati dalla Protezione civile per due ritocchi urgenti e un intervento che non immaginereste mai: la rimozione delle impalcature che da quasi undici anni impedivano ai visitatori, che magari si erano fatti tre giorni di macchina dalla Danimarca o dall'Inghilterra affrontando anche la Salerno-Reggio Calabria, di vedere il tempio C di Apollo. Impalcature che erano state tirate su da una ditta di Bologna per compiere «uno studio sulle nuove tecniche di assemblaggio delle calcareniti antiche» nel lontano gennaio del 2000. L'anno remoto della paura per il baco del millennio, della vittoria di Maurice Greene nei 100 metri a Sydney, dello scudetto alla Lazio di Marcelo Salas e Attilio Lombardo, dell'apertura del processo a Cesare Previti. E da allora, anche a causa di una lite giudiziaria, erano rimaste lì. A sfregiare la bellezza del tempio per undici lunghissimi, interminabili anni. Senza il minimo motivo. Solo perché nessuno, quelle impalcature, le poteva tirar giù. Finché nel giugno 2010, provocatoriamente, il responsabile siciliano per i Beni culturali di Legambiente, Gianfranco Zanna, aveva consegnato all'assessore regionale un finto decreto. Nel quale si decideva di vincolare il ponteggio, ormai marcio e arrugginito («Rilevato che la sopra citata impalcatura è stata realizzata con elementi brevettati negli anni Trenta del secolo scorso dall'imprenditore italiano Ferdinando Innocenti, specializzato nella fabbricazione di elementi in ferro per ponteggi...»), come fosse antico.

Esiste un altro Paese nell'universo così disperatamente sciatto da tenere celato per dieci anni un capolavoro planetario solo perché nessuno tira giù l'impalcatura?

Uno schifo. Che fa il paio, offendendo tutti quelli che amano Selinunte e si battono giorno dopo giorno per salvarla, con un altro episodio indecente. Avvenuto alle Cave di Cusa, parte integrante del Parco dell'antica città greca. Dove un teppista, un bel giorno di primavera, si è portato da casa non una bomboletta spray ma un martello pneumatico con gruppo elettrogeno, ha scelto tra i resti archeologici il tronco di una splendida colonna e col trapano ha scritto: «Bertolino Francesco, 25 4 2010». In un Paese serio sarebbe in galera. Che si sappia non è mai stato arrestato.

4

Salviamo l'Italia! (Dagli italiani)

Sciatti, burocrati, incoscienti: così ci vedono gli altri

Allarme: l'Italia è in mano agli italiani! Sono anni che i giornali stranieri battono e ribattono su questa «emergenza». Che tiene insieme l'amore struggente per la nostra terra cristallizzata nell'immaginario collettivo da Wolfgang Goethe («Conosci tu il paese dove fioriscono i limoni? / Nel verde fogliame splendono arance d'oro / Un vento lieve spira dal cielo azzurro / Tranquillo è il mirto, sereno l'alloro...») e la diffidenza, la disistima o addirittura il disprezzo per noi che ci abitiamo. Eredi sì di popoli e culture straordinari, capaci di accumulare meravigliosi tesori d'arte, ma sciagurati dissipatori di tanta ricchezza.

«L'abbondanza di siti archeologici e culturali porta l'Italia all'indifferenza. La conservazione non si classifica tra le priorità di un Paese costellato di acquedotti, anfiteatri e altri siti di grande rilievo culturale» spiega ai primi di dicembre del 2010 John Hooper sul «Guardian». «Pochi dei turisti che arrivano a Roma in taxi realizzano mentalmente, mentre sfrecciano sotto – che so – Porta San Giovanni, che le mura intorno sono state costruite nel III secolo d.C. Le cosiddette "Mura Aureliane", di cui rimangono circa 8 miglia, sono tra le glorie della Città Eterna. Anche i romani le danno per scontate, e il risultato è che stanno gradualmente crollando.»

«Quando si parla di patrimonio artistico agli italiani piace vantarsi che il loro Paese è il più ricco al mondo anche se è cronicamente a corto di denaro per prendersene cura» scrive Elisabetta Povoledo sul «New York Times» due anni prima del crollo della Scuola dei Gladiatori. Non è però solo una questione di soldi, accusano molti come Paddy Agnew, dell'irlandese «The Irish Times». È una questione di mancanza di rispetto per il passato. Mancanza di decoro. Mancanza di autostima: «A volte i turisti stranieri sono tanto turbati da tentare di fare qualcosa. Qualche anno fa, un gruppo di turisti americani, arrivato alla Villa Romana del Casale di piazza Armerina, in Sicilia, è inorridito a tal punto di fronte a quel sito immondo e abbandonato, che vanta incredibili affreschi romani, da comprare delle buste di plastica e cominciare a pulire».

È dura, per chi ama l'Italia, leggere cosa è stato scritto di noi in questi anni. Il rapporto «Stampa Estera: allarme beni culturali in Italia» commissionato dalla società Ornellaia su come ci vedono i giornali stranieri monitorati dal 1° gennaio 2008 al 30 aprile 2009 dall'Osservatorio giornalistico internazionale Nathan il Saggio è una coltellata al cuore. Vi si spiega che «fortemente sotto accusa» c'è tutto. In testa, «la cattiva gestione e l'eccessiva burocrazia». Al secondo posto «la mancanza di fondi e i tagli alla cultura». Al terzo «incuria e trascuratezza». Al quarto «furti e vandalismo». Al quinto «orari e strutture». Tutto.

Un andazzo insostenibile, ha denunciato Michael Kimmelman, studi ad Harvard e a Yale, editorialista e critico d'arte del «New York Times»: «In Italia tutti ritengono che il cambiamento sia necessario, ma poi sospirano perché è anche impossibile. Un cambiamento completo, almeno. Una mezza dozzina di riforme del ministero della Cultura in Italia non hanno fatto molto, tranne che spostare il fardello di una burocrazia difensiva e scricchiolante. Il Paese è paralizzato dalle contraddizioni».

Colpa del governo, colpa degli italiani. Che «sostengono di identificarsi con il loro patrimonio culturale, ma in realtà non visitano molto i loro musei. Parlano del patrimonio artistico collettivo italiano ma restano, nel loro profondo, divisi da antiche differenze regionali mai superate dall'unificazione avvenuta un secolo e mezzo fa».

E ancora: «Gli italiani hanno una loro filosofia nei confronti del loro patrimonio: ritengono infatti che non solo i resti romani e Caravaggio siano patrimonio nazionale, ma anche ogni singolo edificio italiano, opera d'arte e articolo di arredamento che abbia più di cinquant'anni. Idee meravigliose in teoria: valori collettivi, patrimonio condiviso e integrità culturale che prevale sull'economia. In pratica, in un Paese dove l'evasione fiscale si aggira attorno ai 280 miliardi di euro, il sistema si basa su un ministero sempre più vecchio e perennemente sottopagato. È praticamente ingestibile, incoraggia disonestà e scambi illeciti, scoraggia l'innovazione e sottolinea la conservazione, a volte a torto. Il traffico d'arte e di antichità è un problema costante».

Un'analisi spietata. Arricchita dalle denunce di tanti colleghi. Come Malcolm Moore del «Daily Telegraph»: «I turisti depredano la Roma antica. I monumenti sono custoditi talmente male che i turisti si portano via impunemente dei souvenir delle loro visite alla Città Eterna. (...) Gli archeologi hanno dichiarato che il Foro Traiano, nel cuore delle rovine classiche della città, è stato spogliato di tutti i frammenti di statue e cocci di anfore che fino a poco tempo fa decoravano il sito». L'inglese «The Independent» affonda il coltello nella piaga: «Il governo italiano è messo duramente sotto pressione dai continui atti di vandalismo e di ruberie nei siti di interesse archeologico. Non solo monumenti e palazzi, anche i musei e i siti archeologici hanno gravi problemi. Nonostante il fatto che l'Italia sia famosa in tutto il mondo per la sua arte e l'archeologia, nessuno dei suoi musei figura tra i 10 preferiti a livello mondiale; la posizione più alta è ricoperta dagli Uffizi di Firenze al 21° posto».

Philippe Ridet, su «Le Monde», non riesce a capacitarsi di come lo Stato non punti molto di più su quell'immenso patrimonio: «Arte e cultura, che dovrebbero essere una risorsa importante per l'Italia, beneficiano di scarsi investimenti. (...) Musei provinciali quasi vuoti, aree archeologiche che ricevono solo pochi visitatori al giorno: l'Italia soffre per troppa ricchezza e troppi pochi soldi per mantenerla e attrarre il pubblico».

«Troppe persone sottovalutano le aspettative, che non ci meritiamo, esistenti nei confronti dell'Italia: per gli stranieri, l'attrazione del «made in Italy» e dei grandi marchi è strettamente legata al radicamento nel circostante paesaggio urbano e naturale. Saranno dolori quando ci si accorgerà che non è più così» ha ammonito sul «Corriere» Antonio Puri Purini, già ambasciatore italiano in Germania. «Già adesso l'opinione pubblica internazionale si domanda se il nostro Paese non abbia abdicato alla responsabilità d'ospitare il più grande patrimonio culturale mondiale e rinunciato a essere una voce partecipe nella cultura europea dove avremmo il compito, davvero storico, di portare la voce della cultura mediterranea nel cuore dell'Europa continentale.»

Miguel Mora, sul «País», dà ragione al nostro presidente della Repubblica indignato per il crollo alla Schola Armaturarum. E scrive che non ce la fa proprio a capire come vengano spesi i soldi: «Basta visitare Pompei, Paestum, il Colosseo o le Torri di Bologna per rendersi conto dell'incuria di cui parla Napolitano. La segnaletica è inesistente quando non contraddittoria, c'è sporcizia ovunque, il parcheggio non è sicuro... Mentre la Scuola dei Gladiatori crollava, a Isernia, cittadina di 21.000 abitanti, il ministero sta costruendo un immenso teatro da 700 posti, con un palcoscenico di 300 metri quadrati. Bondi ha inaugurato i lavori nel 2009. Dovevano costare 5 milioni, poi 20, infine 40».

Pompei, Pompei, Pompei. Il paradigma è sempre quello. Immaginatevi chi ci vada dopo aver letto Goethe: «Pompei è una sorpresa per qualunque visitatore: strade strette, ma diritte e fiancheggiate da marciapiedi, casette senza finestre, stanze riceventi luce dai cortili e dai loggiati attraverso le porte che vi si aprono: gli stessi pubblici edifizi, la panchina presso la porta della città, il tempio e una villa nelle vicinanze, simili più a modellini e a case di bambola che a vere case. Ma tutto, stanze, corridoi, loggiati, è dipinto nei più vivaci colori: le pareti sono monocrome e hanno al centro una pittura eseguita alla perfezione, oggi però quasi sempre asportata; agli angoli e alle estremità, lievi e leggiadri arabeschi, da cui si svolgono graziose figure di bimbi e di ninfe, mentre in altri punti belve e animali domestici sbucano da grandi viluppi di fiori».

Tornare a Pompei nell'estate del 2008, a distanza di venti anni dalla prima visita, per Carolyn Lyons del «Financial Times» è un trauma: «Sono rimasta esterrefatta. Le strutture cadevano a pezzi, i soffitti perdevano e le pareti erano irrimediabilmente danneggiate. Le cause sono parzialmente da attribuirsi alle complicazioni legali, le opere pubbliche possono andare incontro al numero impressionante di 91 passaggi burocratici. I soldi sono un altro grande problema».

In quelle stesse settimane, altri restano scioccati: «Gli affreschi nell'antica città romana» scrive la Povoledo sul «New York Times» «si scoloriscono sotto il sole cocente o sono danneggiati dai cacciatori di souvenir. La speranza è che molte case e ville attualmente chiuse al pubblico ed esposte al saccheggio e al vandalismo possano essere aperte e protette». Sotto accusa, concorda l'austriaco «Die Presse», sono «i sistemi di sicurezza assolutamente inadeguati per una zona così importante. Mancano strumenti di sorveglianza, semplici recinzioni delimitano le aree archeologiche: per i vandali è un gioco da ragazzi superarle e accedere alle rovine».

Perfino l'inviato del «China Daily» intinge la penna nel cianuro: «Poco negli anni è stato fatto per fermare il decadimento di questa ricchezza. E molte delle opere gloriose di un tempo, che attraggono ogni anno due milioni e mezzo di turisti, si stanno semplicemente disintegrando. Solo quest'anno il governo italiano si è deciso a dichiarare "lo stato di emergenza" permettendo l'afflusso di fondi extra e l'applicazione di misure speciali per proteggere il sito. Il vero problema è in realtà che i lavori vengono iniziati e mai portati a termine. Manca la visione e l'organizzazione gestionale, qui come altrove... Per questo Pompei sta volgendo verso la distruzione inevitabile. Davanti all'entrata, il Museo delle antichità è chiuso per restauro da ormai trent'anni, a cui si aggiungono atti continui di vandalismo e furti incontrollati». Errore: l'Antiquarium è sbarrato addirittura da 34. Dettagli. Fatto sta che quando nel novembre del 2010 va giù sotto la pioggia la Scuola dei Gladiatori e successivamente il muretto della Casa del Moralista, la stampa straniera ci trova la conferma delle tante scelleratezze denunciate. «I crolli nel sito di Pompei sottolineano ciò che gli esperti hanno segnalato per anni: l'inestimabile patrimonio culturale italiano si sta lentamente ma ineluttabilmente disintegrando, e il declino del famoso sito archeologico è una metafora della nazione. Con frammenti che cadono dal Colosseo di Roma e l'apparentemente inesorabile declino e caduta di Venezia, il mondo aspetta con ansia di vedere se la rovina può essere arrestata» attacca Michael Day sull'«Independent». E spara a zero: «Pochi Paesi hanno una maggiore ricchezza di meraviglie culturali ed archeologiche dell'Italia, ma gli esperti avvertono che poche nazioni sono altrettanto noncuranti e incoscienti».

Se leggessero la «Frankfurter Allgemeine Zeitung», dalle parti di Palazzo Chigi e del ministero dei Beni culturali, arrossirebbero di vergogna: «Come prima motivazione si sono citate le piogge torrenziali dei giorni precedenti che avrebbero minato le fondamenta del palazzo, chiuso da anni. Il vero motivo – ed è per questo che quasi nessuno si è stupito del disastro – altro non è se non la decennale mala gestione di questo famosissimo e visitatissimo patrimonio mondiale dell'antichità».

Il degrado della città vesuviana infatti, secondo il giornale di Francoforte, «è cominciato fin dagli anni Cinquanta del secolo scorso, quando gli ultimi restauri sistematici sono stati sacrificati in nome dell'avidità, delle strategie turistiche e di una politica culturale di corto respiro e volta al profitto». Risultato: «Palazzi unici come la "Casa del Criptoportico" e la "Casa delle Nozze d'Argento", per cinque decenni orgoglio dell'archeologia, crollano. Le ricostruzioni nella "Casa del Labirinto", con mosaici cui si è ispirato Picasso e che alla fine degli anni Novanta sono scomparsi sotto il soffitto crollato, si sono fermate a metà. In compenso, è stato costruito un grande Auditorium, alla periferia della città antica, sul cui scopo non si posson dare informazioni precise. Al rumore di costruzioni s'oppone il silenzio che regna da quasi quattro decenni (...) per l'Antiquarium, chiuso negli anni Settanta per il rischio di crollo».

Giornalisti comunisti? Ma va là! Basta leggere reportage come quello pubblicato da «El Mundo», quotidiano conservatore di Madrid. Dove Irene Hernández Velasco, denunciando come «sui muri e sui tetti di quasi tutte le costruzioni di Pompei ci sono piante e sterpi» anche se «qualsiasi archeologo sa che questo è fatale, perché le radici di queste erbe stanno aprendo crepe nei muri che, quando piove, vengono riempite d'acqua, indebolendo la costruzione», scrive: «La città romana che fu sepolta sotto la lava del Vesuvio il 24 agosto del 79 d.C., riscoperta solo nel 1748, è sopravvissuta a eruzioni vulcaniche, terremoti, ai bombardamenti della Seconda guerra mondiale, ai 15.000 turisti che la visitano ogni giorno... Ma tutto sembra indicare che non sta resistendo all'abbandono e all'indolenza che, secondo numerosi esperti e l'opposizione al completo, sta patendo per mano del governo di Silvio Berlusconi». Una tesi curiosamente simile a quella del «País», il giornale madrileno concorrente: «I coraggiosi gladiatori potevano essere sconfitti solo dalla forza tellurica che uccide tutto ciò che tocca: la trascuratezza e l'arroganza del governo di Berlusconi».

È sferzante, «El País». Soprattutto con il ministro in carica dei Beni culturali: «Bondi, che oltre ad essere ministro è coordinatore nazionale del Pdl e poeta da camera di Berlusconi, ha aumentato l'inquietudine generale affermando che il crollo "non è dovuto alla mancanza di risorse economiche ma alla loro gestione" e che "il governo non può garantire che non ci siano nuovi crolli". Solo un giorno dopo che la Commissione europea aveva dichiarato la sua "tristezza e stupore" e ricordato a Roma che "Pompei fa parte non solo della storia d'Italia ma d'Europa e del mondo", il governo ha risposto eludendo tutte le responsabilità».

Ma non più tenero è, in quel tardo autunno del 2010, «Le Figaro», storico riferimento della destra parigina. Che sotto il titolo *La seconda morte di Pompei* pubblica un reportage durissimo dell'inviato Richard Heuzé che racconta come da tanto tempo «l'Unesco denuncia l'incuria in cui si trova un sito classificato fin dal 1997 come patrimonio mondiale dell'umanità: "Pompei vive di rabberciamenti da cinquant'anni"».

«La soprintendenza dispone di liquidità di cassa. Ma un terzo solamente è utilizzato. Il resto è bloccato nei meandri della burocrazia» insiste il giornale francese. «Il più piccolo progetto richiede una miriade di firme. I sindacati hanno la loro parte di responsabilità: un operaio può effettuare riparazioni solo fino a un metro e mezzo di altezza. Oltre questo limite, bisogna preparare un piano di spesa, ottenere 15 permessi, nominare un architetto e un capocantiere. Ogni restauro, ogni consolidamento, deve passare attraverso una miriade di parti interessate. Prima che si apra il cantiere, si sprecano dai quattro ai cinque anni. “Nel frattempo, le priorità sono cambiate”, si lamenta un archeologo.»

Richard Heuzé, in realtà, non butta tutto. Anzi, scrive che a Ercolano «per volere di un ricco appassionato di archeologia americano, David W. Packard, tre milioni di euro sono investiti ogni anno a partire dal 2004 – e per altri quattro anni – in progetti infrastrutturali come il ripristino della rete idrica. Cooperazione esemplare, che unisce esperienza e intelligenza. Un ingegnere ha così riassunto la filosofia: “L’acqua è il peggior nemico dell’archeologia. Quando il contratto con Packard è stato firmato, abbiamo cercato di essere i più efficienti possibile. Abbiamo rifiutato di restaurare questa o quella domus per privilegiare il ripristino dell’antica rete di canali sotterranei ostruiti dalle ceneri. Questo approccio ha pagato. I risultati sono spettacolari. Ercolano, che è una città riordinata, non è più stata inondata dalle acque piovane, che defluiscono rapidamente verso il mare”».

Ma, ahinoi, esistono mecenati nostrani altrettanto generosi? «Incredibilmente, nessun grande gruppo italiano privato, nessuna fondazione bancaria ha mai promosso progetti di difesa del patrimonio di Pompei. Il ministro Bondi propone di creare una fondazione per massimizzare i finanziamenti. L’idea ha ricevuto una fredda accoglienza.»

Dai e dai, comunque, sempre lì si finisce. Alla tesi ripresa con parole appena appena diverse, un po’ da tutti. «New York Times»: «I crolli a Pompei sono diventati una metafora dell’instabilità politica e dell’incapacità dell’Italia di prendersi cura del suo patrimonio culturale». «Le Monde»: «Pompei crolla, simbolo di un’Italia in stato di catastrofe culturale».

Ammonisce «The Irish Times» con Paddy Agnew che, in realtà, «agli occhi dei visitatori stranieri, l’Italia è sempre sembrata colpevole di pessima amministrazione del suo impareggiabile patrimonio culturale, sia che il governo fosse di centrodestra sia che fosse di centrosinistra». Ed è verissimo. Il tedesco «Die Welt» conferma: «La realtà dei fatti in Italia è che mancano strategie innovative e infrastrutture all’avanguardia, in un Paese in cui ognuno pensa solo al suo e non al bene della nazione».

Mai governo è stato tanto criticato, però, quanto quello di

Berlusconi nell'inverno 2010-2011. Irriso da un acido corsivo del «País» che sprona Sandro Bondi, reo di avere «incolpato le piogge del crollo» della Schola Armaturarum, a «pregare che non piova mai più e non cadano con un tonfo il Colosseo e la Domus Aurea di Nerone, le due Torri di Bologna, la cupola della chiesa di Santa Maria del Fiore o il convento di Sant'Orsola a Firenze». Ma colpito anche dal «fuoco amico» del «Figaro» nelle cose tipo la gestione dell'emergenza di cui l'esecutivo del Cavaliere si vanta.

«Lo Stato ha responsabilità pesanti: politica culturale bizzarra e irregolare, valzer di dirigenti, tre soprintendenti nominati in diciotto mesi, commissari dai pieni poteri senza necessariamente avere le competenze per la gestione del patrimonio archeologico» accusa il quotidiano parigino. «Appena nominati, alcuni "manager" congelano tutti i progetti in favore di una politica a volte sconcertante di promozione dell'immagine di Pompei. Era davvero necessario spendere 5 milioni di euro al fine di approntare il Foro per un concerto di Riccardo Muti, che poteva tranquillamente tenersi al San Carlo di Napoli?»

Peggio: «Era davvero necessario dirottare fondi dalla manutenzione ordinaria, pesantemente necessaria, per organizzare una mostra sulla Protezione civile? È stato appropriato prendere 2 milioni di euro dal budget ordinario per finanziare costosi progetti di animazione audiovisiva?». Nel mirino c'è l'impianto avveniristico costato un occhio della testa nella Casa di Giulio Polibio: «Il padrone di casa appare in ologramma ai visitatori con una larga tunica bianca. Con voce cavernosa, racconta la tragedia della sua famiglia di 13 membri, compresa la figlia diciannovenne incinta, asfissiata dalla pioggia di cenere che ha colpito a mezzogiorno del 24 agosto 79 d.C...».

Il Cavaliere dirà che no, questi giudizi non hanno importanza. Che contano solo i rapporti con i capi di Stato stranieri e che i suoi sono buonissimi e che tutti ai vertici «vogliono fare la fotografia con lui». Sarà... Ma certo pesano, nell'immagine che abbiamo all'estero, le caricature appiccicate addosso al nostro premier, che fanno scrivere al lettore Joachim Mense a commento dell'articolo della «Frankfurter Allgemeine»: «Cosa ci si può aspettare da un Paese il cui premier tiene diciassettenni sul cuscino e alimenta il suo machismo nell'approvazione pubblica?».

Stereotipi? Può darsi. Ed è vero che i reportage stranieri sono spesso contraddittori sui numeri e le analisi. Ma certo il Cavaliere ci ha messo del suo. Anche in questo settore. Sarà un caso che in tanti anni di governo non ha praticamente mai frequentato siti archeologici o monumentali? Alcune decisioni controverse rivelano un rapporto con l'arte che avrebbe fatto scrivere parole di feroce sarcasmo a Camilla Cederna. Come la costruzione a Villa Certosa in Sardegna per gli spettacolini serali di un finto teatro greco. O la trasformazione di una cabina dell'Enel, sempre lì a Porto Rotondo, in un «antico nuraghe» con dentro un bagno dalle vetrate trasparenti sul mare che «con un semplice scatto d'interruttore si polarizzano per garantire la massima privacy».

Lui stesso ha raccontato come, con l'aiuto del suo fedele architetto «servitor d'arredi», pensò di «italianizzare» alcuni incontri internazionali: «A Pratica di Mare, dove si tenne il vertice Nato-Russia, Giorgio Pes fece venire dai musei di Napoli antiche statue romane, a testimonianza dell'italianità dell'evento. A Bruxelles, per il semestre europeo di presidenza italiana, c'era da confrontarsi con l'architettura moderna del Palazzo Justus Lipsius, sede del Consiglio europeo, i cui interni, tra decori, spot a cilindro e colori forti e dissonanti, ci ponevano dinnanzi a una sfida non certo facile. Pes ricorse all'originale invenzione di apporre delle tele grezze lungo i percorsi di rappresentanza e all'interno delle sale principali al fine di consentire la collocazione di statue dell'antica Roma». Ave, Cesare!

Gli inviati stranieri si divertono da anni a ricamare sui rapporti che il Cavaliere riesce a creare fra le bellezze d'arte e le bellezze da copertina. Indimenticabile il racconto della visita a Villa Madama dei corrispondenti esteri nella cronaca dell'«International Herald Tribune»: «Dopo che gli ospiti avevano terminato il gelato tricolore – pistacchio, vaniglia e fragola – Berlusconi si è diretto a passo svelto verso una scalinata di marmo invitando i giornalisti a seguirlo nella stanza da bagno di cui aveva parlato in precedenza. Ha aggiunto che li portava lì perché la cosa poteva "interessare alle signore". E li ha invitati ad andare al piano di sopra a vedere la vasca da bagno nella quale Gary Cooper ha lavato la schiena ad alcune signore».

Del resto, sullo stesso sito web del ministero, il direttore generale Mario Resca riassume la filosofia del governo presieduto dal Cavaliere annunciando «che un dipinto di Tiziano sarà trasportato a Mosca in occasione di un viaggio che porterà il premier Silvio Berlusconi a incontrarsi con Vladimir Putin. "L'obiettivo è creare eventi culturali che migliorino non solo i rapporti politici ma anche quelli economici tra Paesi. La cultura può diventare un ottimo biglietto da visita per la politica estera italiana. Tutto il mondo riconosce che l'identità dell'Italia è la cultura. Quando ce ne convinceremo anche noi raccoglieremo benefici turistici, politici e quindi anche economici"». Tiziano *for business*.

Questo è il punto: «l'identità dell'Italia è la cultura» anche per il Cavaliere? Sul serio? Al punto di concentrare gli sforzi del governo a tutela di questo patrimonio? Mah... Non sono solo tanti italiani a dubitarne. La nomina di Mario Resca ai Beni culturali, scrive il francese «L'Humanité» ricordando come il direttore generale dei Beni culturali avesse passato una vita alla McDonald's, «traduce l'indifferenza del governo verso la cultura. Il progetto sembra chiaro; svendere le riserve artistiche dei musei e lodare l'iniziativa privata facendo marketing turistico in puro stile McDonald's con una gestione populista dell'arte». «Libération» concorda: «La mcdonaldizzazione della cultura da vaga minaccia diventa realtà grazie all'iniziativa politica del governo Berlusconi. Con la nomina di Resca alla guida dei musei italiani, il governo mette in pericolo la difesa del proprio patrimonio artistico già appesantito e in profonda crisi di gestione. Si tratta ormai di un male cronico per l'Italia. In questo modo, l'Italia rischia di trasformarsi in un ipermercato dell'arte». Michael Day bacchetta: «Chi dovrebbe pagare per la gestione dell'Italia, gigantesco museo a cielo aperto? Il governo di Mr Berlusconi direbbe: "non i contribuenti". (...) Ma se le meraviglie italiane infine crollassero o si disintegrassero per sempre, non potrebbero mai essere rimpiazzate. E l'enorme massa di benefici economici che il turismo culturale porta all'Italia morirebbe sicuramente con loro».

«I soliti comunisti!» dirà il Cavaliere. Legga allora la «Neue Zürcher Zeitung», il maggiore quotidiano svizzero che proprio per l'orientamento tradizionalista viene chiamato da chi non lo apprezza ma anche dai suoi lettori più spiritosi col nomignolo di «vecchia zia». Scrive dunque la «vecchia zia» per la penna di Gabriele Detterer: «Per i beni culturali in Italia si parla di "valorizzazione", un termine che, però, nel vocabolario di Berlusconi, è meglio sostituire con "mercificazione". La sua "valorizzazione" non è nient'altro che una strategia di marketing per vendere al meglio le risorse culturali italiane. Ma per far ciò è necessaria una campagna di finanziamenti adeguata e persone competenti. Una persona come Mario Resca, nuovo soprintendente ai Beni culturali in Italia, non è certamente esperta di arte. (...) La riorganizzazione del settore culturale in Italia non sta tenendo conto dei bisogni del patrimonio italiano, bensì dei bisogni di singole persone che vogliono solo il potere. E intanto nuove collezioni che hanno impiegato anni per consolidarsi saranno costrette a chiudere i battenti».

La bavarese «Süddeutsche Zeitung», altro giornale che proprio comunista non è, la pensa allo stesso modo: «La nomina di Resca è solo l'ultima delle polemiche attorno ai Beni culturali italiani: il programma previsto dal governo Berlusconi è tragico, si rischia la bancarotta. (...) Se si considera che il budget culturale rappresenta solo lo 0,28% del bilancio statale, un nuovo programma di risparmio significherebbe tutto fuorché "valorizzazione", come vuol far credere il ministro Bondi». Il bello è che l'«americanizzazione» non piace neanche agli americani come il già citato critico d'arte del «New York Times» Michael Kimmelman che, a proposito della scelta di puntare sull'uomo della McDonald's e su «nuove maniere di guadagnare», scrive che «gli avversari di questo progetto, non irrazionalmente hanno evidenziato che la cultura richiede esperti e non qualcuno che ha venduto hamburger». Dove quel «non irrazionalmente» dice più di mille parole.

«Perché tanta diffidenza?», si chiederà il Cavaliere. Chissà, forse per certe ghiottonerie che divertono ma insieme sconcertano i corrispondenti esteri. Come il ridicolo pasticcio del differente trattamento riservato a *La Verità svelata dal Tempo* e alle statue di Marte e Venere. Un pasticcio combinato insieme con Mario Catalano che, prima di diventare il consulente artistico del premier, aveva dato il meglio di sé come allestitore di programmi televisivi che ruotavano ad esempio intorno alle frizzanti ragazze Cin Cin della trasmissione *Colpo Grosso*: «Cin cin, fruttine prelibate, cin cin / Cin cin, ci innamoriamo, cin cin / Cin cin, ricoprimi di baci, cin cin».

La cronaca ricostruita da Filippo Ceccarelli nel libro *La Suburra* è una leccornia. Spiega infatti che un giorno d'agosto l'architetto scenografo che aveva piazzato una copia dell'affresco di Tiepolo con una donna nuda dalle morbide forme tra le braccia di un vecchio incartapecorito come fondale della sala stampa a Palazzo Chigi fu incaricato di «sfumare le tette della bellezza tiepolesca. Toccò al sottosegretario portavoce Bonaiuti l'ingrato compito di spiegare il senso di quella copertura: "Beh, sì, quel seno, quel capezzoluccio... Se ci fate caso, finisce esattamente dentro le inquadrature che i tg fanno in occasione delle conferenze stampa. E quindi hanno temuto che tale visione potesse urtare la suscettibilità di qualche telespettatore"». Una censura perbenista così ridicola da spingere a protestare perfino il fedele Giancarlo Galan: «Caro Presidente, l'offesa a Tiepolo rappresenta la peggiore offesa al tuo progetto di libertà e modernizzazione...».

Va da sé che con quei precedenti il Cavaliere non poteva aspettarsi reazioni men che canzonatorie davanti alla seconda scelta fatta su suggerimento del suo consigliere d'arte. Cioè la decisione di dare una sistematina alle statue di Marte e Venere tolte al Museo delle Terme per metterle in mostra nel portico d'onore di Palazzo Chigi. Una specie di lifting, per dirla alla berlusconiana. Con il ripristino alla dea della mano destra e al dio del pene, smarriti entrambi nel corso dei secoli. Non bastasse, ha scritto «Le Figaro» pubblicando le foto del gruppo marmoreo, prima e dopo il lifting, le statue «sono state sottoposte a un ulteriore trattamento poco ortodosso. Sono state installate davanti a un cielo azzurro punteggiato di nuvole, molto kitsch».

Messo alle strette da inorriditi difensori dell'arte, l'architetto Catalano ha spiegato: «Sono risarcimenti regolari che servono a far vedere l'opera nella sua interezza e nelle fattezze complete di quando fu scolpita». Il cesello finale, tuttavia, non poteva apporlo che il ministero dei Beni culturali. Che davanti alle polemiche sui costi dei due supporti appiccicati alle statue (70.000 euro, pare: di questi tempi...) si è sentito in dovere di diramare addirittura una nota ufficiale: «Per le integrazioni sono stati adottati materiali assolutamente reversibili, ricostruzioni in resina fatte aderire ai punti di frattura dell'originale tramite magneti».

In fondo, che ci sarebbe di male a restituire le braccia, la testa, le gambe, i piedi e le chiappe, ad esempio, al torso in basalto verde del Doriforo di Policleto esposto al Museo degli Uffizi o al torso di statua imperiale attribuita a Nerone ospitata dal Museo civico di Bologna? Saranno mica belli, con quei moncherini...

5

C'erano una volta i Bronzi rockstar

Il grande spreco: opere da sogno, incassi da incubo

Ricordate il delirio da rockstar per i Bronzi di Riace? Era il 2 maggio del 1981. E per scongiurare «l'intervento della forza pubblica» il soprintendente ai Beni archeologici della Toscana, Francesco Nicosia, fu costretto a fare un appello a radio, tv e giornali, perché facessero «opera di sensibilizzazione presso il pubblico, in modo da consentire le normali operazioni di apertura e chiusura».

La folla accorsa a Firenze per ammirare i Bronzi, esposti al pubblico per la prima volta al Museo archeologico nazionale dove erano stati sottoposti a un restauro durato cinque anni, era così imponente che si dovette prendere una misura eccezionale: l'apertura a orario continuato, senza intervalli. «Il personale addetto alla mostra» spiegò l'angosciato Nicosia all'Ansa «è attualmente sottoposto a turni di lavoro massacranti in condizioni disumane.» Una iniziativa senza precedenti, per un Paese nel quale i musei osservavano rigorosamente orari di apertura da uffici del catasto e chiudevano nei giorni festivi. Tanto che la polizia era già dovuta intervenire una settimana prima, il 25 aprile, Festa della Liberazione, quando migliaia di turisti in fila sotto la pioggia avevano trovato le porte sbarrate e avevano bloccato il traffico per protesta. «Mi vergogno di essere italiano» lasciò scritto uno dei tanti visitatori beffati dalla insensata chiusura festiva.

Si replicò un paio di mesi dopo a Roma, dove le due statue furono esposte al Quirinale. Ingorghi paurosi alla circolazione stradale, code interminabili fin dalle sei del mattino, malori e svenimenti per il caldo torrido di fine giugno. Un successo clamoroso. Che continuò a Reggio Calabria, dove il Museo archeologico, eletto a dimora fissa della coppia di guerrieri del V secolo a.C.

trovata casualmente in mare nel 1972 dal subacqueo romano Stefano Mariottini, fronteggiò per mesi l'assedio dei turisti. Nel giro di un anno, un milione e passa di visitatori.

Ma chi credeva che i Bronzi potessero dare il via al riscatto di Reggio, un decennio dopo lo «scippo» del capoluogo di regione a vantaggio di Catanzaro e la rivolta dei «Boia chi molla» di Ciccio Franco, si sbagliava di grosso.

Sono lontani i tempi dei milioni di turisti. Basta dire che almeno dal 1996, primo anno per il quale sono disponibili su internet i dati delle affluenze, il Museo archeologico di Reggio non è mai entrato fra i top 30 italiani. Peggio, la grande illusione è stata spazzata via ai primi di luglio del 2009, quando Antonietta Catanese ha rivelato sul «Quotidiano della Calabria» una notizia sconvolgente: i visitatori del museo reggino venuti ad ammirare quei due capolavori bronzei che sarebbero collocati al posto d'onore nelle più importanti gallerie del pianeta sono ormai meno di quelli che vanno a vedere lo zoo di Pistoia. Dati 2008: 130.696 ticket (dei quali solo 50.085 a pagamento: 137 al giorno) emessi dalla biglietteria calabrese per l'accesso alle statue che secondo alcuni studiosi potrebbero rappresentare Eteocle e Polinice, 154.227 da quella toscana per l'entrata al giardino che ospita orsi, tigri, leoni, giaguari, giraffe, pavoni, zebre, pitoni... Per carità, lo zoo pistoiese si vanta di ospitare anche un rarissimo ippopotamo bianco. Ma vuoi mettere con i Bronzi?

La storia dei guerrieri di Riace è l'emblema dell'incapacità di mettere a frutto i nostri immensi tesori. Alla vigilia di Natale del 2009 le due statue devono cambiare casa. La ristrutturazione del museo reggino progettato da Marcello Piacentini, l'architetto fascista che andava matto per il marmo (aveva lui pure una cava!), è stata inserita fra le opere da realizzare per le celebrazioni dei 150 anni dell'Unità d'Italia e le sale vanno svuotate.

I Bronzi sono anche bisognosi di cure, così vengono alloggiati, adagiati su appositi supporti, in una sala del Consiglio regionale perfettamente coibentata e asettica come una sala chirurgica, per essere sottoposti a un restauro pubblico: i turisti possono ammirare (gratis) le statue attraverso un vetro e osservare i tecnici al lavoro. In qualunque Paese del mondo avrebbero messo striscioni all'ingresso della città: attenzione, i Bronzi sono da un'altra parte. Qui no. Per dire ai visitatori dove trovare i Bronzi, la soprintendenza ha dovuto affiggere dei cartelloni negli spazi pubblicitari comunali. A pagamento: 25.000 euro. Soldi pubblici tolti da una cassa pubblica per finire in un'altra cassa pubblica. Da dementi. Tanto più che a guadagnarci sui turisti, se arrivassero, sarebbe per primo il Comune.

Appunto: se i turisti arrivassero. Mettetevi nei panni di un tedesco, un inglese o un francese che, in visita a Napoli, Capri o Pompei decida di sottoporsi a una sfacchinata che non immagina neppure quanto sarà pesante sulla Salerno-Reggio per raggiungere la città sullo Stretto e vedere finalmente i «Riace *Bronzes*». Il sito www.museonazionalerc.it, un anno dopo la chiusura, alla fine di dicembre del 2010, spiega sì che il museo ha sale dedicate al Paleolitico e all'Età dei metalli, a Medma e Sibari e perfino che è chiuso fino al marzo 2011. Ma solo ed esclusivamente in italiano. L'esatto contrario dello zoo di Pistoia che accoglie i navigatori web in tre lingue e dedica spazi speciali anche ai bambini, alle scolaresche, ai gruppi non scolastici.

E ci si meraviglia se i visitatori non arrivano? Nel 2010, anno della permanenza dei Bronzi negli spazi del Consiglio regionale, sono stati 100.000. Dei quali appena 12.000 stranieri. Una trentina al giorno. Ma sono anni che è così. Nel 1996 entrarono al Museo di Reggio 118.000 persone, di cui la metà (59.000) paganti. Quattro anni dopo, nel 2000, si era saliti a 151.000. Per arrivare nel 2006, record storico, a 159.873, dei quali il 57% abbondante con un biglietto omaggio. Da allora, il crollo: 135.000 nel 2007, 130.000 nel 2008, 107.498 nel 2009, con la miseria di 36.136 paganti: uno su tre.

Va da sé che gli incassi sono stati ridicoli: 132.000 euro. Quasi la metà rispetto a tre anni prima. Lo stretto necessario per pagare lo stipendio e i contributi di quattro custodi. Che però non sono quattro: sono sessanta. Uno abbondante ogni due biglietti venduti giornalieri. Una follia. Il bello è che una volta erano ancora di più. Al tempo del famoso milione di visitatori del primo anno, succedevano a Reggio Calabria cose mai viste. Lunedì 10 agosto 1981, per dire, cento turisti inferociti per aver trovato chiuso il museo di lunedì si sdraiarono sull'asfalto bloccando il traffico. Le autorità preposte non videro l'ora di strillare: assunzioni! Urgono assunzioni! E di custodi ne presero un'ottantina, tutti insieme. In attesa, chissà, di assumerne ancora e ancora e ancora. Negli anni alcuni sono andati in pensione senza essere sostituiti. Ma restano un esercito. In panciolle. Una situazione analoga, sia pure a chiazze, a quella di molti altri tesori italiani.

Nell'area archeologica nei dintorni di Santa Maria Capua Vetere sono 124: 28 all'anfiteatro romano di Capua, 17 a Succivo, 20 ad Alife, 23 a Teano, 16 a Maddaloni. Altri 20, forse perché non si sapeva dove mandarli, li hanno spediti addirittura al vicino Centro di incremento ippico. Il Centro di incremento ippico!

E va già un po' meglio. Una decina d'anni fa solo a Capua erano in 72: metà custodi all'anfiteatro romano, metà al museo, «ma con l'impegno a richiesta di portare i turisti a visitare il Mitreo». Sempre che l'afa di certe giornate estive non consigliasse di limitare i movimenti. Lo stesso direttore amministrativo Lorenzo Di Caprio, un tipo dotato di barba sessantottina che si barcamenava tra cose che non gli piacevano, allargava le braccia: «Onestamente: possiamo pretendere che si facciano pure un giretto tra le rovine sotto questo sole? Con questo caldo pazzesco?».

Troppi guardiani? «È opinabbbile» ti rispondevano. E ti spiegavano che una volta sì, una volta, «quando qui era tutto nelle mani di Vincenzo Scotti» gli addetti ai servizi di vigilanza «erano arrivati a essere 200» e tutto il Paese «ruotava intorno all'archeologia, ma adesso... Ormai...». Tanto più, aggiungevano, «poiché tutta l'area è ricchissima di giacimenti archeologici, altri sette o otto custodi sono impegnati a controllare che ogni buco fatto dalle escavatrici nella zona per la costruzione di una casa o un magazzino non contenga qualcosa di prezioso».

I risultati di decenni di gestione del genere, compresa questa specie di delega ai custodi manco fossero storici dell'arte, si possono vedere anche sul sito internet ufficiale del Comune di Santa Maria Capua Vetere. Dove si racconta della preziosa Casa di Publio Confuleio Sabbio, «scoperta nel 1955, durante lo scavo delle fondamenta per la costruzione del palazzo di corso

Aldo Moro 220». Palazzo che continuarono a costruire guardandosi bene dall'annullare i lavori. Al punto che oggi, come spiega un depliant, «la casa è visitabile soltanto su richiesta ai condomini dell'edificio del quale fa parte».

È bellissimo, l'Anfiteatro di Capua. Il più grande dell'antichità dopo il Colosseo. E anche il più impregnato di storia. Qui c'era una grande scuola per addestrare i gladiatori. Da qui, nel 73 a.C., Spartaco fuggì innescando la più pericolosa rivolta interna che Roma repubblicana avesse mai dovuto fronteggiare.

Bene, pensate che un tesoro del genere sia meta di incessanti pellegrinaggi? Che i visitatori stranieri facciano a cazzotti per comprare i biglietti al botteghino? O per accaparrarsi a migliaia i gadget dei gladiatori che da decenni fanno ricca Hollywood, da Kirk «Spartaco» Douglas a Russell Crowe, il famoso Massimo Decimo Meridio di Ridley Scott? Macché. I gadget nessuno li vende. E i turisti semplicemente non ci sono.

Nel 1996, dicono i dati ufficiali del ministero, ne arrivarono fra anfiteatro e museo poco meno di 37.000: 100 al giorno. Per un incasso complessivo (i paganti erano 7416: uno su cinque) pari a 15.000 euro di oggi. Lo stipendio di un custode, allora. Nel 2009 i visitatori dell'intero circuito capuano (il biglietto è unificato) comprendente l'anfiteatro, il museo e gli altri resti, sono scesi a meno di 23.000. Sessantatré al giorno. Come i clienti di una trattoria con pochi tavoli. L'incasso? Con 7074 paganti (uno su tre, scarso) 14.402 euro e 55 centesimi. La metà di quanto costa al ministero uno solo dei 124 custodi. Gli altri 123 e mezzo sono tutti sul groppone dello Stato.

Nel 2009 i visitatori di tutti i musei, i monumenti e le aree archeologiche d'Italia sono stati 32.345.000. Cioè il 6,4% in meno rispetto al 2006. Anche il numero dei paganti è diminuito, ma quasi del doppio: 11,2%. Il che significa che con 14.612.000 biglietti venduti siamo tornati ai livelli del 2003. Al netto dell'eventuale aggio dei concessionari, per capirci, lo Stato si è messo in tasca 82.869.847 euro. Cinque euro e 67 centesimi per ogni pagante. Certo, questi dati riguardano i tesori statali, che dipendono dal ministero dei Beni culturali. E non comprendono i musei e i siti archeologici delle regioni autonome dove la competenza è locale: Sicilia, Valle d'Aosta, Trentino Alto Adige... Ma in Sicilia, per esempio, è andata perfino peggio.

Nel 2009 l'incasso ricavato dai Beni culturali si è fermato a 11.353.337 euro, il 27% in meno rispetto a tre anni prima. Il numero dei visitatori, in parallelo, è crollato di oltre il 23%, precipitando da 4.578.577 a 3.512.248. Un milione secco in meno. Una catastrofe. Che dimostra come non basti declamare che si tratta di una «terra meravigliosa» come faceva Totò Cuffaro ai tempi in cui nella veste di governatore dedicava l'isola alla «Bedda Matri» («Tu sei la Madre di Cristo e la Madre nostra, / con il titolo di "Bedda Matri" / la nostra terra Ti ha sempre salutato...») né promettere, come ha fatto il successore Raffaele Lombardo, di «fare in modo che la Sicilia torni a essere quella che era sotto Federico II, la regione più bella e più ricca d'Europa».

La verità è che, autonomia o non autonomia, è tutta la penisola che mostra cifre deprimenti, per un Paese che tanto si vanta a parole di custodire sul proprio territorio larga parte del patrimonio artistico mondiale. I confronti con i concorrenti esteri sono semplicemente impietosi. A cominciare dal numero nudo e crudo dei visitatori. Nel 2008 i musei francesi hanno staccato oltre 55 milioni di biglietti, contro i 33.103.000 di quelli italiani: una differenza di quasi 22 milioni, il 66,3% in più. Il solo Museo del Louvre, che per visitatori doppia il nostro più importante sito, ovvero il circuito archeologico di Roma (8.422.000 presenze contro 4.655.000), ha incassato nel 2006 ben 73 milioni (per l'esattezza 72.743.939) e cioè quanto l'80% di tutti gli incassi delle biglietterie di tutti i musei e tutti i siti archeologici a pagamento statali italiani messi insieme.

Vogliamo parlare dei prezzi? Prendiamo gli Uffizi, che come spiega il depliant «ospitano oggi un patrimonio artistico immenso, comprendente migliaia di quadri che vanno dall'epoca medievale a quella moderna, un gran numero di sculture antiche, di miniature, di arazzi». Biglietto a prezzo pieno in vendita sul sito ufficiale nel dicembre 2010: 6 euro e 50 centesimi. Meno di quanto costa l'ingresso al cinema multisala di Ponte di Nona, all'estrema periferia borgatara di Roma. Un dodicesimo di quanto costa un'insalata mista al Billionaire in Costa Smeralda. Precisazione on-line: «In occasione della mostra "Caravaggio e caravaggeschi" a Firenze il prezzo del biglietto intero sarà di euro 10 ed euro 5 il ridotto». Dieci euro. Per vedere capolavori assoluti come la *Madonna del Magnificat* di Botticelli, l'*Annunciazione* di Leonardo, il *Doppio ritratto dei duchi di Urbino* di Piero della Francesca, l'*Adorazione del Bambino* di Filippino Lippi e decine di altre opere immense per ognuna delle quali c'è chi verrebbe a piedi da Toronto o da Shanghai. Ridicolo.

Infatti spuntano forme fantasiose di bagarinaggio. Lo dice «La Nazione» di Firenze. Spiegando che, di fatto, le alternative sono tre: fare molte ore di coda al botteghino oppure prenotare on-line con molto anticipo oppure rassegnarsi al bagarinaggio più o meno legale. «Quasi sempre il biglietto d'ingresso è abbinato a qualche servizio aggiuntivo, tipo giro panoramico, guida turistica, audioguida. (...) La bolgia dei prezzi è senza limite: da 15 a 30, da 45 a 60 euro. Alcuni anche molto di più.»

Il prezzo dei biglietti in sé, tuttavia, non è il problema. Il J. Paul Getty Museum di Los Angeles, per dire, fa pagare 15 dollari il parcheggio ma offre l'ingresso gratuito anche a quelli che arrivano con i mezzi pubblici. Il punto è che un museo serio deve avere comunque delle entrate. Le principali delle quali in genere sono le donazioni (nei sistemi in cui lo sconto fiscale è forte, cosa che da noi non accade) e il merchandising di cui dicevamo. Da metà degli anni Novanta anche in Italia è possibile affiancare alle tradizionali biglietterie il bar, il bookshop, il parcheggio. Tutto merito dell'ex ministro Alberto Ronchey, che nel 1993 ebbe il grande merito di infrangere (oltre alla chiusura nei giorni festivi) questo tabù.

«Servizi aggiuntivi» si chiamano. Ma di strada, in tre lustri, se n'è fatta davvero poca. Nel 2009 il fatturato nazionale di tutto l'insieme è stato di 39.669.000 euro. E già è pochissimo. Se però si fa il calcolo sul numero dei visitatori, l'importo medio crolla a 1 euro e 22 centesimi. Non basta: di questi 39,6 milioni incassati sapete quanti sono andati alle soprintendenze, cioè ai padroni di casa? Un settimo: 5.525.259 euro. Il resto è finito nelle tasche dei concessionari. Come la Electa, che fa parte dell'impero di Silvio Berlusconi ed è controllata dalla Mondadori, nel cui consiglio di amministrazione siede il già citato Mario Resca. Un «conflittino» di interessi minore dentro il conflitto di interessi spropositato del Cavaliere.

Lo stesso Giuseppe Urbino, segretario nazionale della Confsal-Unsa, un sindacato mai pregiudizialmente ostile al centrodestra, non ha dubbi: «È un caso davvero imbarazzante». Non solo la Mondadori con la sua Electa gestisce larga parte delle biglietterie, delle caffetterie, dei bookshop e della didattica. Ma lo stesso Resca, senza per questo dimettersi dal consiglio di amministrazione della casa editrice berlusconiana, ha avuto la delega ad approntare i nuovi bandi di gara.

Dal sito internet di Electa risulta che a dicembre 2010 la società gestiva 43 bookshop in altrettanti musei o aree archeologiche, dalla Campania al Friuli. Nell'elenco: il Foro Romano, il Colosseo, il Museo del Palatino, Palazzo Grassi a Venezia, il Museo di Capodimonte a Napoli... Luoghi dove, oltre a gestire i negozi, la società organizza mostre e vende i relativi cataloghi. Incassi? Leggiamo il bilancio 2009: «Le attività svolte da Mondadori Electa nelle vesti di concessionario dei servizi ex legge Ronchey hanno generato ricavi per 28,8 milioni di euro». Ovvero, il 72,5% degli incassi per «servizi aggiuntivi» di tutti i musei e i siti archeologici italiani.

Il tutto, ovviamente, senza puzza sotto il naso per gli avversari di Berlusconi. *Pecunia non olet*. Nel medesimo bilancio si racconta che la società non ha remore a lavorare con Rosa Russo Jervolino, avendo ripreso durante l'anno «l'attività al Palazzo delle arti di Napoli, struttura del Comune». E neppure ne aveva avute a mettersi in società con la Regione Campania quando era in mano all'acerrimo nemico Antonio Bassolino. La Mondadori Electa è socia dal 2006 della Scabec, la Società campana per i Beni culturali, di cui la Regione ha appunto il 51%. «Tra le attività cessate nell'anno» spiega il bilancio con una punta di rammarico «si ricordano la gestione dei siti della Pinacoteca di Brera e del Cenacolo vinciano, a seguito di gara persa nel 2008.»

Andiamo avanti con i confronti? Quei cinque milioni e mezzo che lo Stato italiano ricava dal business, si fa per dire, dei «servizi aggiuntivi» equivalgono a meno di un terzo di quanto ha incassato alla stessa voce nel 2009 il solo British Museum: 17,2 milioni di euro. Cifra superiore, come abbiamo visto, all'intero fatturato nel 2009 della biglietteria di Pompei. Dove peraltro i «servizi aggiuntivi» non hanno fruttato che la miserevole somma di 951.460 euro e 89 centesimi.

Danno fastidio, i confronti con quello che fanno gli altri. Danno fastidio alle soprintendenze che a volte vorrebbero ragionare di arte e cultura senza impicciarsi del fastidio dei conti in rosso. Danno fastidio agli amministratori locali che mentre si lanciano in roboanti declamazioni sulla beltà delle loro terre non si fanno scrupolo di cingere d'assedio i siti archeologici o addirittura vendere i palazzi con dentro i musei per fare cassa. Danno fastidio ai dipendenti che, davanti ai numeri che dimostrano «come» lavorano nei Paesi più seri, fanno spallucce invocando la peculiarità italiana. Danno fastidio ai politici che per pigrizia, ignoranza o ragioni di bassa clientela non hanno alcuna intenzione di intraprendere la battaglia epocale per il salvataggio dei nostri tesori artistici, paesaggistici, monumentali. Ma sono proprio questi confronti a dire qual è il divario.

L'incasso delle biglietterie copre da noi il 2% del bilancio, in America il 4,5%, in Europa il 4,1%. Qualche buontempone dirà: «Visto? Solo il doppio. Anche dalle altre parti sono in perdita». Sì e no. Se in Italia i famosi «servizi aggiuntivi» incidono per lo 0,4% sul totale, negli Stati Uniti sono al 7,1%: quasi 18 volte di più. E nella Ue all'8,7%: quasi 22 volte di più. E se consideriamo anche le altre voci di entrata, come gli sponsor e le donazioni (in Italia il 6%, contro l'8,8% in Europa e il 15,8% negli Usa) o i contributi degli enti pubblici, si arriva alla conclusione che il mantenimento dei musei e dei siti archeologici pesa da noi per l'89,1% sulle spalle dei contribuenti. A fronte del 66,3% nella media europea.

Una follia. Tanto più che tutti gli incassi netti, fra biglietti e royalty (poco più di 88 milioni), arrivano a malapena a coprire il 13,5% dei 650 milioni necessari ogni anno per i soli stipendi dei 21.000 dipendenti. La maggior parte dei quali sono custodi. Soltanto in Sicilia ce ne sono più di 1700, per un costo di 67 milioni di euro: sei volte il fatturato totale dei Beni culturali isolani. Con casi al di là dell'incredibile.

Al Museo di storia naturale di Terrasini, nel 2009 ci sono stati 1668 visitatori paganti (4 e mezzo al giorno) per un incasso di 7658 euro: un quarto di quanto costa soltanto uno dei 23 addetti alla sorveglianza. Alla Villa Romana di San Biagio a Messina 404 biglietti venduti in un anno, 772 euro di ricavi, 358.000 di spesa per il personale. Al Museo archeologico di Caltanissetta 427 visitatori paganti, 784 euro d'incasso, 557.000 di esborsi per i 14 custodi. Al Museo archeologico di Marianopoli 140 biglietti, 232 euro di ricavi e 561.000 euro di stipendi. All'Antiquarium di Sabucina 621 visitatori, di cui 13 paganti, con 25 euro entrati nelle casse. Venticinque euro!

E i dati ufficiali del ministero dei Beni culturali dicono che non accade solo in Sicilia. Il Museo archeologico nazionale di Formia, in provincia di Latina, nel 2009 ha incassato 1138 euro: 628 biglietti. Ancora meno, 473, ne ha venduti il Museo nazionale di Palazzo Reale a Pisa: 2280 euro. Al Parco archeologico di Siponto, in provincia di Foggia, è andata addirittura peggio: 165 visitatori. Ma appena 13 di loro (uno al mese!) hanno pagato per un introito totale annuale di 23 euro.

È non è neanche il record. Quello, ha raccontato sulla «Repubblica» Antonio Fraschilla, spetta nel 2009 a un sito agrigentino: «Quando si è presentato alla biglietteria, i dieci custodi dell'area archeologica di Ravanusa lo hanno guardato sbalorditi: era il primo visitatore dell'anno. Sarebbe stato anche l'ultimo. Erano così commossi, che non lo hanno fatto nemmeno pagare, staccando per lui un biglietto omaggio. Così il bilancio della Regione Sicilia, per l'anno passato, alla voce "zona archeologica di Ravanusa", non ha segnato un solo euro d'incasso. In compenso ha registrato 340.000 euro di spese per gli stipendi dei dieci custodi e la manutenzione».

6

«Maestà, il popolo chiede cemento!»

E il paesaggio è devastato da 161 ettari al giorno di calcestruzzo

Se vi piacciono i tondini di ferro arrugginito in cima ai pilastri ficcati verso il cielo, se adorate il calcestruzzo sgretolato dalla salsedine, se andate pazzi per i selciati sconnessi, se vi commuovono le scalinate di cemento armato che degradano sulla spiaggia demaniale fino al mare e le necropoli riciclate in discariche, c'è il posto che fa per voi. Si chiama Triscina, sta a due passi da Selinunte, è completamente abusiva e detiene probabilmente il record mondiale di impunità: su circa 5000 case nate fuorilegge (tutte), oltre 800 sono così al di là di ogni limite di illegalità da non aver potuto approfittare del condono craxiano del 1985, né di quello berlusconiano del 1994, né di quello ancora berlusconiano del 2003 e neppure delle ammiccanti leggine via via tentate dalla Regione Sicilia. Colpite dalla ordinanza di demolizione (obbligatoria) non hanno mai visto però una ruspa, un piccone, uno scalpello. Sapete quante ne hanno abbattute, in questi anni? Zero: zero carbonella.

Eppure di quegli «abusivi per necessità» che vengono difesi a spada tratta dai legalisti di bocca buona, non ce n'è uno in giro. Basta vagabondare da ottobre a maggio per le stradine che scendono a pettine verso il mare: cancelli sbarrati, finestre sbarrate, porte sbarrate. Non un'auto parcheggiata, un bambino che giochi, un ciclista che pedali, un panno steso al sole. Non hanno neppure un nome, quelle sgangherate stradine. Per mettere un po' di ordine nel casino totale, gli abitanti fuorilegge si sono messi d'accordo di appiccicare a ciascuna un numero. E dunque non c'è via Verdi e non c'è piazza Sallustio, non c'è largo Augusto e non c'è viale Petrarca ma via 75 Triscina, via 76 Triscina, via 77 Triscina... E avanti così fino a via 165 Triscina.

Centosessantacinque strade (più tutte quelle col suffisso «bis») completamente abusive. Dopodiché, a guardare Google Maps, le ultime strade non hanno neppure un numero: abusivismo al cubo.

La pubblicità on-line di www.triscinamare.it che offre «hotel, residence, appartamenti, case e ville» è un capolavoro di ipocrisia. Per cominciare, pur facendo parte del comune di Castelvetrano e pur essendo quel grumo edilizio un insulto al sito archeologico, il paesotto abusivo gli scippa il nome: «Triscina di Selinunte». Vuoi mettere, il fascino? Com'è il posto? «A dimensione d'uomo.» Dove si trova? Su una «lunga spiaggia sabbiosa e assolata». A cosa assomiglia? «Richiama i paesaggi fantastici d'Africa sia nella vegetazione che nello stile architettonico.» Questo è vero: pare uno scassato villaggio maghrebino del litorale nordafricano.

«C'è qualcosa d'immorale nel non voler soffrire per la perdita della bellezza, per la patria rotolante verso chi sa quale sordido inferno di dissoluzione, non più capace di essere lume nel mondo» scriveva trent'anni fa Guido Ceronetti, nel suo *Un viaggio in Italia*. Ecco cosa ti viene in mente, a confrontare queste parole e quella pubblicità furbetta che non è neppure consapevole della propria mostruosità. Che ne sa, l'atono autore di quelle stupidaggini, di come era bella la costa siciliana? Che ne sa dello sbigottimento di Wolfgang Goethe davanti a certe meraviglie del Mezzogiorno italiano? «Ogni volta che la penna vuol descrivere, mi vengono sempre sott'occhio immagini della fertilità del suolo, del mare sconfinato, delle isole vaporanti nell'azzurro, della montagna fumigante, e mi mancano i mezzi per esprimere tutto questo.»

Mauro Minervino dedica il libro *Statale 18* alla strada maledetta che corre lungo la costa tirrenica della Calabria spesso in parallelo con l'autostrada Salerno-Reggio ed è un po' la metafora del Mezzogiorno più disperato. Quello che angoscia e indigna e toglie il sonno a tantissimi meridionali. Racconta lo scrittore che anche lì i nomi delle antiche Terina e Temesa, citate da Licofrone, Strabone e Plinio sono usati come «*claim* di lusso per alberghi e villaggi turistici» ma «sono anche i nomi preferiti dal calcestruzzo della speculazione. Una manna per studi tecnici, geometri e ingegneri, immobiliaristi, cementisti, depositi di laterizi, condomini di seconde case, agenzie di affitti e costruttori edili. Tutti in vena di citazioni classiche». Se poi le ruspe scavando si imbattono per sbaglio in qualche reperto, chi se ne fotte, mica si può rinunciare a un nuovo outlet per quattro minchiate archeologiche!

«Nella Magnagrecia gli dei non ci son più / terra bruciata kolassi theos» dice l'amarissimo ritornello di una raffinata canzone del gruppo Il Parto delle Nuvole Pesanti, che racconta di tanti borghi meridionali svuotati dall'emigrazione e occupati da immigrati che non sanno dove altrimenti dormire: «Paesi abbandonati non vogliono morire / accolgono le vite che sanno cosa dire / e terre saccheggiate raccolgono i destini / di storie fatte a pezzi di eroi clandestini».

Gli dei hanno abbandonato da tempo quelle che una volta furono le «loro» terre. Tutto il Mezzogiorno trabocca di pizzerie, hotel, pub, ipermercati, bed&breakfast, gommisti, caffè, boutique che evocano nomi impossibili come All'Olimpo, Night club Era, La grotta di Venere, Al sole delle ninfe, Discoteca Naiadi... Ma non gliene importa assolutamente nulla del passato. Nulla del mare meridionale che incantava i viaggiatori del Grand Tour e nel quale sono state affondate, dicono le inchieste della magistratura, almeno una quarantina di navi cariche di rifiuti tossici.

Spiega il magistrato Luciano Tadini che «smaltire un rifiuto pericoloso può essere più conveniente che trafficare con la droga. Anche solo per il fatto che chi smaltisce rifiuti viene considerato un benefattore della società e viene pagato con denaro pulito». Giuseppe Baldessarro e Manuela Iatì, nel libro *Avvelenati*, trascrivono una intercettazione fra due boss agli atti delle inchieste della Dda: «Basta essere furbi, aspettare delle giornate di mare giusto, e chi vuoi che se ne accorga?». «E il mare?» «Ma sai quanto ce ne fottiamo del mare? Pensa ai soldi, che con quelli il mare andiamo a trovarcelo da un'altra parte.»

C'è tutto, in questo scambio di battute. C'è il rovesciamento di quanto nel 1920 sosteneva Benedetto Croce, ministro della

Pubblica istruzione, illustrando il suo disegno di legge «per la tutela delle bellezze naturali». E cioè che «il paesaggio è la rappresentazione materiale e visibile della patria, coi suoi caratteri fisici particolari, pervenuti a noi attraverso la lenta successione dei secoli». E tenerlo da conto con amore vuol dire difendere la propria patria, «quel che costituisce la fisionomia, la singolarità, per cui una nazione si differenzia dall'altra, nell'aspetto delle sue città, nelle sue curiosità geologiche, negli usi, nelle tradizioni, nei ricordi storici, letterari, leggendari, in tutto ciò, insomma, che plasma l'anima nazionale».

Cosa fa dell'Italia un Paese speciale se non i faraglioni di Capri, la Domus Aurea, la Rotonda palladiana, il Cenacolo leonardiano, le tre cime di Lavaredo, la piazza di Siena, le rovine di Segesta, il Teatro San Carlo e via elencando? Cos'è la patria, se non tutto questo straordinario patrimonio paesaggistico e culturale? E il grande intellettuale napoletano aggiungeva, come ricordava Raffaele Liucci sul «Sole 24 Ore», che «proteggere il paesaggio non implicava alcuna offesa al "diritto di proprietà" o all'"attività industriale"». Anzi, concludeva Croce, bisogna «costituire un sistema di accordi fra i privati e l'amministrazione delle Belle Arti, e fra questa e le altre amministrazioni pubbliche, affinché siano composti con spirito di conciliazione i vari interessi contrastanti».

Quelli che, ad esempio, oppongono la sacrosanta necessità di avere energia pulita al rispetto della storia, dei luoghi della memoria, del paesaggio. Un contrasto spesso impossibile da sanare. Cosa direbbe Croce vedendo le gigantesche pale eoliche che svettano sulle struggenti colline che circondano Salemi? O immaginando quelle che, senza le battaglie degli ambientalisti e di Vittorio Sgarbi, avrebbero torreggiato sulle mura megalitiche della molisana Sepino? Per non dire del progetto forse più arrogante, nel Salento, dove c'è chi ha pensato di tirar su bestioni alti 80 metri, come un palazzo di venticinque piani, insidiando la Collina dei Fanciulli e delle Ninfe a Giuggianello. Un luogo magico, dove da migliaia di anni sono ambientate leggende riprese da Nicandro di Colofone che raccontano di splendide creature danzanti e di pastorelli stregati e trasformati in alberi «e ancora oggi, la notte, si sente uscire dai tronchi una voce, come di gente che geme; e il luogo viene chiamato "Delle Ninfe e dei Fanciulli"».

Poesia di rocce, ulivi e di parole ripresa da Publio Ovidio Nasone e minata da una sentenza del Consiglio di Stato di ottusa burocrazia: «A prescindere dal fatto che tali miti e leggende non risultano essere stati individuati da un provvedimento legislativo, non si vede come l'impianto degli aerogeneratori possa interferire su tale patrimonio culturale...».

E sempre lì torniamo, al conflitto d'interessi. Di qua lo Stato che offre incentivi insensatamente ricchi a chi produce energia rinnovabile senza badare al «dove e come». Di là lo Stato danneggiato dalla prepotenza di boschi di pale metalliche o distese immense di pannelli solari che, invece di finire sui tetti di capannoni di periferia o sulle lande desolate di industrializzazioni fallimentari, rubano centinaia di ettari all'agricoltura. Rendendo irriconoscibile quel paesaggio che per Croce è la patria stessa.

Chissenefrega della patria, dirà qualcuno. Perché c'è, diciamocelo chiaro, quasi una insofferenza montante verso l'identificazione tradizionale del nostro Paese con la bellezza, l'arte, la pittura, la musica... Ma anche a vederla così, nell'ottica ristretta delle piccole patrie, sono queste piccole patrie a essere quotidianamente stuprate da una cecità suicida. E a compiere questo stupro sono spesso quelli che contemporaneamente si riempiono la bocca con le parole «tradizione», «radici», «cultura degli avi». Dimenticando, nello sventrare campagne e colline, quanto scriveva Montanelli in *Italia sotto inchiesta*: «Ogni filare di viti o di ulivi è la biografia di un nonno o un bisnonno. E ogni giorno i nipoti e i pronipoti devono seguitare a rimboccarsi le maniche per spremerne un frutto».

Si pensi ad esempio alla campagna veneta cantata da pittori come Giorgione o Cima da Conegliano: cosa ne resta? Capannoni, capannoni, capannoni. E poi svincoli, sopraelevate, ipermercati, sottopassi, villette, villini, villoni, bretelle autostradali, cave, grossisti di pneumatici, grossisti di ferramenta, grossisti di laterizi...

Un blocco di cemento di 1070 metri cubi: è questa la «dote»

portata alla provincia di Vicenza, una delle più industrializzate d'Italia, da ogni abitante in più dell'ultimo decennio del Novecento. Crescita demografica: più 52.000 abitanti, pari al 3%. Crescita edilizia: più 56 milioni di metri cubi, pari a un capannone largo dieci metri, alto dieci e lungo 560 chilometri. Ne valeva la pena? Valeva la pena di costruire oltre il quadruplo delle case necessarie rispetto all'incremento di cittadini e insultare ciò che restava delle campagne care a Meneghello con giganteschi scheletri di calcestruzzo tirati su spesso solo per fare un investimento e tappezzati di cartelli «affittasi»?

Intendiamoci: di «schei» ne sono piovuti tanti. Il prezzo pagato all'ambiente, però, è stato elevatissimo. E fa del Vicentino, felicemente stravolto dall'industrializzazione e dal benessere dopo secoli di povertà ed emigrazione («L'altissimo de sora ne manda 'a tempesta / l'altissimo de soto ne magna quel che resta / e in mezo a sti do altissimi / restemo povarissimi»), un caso emblematico. Spiega ad esempio una tabella elaborata dall'ingegner Natalino Sottani per un convegno di qualche anno fa, che la popolazione provinciale (608.000 abitanti nel 1950 saliti a 807.000 nel 2000) ha avuto un incremento in mezzo secolo del 32,7%. Una crescita netta, ma abissalmente lontana da quella della superficie urbanizzata, passata da 8674 ettari a 28.137. Con un'impennata del 224%: sette volte tanto.

Un consumo del territorio abnorme, disordinato, sprecone, indifferente a tutti i rischi. Così ubriaco di autocompiacimento per lo stupore del mondo davanti ai successi, all'incredibile accelerazione degli ex «poareti» da esaltare il disordine amministrativo e il *laissez-faire* come fucina di creatività. Col risultato che oggi i 121 comuni berici, stando al rapporto allarmato della Provincia, hanno «oltre 500 aree industriali». Le quali, in realtà, assediano quasi esclusivamente i comuni di pianura che sono una sessantina e detengono dunque una decina di «zone produttive» a testa. Un delirio. Del quale fanno oggi le spese non solo i cittadini intrappolati ogni giorno in una delle più intasate reti stradali del pianeta ma gli stessi protagonisti del miracolo, quegli imprenditori che si dannano l'anima per guadagnare sei decimi di secondo nella produzione di un pezzo e poi vedono i camion bloccarsi nella fossa larga sei metri di via Mazzini, sulla strada che porta da Bassano a Padova e che sega in due il paese di Rosà, una strettoia dove ogni giorno si strusciano l'un l'altro 40.000 camion e 30.000 auto. E agognano la costruzione di una bretella, un ponte o una pedemontana che non si possono fare senza buttar giù una miriade di case e stabilimenti.

«Basta capannoni» disse nella primavera 2003 l'allora governatore Giancarlo Galan. La saturazione era tale che a Orgiano, un paese vicentino sotto i colli Berici, la gente aveva raccolto 1500 firme (una enormità in un comune di 2700 abitanti) per dire basta: «Perché dovremmo aprire nuove fabbriche se non c'è disoccupazione» e «deturpare una delle rare aree incontaminate con strade, cave, discariche e industrie»? Il coro di consensi fu vasto. Gli stessi industriali, o almeno i più attenti, plaudirono. Un anno e mezzo dopo, però, Galan aveva cambiato idea: «Il Veneto di domani avrà bisogno di più capannoni, non di meno. E Forza Italia ha il dovere di dirlo. Il problema è come farli».

«Di colpo Guido, uno dei due, scartò di lato fino ad inoltrarsi prima in un piccolo bosco di pioppi, poi in una minuscola radura sopraelevata e strana. Avvolto in un ampio verde disordinato, tra viti nane e alberi da frutto e alti pioppi e salici, c'era un relitto di casa, una sorta di fienile quasi invisibile, coperto da un grosso gelso storto che gli stava di fronte. L'atmosfera, per quanto di pochi metri quadri, era strana e felice: un piccolo Eden profumato di sambuco, dove il vento leggero e già fresco volteggiava insieme ai molti uccelli: merli, passeri e improvvisamente un cuculo e un picchio. L'aria era color viola, oltrepassarono il luogo di strano incanto e sguazzarono nel fiume limpido, al guado.» Così Goffredo Parise raccontò come aveva scoperto il «suo» rifugio sul Sile.

Non c'è bed&breakfast, hotel, ristorante, trattoria tipica, azienda di coltivazione del radicchio tardivo che non tiri in ballo il grande scrittore veneto come se la campagna trevisana fosse rimasta quella di un tempo. E non piuttosto quella stuprata sotto gli occhi atterriti del poeta Andrea Zanzotto: «Ti abbiamo intossicata, sconquassata, rosicchiata, castrata, / non per il bene nostro che dal tuo non può separarsi / ma per l'avidità di pochi gufi dal gozzo pieno».

Vale per la campagna veneta, vale per la Toscana raccontata da Indro Montanelli ne *La «mia» Firenze*: «Il paesaggio toscano è un capolavoro d'armonie, *et pour cause*. Alla sua base c'è un miracolo di intelligenza, di gusto, di cui nel mondo non ho visto l'eguale, una concezione rigorosa e asciutta delle linee e delle proporzioni che nulla concede al superfluo e che riflette plasticamente quelle qualità essenziali del "genio fiorentino" che si ritrovano anche nelle sue espressioni artistiche. Confrontando il paesaggio d'oggi con gli sfondi dei quadri del Quattro e del Cinquecento, vien da chiedersi se sono stati i pittori a copiare i contadini, o i contadini i pittori».

Il guaio è che quel paesaggio è stato spesso stravolto. Come stravolta è stata, scriveva ancora il grande giornalista di Fucecchio, la Liguria: «Fino a pochi anni fa, questo tratto della riviera di Levante, tra Genova e Chiavari, era uno dei paradisi del Mediterraneo che a sua volta era uno dei paradisi dell'Europa e del mondo. Guardate ora a cosa lo ha ridotto una speculazione edilizia che non trova freni e controlli nei pubblici poteri. E quando li trova, li aggira con la corruzione. Ecco Santa Margherita, ormai ridotta anch'essa a ronzante alveare, con la sua rada trasformata in garage. Per prendere un bagno, bisogna compiere una mezza traversata perché le fogne e i motori delle barche ne rendono il mare infrequentabile».

Davvero bisognava pagarlo tutto, questo prezzo esorbitante? Davvero per uscire da secoli di povertà e di emigrazione occorreva devastare il paesaggio? Nel libro *No Sprawl* a cura di Maria Cristina Gibelli e Edoardo Salzano contro la cultura della *urban sprawl* cioè della città sparpagliata dove non sai più distinguere il confine tra la metropoli e la campagna, una condizione che accomuna oggi larga parte del Veneto, della Lombardia, dell'Emilia-Romagna e della grande area intorno a Napoli, si spiega che secondo lo studioso Richard Burchell, «una "crescita controllata" fa risparmiare un 25% dei suoli» senza danni all'attività edilizia, più diversi miliardi di dollari «di risorse e allacciamenti idrici, fognature, ecc.», più «un 11,8% nelle infrastrutture stradali, un 7% nei costi dei servizi locali e un 6% nei costi di sviluppo immobiliare».

Da noi, da decenni, si è fatto il contrario. Come se il primo impegno di un uomo di governo, alla faccia di Benedetto Croce che già nel 1920 ammoniva a porre «finalmente un argine alle ingiustificate devastazioni che si van consumando contro le caratteristiche più note e più amate del nostro suolo», dovesse essere quello di mandare a spasso «le anime belle di Italia Nostra» e tagliare tutti i lacci e i lacciuoli che frenavano quelli che «Il Mondo» di Mario Pannunzio chiamava gli «energumeni del cemento».

Il dato di partenza, accusa Settis in *Paesaggio Costituzione cemento*, è questo: abbiamo «il più basso tasso di crescita demografica d'Europa» e insieme «il più alto tasso di consumo di territorio». Qualche numero? «Negli undici anni dal 1991 al 2001 l'Istat registra un incremento delle superfici urbanizzate del 15%, ben 37,5 volte maggiore del modesto incremento demografico degli stessi anni (0,4%), mentre nei sette anni successivi l'incremento delle superfici edificate è stato del 7,8%.» Ancora: «Tra il 1990 e il 2005 la superficie agricola utilizzata (Sau) in Italia si è ridotta di 3.663.000 ettari, un'area più vasta della somma di Lazio e Abruzzo: abbiamo così convertito, cementificato o degradato in quindici anni, senza alcuna pianificazione, il 17,06% del nostro suolo agricolo». E l'assalto continua. Basti dire che ogni giorno, da Vipiteno a Capo Passero, vengono cementificati 161 ettari di terreno. Pari, per capirci, a 251 campi da calcio.

Quale sia il peso dell'abusivismo, tollerato, perdonato, titillato e addirittura incentivato da tre condoni, lo spiega nel libro *Breve storia dell'abuso edilizio in Italia* Paolo Berdini, urbanista, docente a Tor Vergata: «Dal 1948 a oggi sono stati (...) compiuti oltre 4.600.000 abusi, più di 74.000 ogni anno, 203 al giorno». E non solo «piccoli abusi, le finestre aperte o chiuse, che riguardano la gente perbene e non i distruttori del paesaggio» come disse Giuliano Urbani cercando di spiegare l'ultima sanatoria del 2003 le cui maglie sarebbero state in seguito allargate a dismisura.

Altro che sistemazione di verandine! Incrociando i dati dei ministeri, dei Comuni, di Legambiente, dell'Istat, dei condoni,

Berdini arriva a una conclusione da gelare il sangue: dal 1948 al 2010 sono stati costruiti «oltre 453.000 interi edifici, 7314 all'anno, 20 al giorno. Il numero degli alloggi è di oltre 1.700.000». Significa che «circa 6 milioni di abitanti vivono pertanto in aree urbane abusive».

«È opportuno sottolineare ancora» precisa l'urbanista «che il dato appena riportato è quello relativo alla totalità dell'abuso: si tratta dunque soltanto del numero degli edifici (e degli alloggi) integralmente costruiti fuori di ogni regola urbanistica. A questi dati vanno poi aggiunti gli abusi cosiddetti minori, quelli cioè relativi all'aumento di alloggi per sopraelevazioni o per ampliamento di edifici regolarmente autorizzati. Un'elaborazione del Censis condotta per conto del ministero dei Lavori pubblici affermava ad esempio che soltanto nel periodo 1971-84 erano stati costruiti abusivamente circa 2.700.000 alloggi.» E siamo già a 4.400.000. Il che vuol dire che almeno 10 milioni di italiani, cioè uno su sei, vive o passa le vacanze in una casa totalmente abusiva.

Milioni di abusivi, milioni di voti. C'è poi da stupirsi se battaglioni di parlamentari sono sempre pronti a riproporre nuove sanatorie? Rileggiamo un'invettiva di Oliviero Toscani sul «Sole 24 Ore»: «"Maestà, il popolo chiede cemento", si sentirebbe apostrofare oggi una Maria Antonietta in viaggio in Italia, mentre intorno infuria il Terrore urbanistico e il peggiore degrado del paesaggio». Così è, purtroppo. La responsabilità dello stupro del paesaggio non è solo della cattiva politica. È anche di tanti cittadini. Una classe dirigente che si rispetti tenterebbe di arginare questa insana bulimia cementizia. Una classe «accodante» si accoda.

Un massacro, per larga parte del paesaggio italiano. Perché un turista dovrebbe venire a far le vacanze sulla «stupenda costa calabrese» decantata nei depliant se, come ricorda Settis, «uno studio reso pubblico dalla Regione Calabria (giugno 2009) ha registrato 5210 abusi edilizi nei 700 chilometri delle coste calabresi, mediamente uno ogni 135 metri, di cui "54 all'interno di aree marine protette, 421 in siti d'interesse comunitario e 130 nelle zone a protezione speciale", incluse le aree archeologiche»?

Eppure, nel luglio 2010, con quei precedenti devastanti, nonostante larga parte del Sud fosse nelle condizioni di Messina (8000 pratiche non ancora esaminate su 16.000 dei condoni 1994 e 1985 più altre 3000 della sanatoria 2003), i soliti ignoti che stanno nell'ombra dietro gli «energumeni del cemento» ci riprovano. Prima con la proposta di riaprire fino al 30 marzo 2010 i termini della sanatoria 2003 ed estendere il colpo di spugna agli abusi nelle aree protette, proposta così oscena da essere istantaneamente scaricata dallo stesso Pdl. Poi con una sorta di «condono dei condoni». Suggerito da tre deputati. Tutti e tre campani, pidiellini, vicini al chiacchierato ex sottosegretario del ministero dell'Economia e delle Finanze Nicola Cosentino: «Disposizioni per accelerare la definizione delle pratiche di condono edilizio al fine di contribuire alla ripresa economica». Vi si legge che entro sei mesi occorre sistemare tutti gli arretrati delle sanatorie del 1985, 1994 e 2003: «È noto che presso i Comuni pendono, complessivamente, milioni di istanze di condono edilizio, che non vengono esaminate (ormai da oltre vent'anni) per taluni ostacoli "burocratici"». Quali? «In particolare, la difficoltà dovuta a un'interpretazione eccessivamente rigida delle norme di tutela delle aree sottoposte al vincolo paesaggistico.» Testuale. L'attesa, tuonano i deputati berlusconiani, è «estremamente pressante». Senza la concessione di quei benedetti condoni, gli abusivi infatti «non possono neppure procedere alla realizzazione di opere manutentive di restauro, di risanamento conservativo e di ristrutturazione di completamento». Cioè non possono far le rifiniture agli abusi.

Un delirio. Con un'aggiunta di un boccone avvelenato: che la sanatoria «consentirebbe ingenti introiti per la finanza degli enti locali, a seguito del versamento dei contributi per il costo di costruzione e oneri di urbanizzazione, nonché dei versamenti a titolo di sanzione per ritardato pagamento». La Corte dei Conti ha già smentito ricordando nel 2004 che gli oneri d'urbanizzazione «da più parti sono stati quantificati in misura ben superiore a quella prevista»? Spallucce. Uno studio di Legambiente ha già dimostrato che i Comuni dai condoni hanno incassato dal 1995 al 2003 4.429.436.000 euro spendendone per portare i servizi 9.664.224.000 e cioè oltre 5 miliardi di più? I tre se ne infischiano: «A ciò si aggiungano gli introiti per gli enti locali e per lo Stato conseguenti alla regolarizzazione di tali immobili sotto il profilo fiscale e tributario...». Non solo: «Il vero "volano"» all'economia sarebbe «la possibilità di intervenire su milioni di immobili, che ormai abbisognano di rilevanti interventi edilizi manutentivi e strutturali, risalendo la loro costruzione ormai a decenni addietro». Sono abusivi? E vabbè... Sono stati tirati su in zone proibite? E vabbè... Sono da abbattere? E vabbè...

In pratica, un condono dei condoni. Con l'obbligo agli uffici, dove spesso le pratiche sono state appositamente lasciate sotto la polvere per consentire agli abusivi di accumulare anni e anni di status quo, di dare una risposta in tempi brevissimi. Di più: «Resta salvo il diritto del privato di dimostrare il danno derivante dal ritardo della pronuncia dell'amministrazione indipendentemente dalla spettanza o meno del diritto al condono». Rileggiamo: «indipendentemente» dal fatto che l'abusivo abbia o no diritto al condono. Una schifezza.

Una schifezza dai precedenti pessimi. Basti ricordare la «sanatoria delle sanatorie» tentata dalla Regione Sicilia per rastrellare soldi dato che a larghissima maggioranza gli abusivi avevano solo avviato la pratica per il condono, pagando l'acconto del 10% necessario a sospendere inchieste e abbattimenti per poi infischiarsene del resto nella convinzione che il loro fascicolo sarebbe ammuffito nella polvere. L'autocertificazione offerta ai 400.000 «fuorilegge» era convenientissima. Il risultato fu questo: 1,1% di adesioni a Palermo, 0,37% a Messina, 0,037% a Catania. Per non dire di Agrigento, dove i cittadini che scelsero di chiudere il vetusto contenzioso furono 3 (tre!) su 12.000.

E quello dell'abusivismo, come ricorda Settis, è soltanto uno dei bulldozer che hanno sfasciato e continuano a sfasciare il paesaggio italiano. Perché oltre all'edilizia illegale che ammorba soprattutto il Mezzogiorno, dove sono concentrate in gran parte le cubature fuorilegge, «in altre regioni (specialmente al Nord, ma non solo) i delitti contro il paesaggio si consumano non ignorando le regole, ma modificandole o "interpretandole" con mille artifizi, perché siano al servizio non del pubblico bene, ma del "partito del cemento", invadente e trasversale».

«Fra il 1999 e il 2005 la Lombardia ha perso 22.954 ettari di verde, un territorio equivalente a 23.000 campi da calcio o a cinque città grandi come Brescia edificate in appena sei anni» spiega uno studio dell'Osservatorio nazionale sui consumi di suolo, del Politecnico di Milano con Legambiente e l'Inu, Istituto nazionale di urbanistica. E denuncia: «A conti fatti è legittimo pensare che nel 2009 gli ettari di verde edificati siano saliti a 30.000».

La crescente penuria di risorse, scrive Settis nel suo libro sul paesaggio denunciando il conflitto di interessi permanente tra la tutela del territorio e le difficoltà finanziarie, «ha spinto i Comuni (anche i più "virtuosi") a cercare nuove fonti di introito, fra cui in particolare gli oneri di urbanizzazione e l'Ici (Imposta comunale sugli immobili), anche a costo di allentare la guardia sulle autorizzazioni a costruire, o peggio di stimolare l'invasione del territorio modificando piani regolatori, concedendo eccezioni e deroghe, "chiudendo un occhio" o più spesso entrambi».

E accusa: «In questa cultura della crisi (ma anche dell'escamotage e del sotterfugio), ormai congenita e "giustificata" con il ricatto dell'efficientismo, gli introiti comunali da oneri di urbanizzazione hanno perso ogni rapporto con la propria origine e col proprio nome, e sono ormai di fatto assimilati a una qualsiasi imposta, multa o balzello, che i Comuni possono utilizzare nella spesa corrente per qualsiasi finalità, dallo stipendio dei dipendenti alle spese di rappresentanza».

Il risultato è quello denunciato da decine di articoli di giornale, inchieste della magistratura, indagini della Corte dei Conti. Il libro *La colata*, un reportage collettivo firmato da Andrea Garibaldi, Antonio Massari, Marco Preve, Giuseppe Salvaggiulo e Ferruccio Sansa, gela il sangue. Perché, certo, riconosce che certe aree sottoposte a tutela hanno faticosamente conservato la loro meravigliosa fisionomia e che qua e là si battono per «il bello» migliaia di comitati, associazioni, gruppi e singoli cittadini generosi e ostinati, ma dimostra anche un dato incontrovertibile. Cioè l'assalto forsennato, bulimico, insaziabile al territorio. Che coinvolge governatori, assessori regionali, presidenti provinciali, sindaci, segreterie, uffici tecnici di ogni colore. Terroni e polentoni. Berlusconiani, bersaniani, bossiani...

Fare un elenco dei progetti megagalattici messi in cantiere con il via libera, se non la diretta complicità, dei Comuni affamati di denaro per garantire i servizi pubblici, lo scuolabus, l'accompagnamento dei disabili, l'assistenza agli anziani, porterebbe via un libro intero. Basti ricordare, come fa *La colata*, alcuni casi. Come quello della senese Sovicille (*Suavis locus ille*: quel luogo soave, in latino) che «circondata di storia, boschi e campagna si appresta a dare il via libera a un piano strutturale per un milione di metri cubi di costruzioni» la cui fetta più grossa, circa 830.000 metri cubi, se la mangia una variante per l'area industriale di Bellaria dove si trova lo stabilimento Novartis. Sì, proprio quello del famoso vaccino contro l'influenza suina. O quello di Sanremo dove «una zona di 72 ettari che era stata classificata come "frana attiva" da Alfonso Bellini, uno dei geologi più noti d'Italia, con un tratto di colore diventa edificabile» nonostante tutti avessero ancora «negli occhi le immagini di via Goethe, a due passi dal municipio, trasformata dalle piogge in un fiume di fango e pietre». Un solo voto contrario, di un leghista: «Per la redazione dei piani di bacino la Provincia si rivolge a professionisti privati. Bravi, bravissimi, per carità, ma sono gli stessi che poi magari progettano operazioni immobiliari o porti turistici...». Indimenticabile il commento dell'Udc Luigi Patrone: «Io voto sì, ma da quelle parti i bambini non ce li porto a giocare».

Che senso ha? Eppure, insiste Settis, «continuiamo a violentare il nostro paesaggio creandovi maldestre approssimazioni alle periferie urbane di altri continenti. Vedremo la Serra d'Ivrea umiliata da Mediapolis, 600.000 metri quadrati di "attrazioni", alberghi, eliporti, discoteche, parcheggi, centri commerciali e sale da spettacolo. Vedremo proseguire, in nome di un presunto interesse collettivo, la stolta cementificazione della collina di Bellosguardo presso Firenze, area di vincolo paesaggistico e storico-artistico. Vedremo insediarsi fra Mantova e Verona Motor City, quattro milioni e mezzo di metri quadrati con un gigantesco autodromo, enormi centri commerciali, un parco di divertimenti il doppio di Gardaland, sale espositive di case automobilistiche, e così via; un investimento da un miliardo di euro, a cui partecipano gli stessi enti (come la Regione Veneto) che devono rilasciare le autorizzazioni e promuovere le valutazioni d'impatto ambientale».

Ecco il nodo: l'aggressione non viene solo dall'abusivismo. Viene anche da politiche urbanistiche suicide votate a maggioranza, «regolari» con le «pezze d'appoggio». Ne vale la pena? Ne vale davvero la pena? Prima di rispondere, merita di essere riletta la relazione della commissione incaricata nel 1966 dal Comune di Napoli di studiare il sottosuolo: «Una lava di case ha sommerso Napoli, incredibilmente. Le colline sono state aggredite, il verde distrutto, i luoghi sconvolti dalla speculazione edilizia. A chi viene dal mare la città si presenta ormai come un grottesco presepe di cemento, aggrappato a una brulla dorsale tufacea». Per quanti pezzi di Italia si potrebbero oggi scrivere le stesse parole?

L'Italia, scriveva anni fa Antonio Cederna, «è un Paese a termine, dalla topografia provvisoria, che si regge su un avverbio: questa foresta non è ancora lottizzata, quel centro storico è ancora ben conservato, questo tratto di costa non è ancora cementificato».

«Un bel paesaggio una volta distrutto non torna più» ha scritto Zanzotto, «e se durante la guerra c'erano i campi di sterminio, adesso siamo arrivati allo sterminio dei campi: fatti che, apparentemente distanti fra loro, dipendono tuttavia dalla stessa mentalità.» E non è solo una questione estetica, ha spiegato il poeta trevigiano nel libro-intervista *In questo progresso scorsoio* con Marzio Breda: «Tutta questa bruttezza che sembra quasi calata dall'esterno sopra un paesaggio particolarmente delicato, "sottile" sia nella sua parte più selvatica come le Dolomiti, sia in quella più pettinata dall'agricoltura, non può non creare devastazioni nell'ambito sociologico e psicologico. Vivere in mezzo alla bruttezza non può non intaccare un certo tipo di sensibilità, ricca e vibrante, che ha caratterizzato la tradizione veneta, alimentando impensabili fenomeni regressivi al limite del disagio mentale».

«Provincia di Treviso... se la vedi ti innamori» dice lo slogan adottato dall'assessorato provinciale ai Beni culturali e al Turismo della Marca. Tutta? Anche quella devastata dalla speculazione edilizia? Anche quella allagata da capannoni? Anche quella stravolta da un accumulo insensato di aree industriali lasciate crescere senza alcuna programmazione? Lo stacco è impressionante: di là le fotografie reali di ciò che è davvero oggi buona parte dell'impasto cementizio provinciale, di qua la dolce e consolante citazione di *La mia casa di campagna* di Giovanni Comisso: «Io ho la mia casa di campagna in una pianura stupenda, limitata dalle montagne e dalla laguna veneta, attraversata da acque chiare sotto un cielo relativamente mite».

L'importante è convincere se stessi e più ancora gli altri, come quei depliant informatici di «Triscina di Selinunte», che la bella Italia di cui parliamo esiste ancora ed è stata solo marginalmente guastata dal cemento. Al resto può provvedere Photoshop. Lo dimostra una strepitosa pubblicità lanciata qualche anno fa dalla Regione Sicilia. Sui giornali di mezzo mondo, il lido di Naxos tornò così come lo vide Teocle, che un Poseidone furibondo (il nostromo della nave greca gli aveva offerto del fegato cotto male) aveva fatto naufragare a Capo Schisò.

Un miracolo. Via l'ammasso di alberghi, condomini, palazzoni, supermercati e garage che ammorbano il golfo. Pluff: tutto sparito. E al suo posto, alle spalle del teatro greco di Taormina, riecco la Sicilia dei calcidesi di Eubea. Bedda. Beddissima. Tornata vergine con sapienti ritocchi al computer per sottolineare al meglio la filosofia della campagna pubblicitaria regionale: «La Sicilia non ha bisogno di attirarvi coi soliti trucchetti».

«*Sorry*, ho sbagliato» spiegò l'autore del maquillage paesaggistico, il fotografo londinese Desmond Burdon, dopo la denuncia dell'imbroglio, scoperto da un emigrato siciliano che aveva strabuzzato gli occhi vedendo la pubblicità sulla «Süddeutsche Zeitung». Lo stesso «*sorry*» tuttavia, non venne da chi quelle paginate propagandistiche le aveva commissionate, cioè la Regione Sicilia, investendoci 13 milioni di euro: «Non ne sappiamo nulla». E la réclame continuò a uscire.

Ricordate? C'era il teatro greco di Taormina nel suo magnifico scenario e un asterisco rosso che marcava la presenza di una figurina piccola piccola che altrimenti sarebbe sfuggita alla vista. Una sventola in bikini, bionda e formosa, che svettava in cima ai ruderi della scena. Accompagnata da una didascalia che si richiamava all'asterisco e diceva: «Vi assicuriamo che se anche questa ragazza fosse in primo piano non la notereste nemmeno. La Sicilia ha così tanto da offrire...».

Eppure c'era, nella foto, qualcosa che stonava... Ma cosa? Non la ragazza, anche se più che una bellezza sicula ricordava una giumenta di Pomerania. Non il cielo, di quell'azzurro pieno che sa avere solo il cielo siciliano. Non il mare, meraviglioso. Ma allora: cosa? Memore dei giochini della «Settimana Enigmistica» tipo «queste vignette sembrano uguali ma differiscono in 7 particolari: quali?», Ettore Lupo di Cittadinanzattiva si mise all'opera. E dopo aver recuperato un po' di materiale fotografico e una lente di ingrandimento, procedette al confronto. E via via, di dettagli stonati, ne trovò non uno ma tre.

Il primo era una prodigiosa rivincita della natura che, sulle pendici del monte Tauro, riguadagna terreno nella foto taroccata ingoiando nel verde delle fronde un pezzo di una contrada di Taormina che nell'originale infastidiva la vista. Maquillage urbanistico. Il secondo l'aggiunta al teatro, all'estrema destra guardando la scena, di un pezzo di gradinata che l'incuria del tempo, il degrado e qualche scossone dell'Etna avevano fatto crollare. Maquillage monumentale.

Ma il dettaglio più romantico era appunto il terzo: la rinascita nel golfo di Giardini Naxos dell'antica macchia mediterranea. Maquillage ambientale. Pareva scomparso, pareva, quel mondo di ginestre, lavande, oleandri, lentisco, rosmarino, oleastro, palme, tamerici, fichi d'india e carrubi secolari. Sepolto sotto una oscena colata di milioni di metri cubi di cemento in buona parte abusivi. Macché, era ancora lì. A portata di mouse. Esempio folgorante di una tecnica di promozione turistica che, finalmente, potrebbe risolvere un sacco dei nostri problemi.

È brutta Venezia con Marghera sullo sfondo? Clic: via le ciminiere. Non sta tanto bene il viadotto che porta ad Agrigento coi piloni piantati dentro una necropoli? Clic: via il viadotto. È imbarazzante l'assedio di condomini al Parco del Vesuvio? Clic: via i condomini. Era più bella la Costa Smeralda senza quelle migliaia di casette a schiera? Clic: via le casette a schiera. In attesa di perfezionarci in un esaltante restyling virtuale di tutto il nostro patrimonio culturale: la restituzione copia-incolla della mano destra all'Esculapio di Macerata, del braccio sinistro all'Anubi del Museo archeologico di Napoli, di un occhio a un Bronzo di Riace, del braccio destro e del sinistro del Giovinetto di Mozia...

7

Aiuto! La «Città Eterna» eterna non è

Roma perde i pezzi? Niente soldi e cure part-time

«Me volete crocifigge? Chiedo: me volete crocifigge? Non capisco... Ce l'avete coi ricchi? Tutto questo guardare le cose nostre... Perché ci fate del male?» Era proprio un'anima in pena, la signora Annapia Greco, il giorno che la sua villa abusiva sull'Appia Antica fu scoperta, fotografata, sbattuta in prima pagina sul «Corriere» e da lì su quelle dei giornali di mezzo mondo spingendo l'allora sindaco Walter Veltroni all'unica demolizione istantanea, con le ruspe in azione dopo poche ore, nella storia d'Italia.

Non riusciva a capacitarsi, «porella», dello scandalo sollevato dalla sua decisione di costruirsi una bella residenza a poche decine di metri dalla tomba di Cecilia Metella. Era abusiva? E vabbè... L'avevano già diffidata dal provarci? E vabbè... Aveva fatto la furba in una delle aree archeologiche più preziose e protette del mondo? E vabbè... «Tutta questa pubblicità! Tutte queste cattiverie! E che ho fatto mai? Ci ho provato, d'accordo, è andata male, pazienza. Me volete crocifigge?»

A essere messo in croce in realtà, da anni, è il Parco archeologico dell'Appia Antica. Che non è solo un fantastico concentrato di straordinari tesori paesaggistici e monumentali ma il simbolo stesso di Roma. Delle sue ricchezze, della sua scelleratezza. Ed è ogni giorno sottoposto a uno stillicidio di abusi, sotterfugi, illegalità, ricorsi e controricorsi giudiziari, da parte di una miriade di residenti, officine, laboratori, garage, trattorie e mille altri soggetti decisissimi a combattere fino in fondo la guerra contro il loro nemico mortale: le regole. Quelle che verrebbero fatte rispettare, se avessero la fortuna di avere la Regina Viarum, in ogni Paese del mondo.

«La via Appia Antica si avvia a diventare l'insufficiente corridoio di scolo dei vari quartieri che le stanno sorgendo ai lati» scriveva sul «Mondo» del dicembre 1953, furente profeta, il grande Antonio Cederna. Che aggiungeva alla sua denuncia un dettaglio irresistibile e pazzesco: quasi tutta la zona accanto al «più splendido tratto» delle Mura Aureliane era «invasa da decine di edifici nuovi: tra questi, due palazzine sono state costruite dalla cooperativa "le Arti" per abitazione di funzionari delle Belle Arti».

Un assedio edilizio andato avanti per decenni. Regolare, «tollerato», fuorilegge. Che ha investito non solo l'antica e meravigliosa via consolare che portava a Brindisi, ma tutta la campagna dell'Urbe. Fino alla «sostanziale cancellazione del paesaggio agrario che circondava la città e che per secoli ha lasciato sbalorditi i tanti viaggiatori» scrive, nella già citata *Breve storia dell'abuso edilizio in Italia*, Paolo Berdini. «Deroga dopo deroga, l'agro romano è oggi ridotto a pochi lacerti spesso abbandonati e circondati da una inesauribile pressione edificatoria.»

Peggio: il «fronte più caldo» dell'abusivismo, dice un rapporto della direttrice del Parco Appia Antica, Alma Rossi, «si è spostato nelle aree di pregio: un inequivocabile segnale, questo, del prevalere dell'"abusivismo non di necessità", ma per speculazione». Per capirci: «Negli ultimi vent'anni il 70% delle lottizzazioni abusive in area romana è stato registrato nel Parco di Vejo e non nella Borgata Finocchio o alla Borghesiana».

Roma è una città devastata dall'abusivismo. La capitale ospita un ventesimo degli italiani, ma un nono di tutte le costruzioni illegali. Fin dai tempi del fascismo, accusa Berdini, se è vero che il piano regolatore del Duce, a dispetto delle chiacchiere sull'implacabilità delle regole mussoliniane, conteneva un germe in grado di infettare tutto: «È vietato procedere a lottizzazioni di terreni a scopo edilizio fuori dei limiti del piano regolatore edilizio e di ampliamento senza il consenso dell'autorità governatoriale». Traduzione: se il gerarca dà il permesso...

È un cancro penetrato in profondità. Fin dentro il cuore di Roma. Lo ricorda nel 2004 (non negli anni Sessanta: nel 2004) il cantiere illegale scoperto casualmente dai vigili urbani a ridosso di Trinità dei Monti, sul terreno di un istituto per i ciechi alle spalle di via Margutta. Dove un vecchio casotto condonato è stato abbattuto per lasciare posto a una villa abusiva, tirata su con muratori rumeni da un «lei-non-sa-chi-sono-io»: Renzo Mingolla. Il quale sulle prime intima ai vigili di lasciar perdere. Poi denuncia un complotto ai danni di Berlusconi: «Sono il responsabile tecnico della sua immagine». Il centralino di Palazzo Chigi dice di non conoscerlo. Ma proprio sconosciuto, dalle parti del governo, non è. Collaboratore di Luigi Crespi, l'ex sondaggista del Cavaliere, bazzica nei dintorni della Roma che conta, pattuglia i corridoi dei ministeri, si intrufola nei salotti... Fino a guadagnarsi, nel sito dell'ordine dei giornalisti di Milano, la qualifica di «portavoce del ministro Tremonti e consulente, a Palazzo Chigi, di Silvio Berlusconi». Non si vergogna? E vabbè, ci ha provato, è andata male...

A tanti è andata bene. Al punto di sanare abusi commessi «dopo» avere fatto la domanda. Corredata a volte da fascicoli costruiti su foto aggiustate al computer. Sapete quante situazioni simili hanno scoperto i tecnici di Gemma, la società privata che gestiva (a pagamento, ovvio) le pratiche del condono del Comune di Roma? Tremilasettecentotredici. Su 28.072 pratiche esaminate fino all'aprile 2010: una su sette. Non è tutto. Perché a questi reati compiuti «dopo» la sanatoria, vanno aggiunti 6503 abusi commessi sì entro il 31 marzo 2003 (data limite) ma in aree sotto vincolo. Oltre alle 2099 spuntate addirittura nei parchi. Per un totale di 12.315 irregolarità, secondo Gemma, insanabili. Un numero enorme. Come enorme è la quantità di domande presentate nel solo Comune di Roma: 597.000. Una ogni 4,2 residenti: 417.000 per la prima sanatoria del 1985, 95.000 per la seconda del 1994, 85.000 per la terza del 2003.

Bene, di tutte queste pratiche, alla fine del 2010, ne restavano da smaltire ancora (e chissà per quanto resteranno in ammollo: Gemma è «provvidenzialmente» fallita) circa 200.000. Per un quarto dell'ultimo condono. Perfino più devastante degli altri perché si è rivelato una specie di licenza di costruire in deroga a ogni norma. La Relazione sullo stato dell'abusivismo edilizio sfornata nel 2010 dalla Regione Lazio contiene numeri raccapricciantì. Dal 2004 al 2009, nel solo Comune di Roma, sarebbero stati rilevati 12.399 abusi: oltre 2000 l'anno.

Nel 2003 esistevano già i sistemi di rilevazione aerea che avrebbero consentito agevolmente di scoprire le porcherie. E l'allora ministro dell'Ambiente Altero Matteoli ammonì: «Al ministero abbiamo delle cartografie dove è fotografata tutta l'Italia e possiamo vedere anche la più piccola costruzione che c'era prima del 31 marzo 2003». In uno Stato serio, nessuno avrebbe osato spostare un mattone. Troppo pericoloso. La repressione sarebbe arrivata implacabile. Ma qui no. Lo sapevano tutti che erano solo dei bla-bla per rassicurare i «rompicoglioni» di Legambiente, di Italia Nostra, del Fai...

Il primo abusivo, del resto, è il Palazzo della politica. Lo scopre nel giugno 2004 Giuseppe Pullara del «Corriere»: sul tetto della biblioteca del Senato, un palazzo vincolatissimo dai Beni culturali, proprio di fronte alla bimillenaria cupola del Pantheon, è spuntata una «clamorosa superfetazione che si infrange contro tutte le regole che impediscono ogni aggiunta volumetrica e di superficie nel centro storico, soprattutto se modifica il profilo esterno degli edifici».

È una gigantesca veranda, costruita a Palazzo Madama con i soldi dei contribuenti. Totalmente abusiva. E chi ha gestito l'operazione? Un uomo che diverrà il simbolo della «cricca»: il provveditore alle Opere pubbliche del Lazio, Angelo Balducci. Il quale spiega che si è trattato d'una «procedura di riservatezza» a cui lo Stato fa ricorso per opere legate alla sicurezza. Quindi «al Comune non si doveva chiedere niente e nulla è stato detto». E contro quale pericolo è stata edificata, quell'opera «legata alla sicurezza»? Contro il raffreddore d'inverno e nelle serate fredde: «Useremo la veranda anche per iniziative culturali come la presentazione di un libro. Eppoi c'è una vista stupenda...» precisa il questore del Senato Mauro Cutrufo, non ancora vicesindaco.

Lo scandalo è inevitabile. La veranda viene rimossa. Quanto era costata? Un milione? Due milioni? E quanti soldi pubblici sono stati spesi per altre operazioni discutibili dettate dalla politica? Solo per ristrutturare due immobili a Roma da destinare come uffici ai senatori sono stati sborsati una cinquantina di milioni. Uno è di proprietà dell'Istituto Santa Maria in Aquiro: non solo è stato restaurato con fondi pubblici ma dal marzo 2003 il Senato paga 400.000 euro di affitto l'anno. Pur essendo l'edificio occupato solo da muratori, idraulici e falegnami... In otto anni, oltre tre milioni. Quasi quanto negli stessi anni è stato dato alla soprintendenza dell'Appia Antica impegnata nella disperata difesa del Parco.

Ma torniamo lì, sulla Regina Viarum. Dove il signor Salvatore Bonanno, concessionario della Hyundai e proprietario del Centro motoristico Appia Antica, a tre minuti da Porta San Sebastiano, si è dato un obiettivo ambizioso. Far invecchiare la pratica giudiziaria che lo riguarda finché diventerà vetusta quanto una pergamena d'epoca imperiale. Certo, sa benissimo che una grande rivendita di macchine sulla strada tracciata a partire dal 312 a.C. è una cosa insensata. Ma non molla. Ha torto marcio? Se ne infischia.

Il braccio di ferro va avanti da oltre due decenni. Da quando i vigili urbani, nell'ottobre 1988, denunciarono l'esistenza di «un laboratorio di autofficina con annesso deposito di materiali di ricambio sprovvisto di autorizzazione comunale». Quindici anni dopo, nel 2003, un rapporto della direzione del Parco denunciava: «L'attività si svolge su immobile di proprietà pubblica regionale in affidamento al Comune, occupato senza titolo da ex affittuari in quanto il Comune di Roma aveva dato formale disdetta del contratto già dal 1992, e su un'area privata occupata abusivamente di circa 10.000 metri quadri destinata alla pubblica fruizione nell'ambito del piano del Parco della Caffarella». Area trasformata «con sbancamenti e risistemazioni in un grande parcheggio (per almeno 200 auto) all'aperto».

Ventitré anni dopo quella denuncia iniziale, la concessionaria è ancora lì. Nonostante l'inesorabile bocciatura da parte del Parco, della soprintendenza e dei vari uffici comunali di tutti i tentativi di Bonanno per sanare l'insanabile. Nonostante la direzione della riserva archeologica abbia accusato il concessionario, foto alla mano, di avere pure «trasformato in un villino» un vecchio rudere. Nonostante nel 2006 l'interminabile iter burocratico dell'esproprio iniziato dal Comune nel 1996 sia andato infine a compimento. Niente: è ancora là. A vendere macchine sulla Regina Viarum. Macchine che vengono consegnate dalla Hyundai su immense bisarche, quegli autotreni a due piani che pesano decine e decine di tonnellate. Non potrebbero manco avvicinarsi all'angusta e delicata Appia Antica? Chissenefrega.

Sono anni che il progetto di «delocalizzazione» delle attività commerciali, essenziale per alleggerire il traffico, è bloccato. Sono 130, quelle attività. Non solo trattorie o ristoranti. Anche case di cura, depositi giudiziari di auto sequestrate, un garage del Cotral (il Consorzio trasporti pubblici del Lazio), sfasciacarrozze... Insomma, una situazione difficile dal punto di vista ambientale. Resa ancora più complicata dall'intreccio pazzesco di competenze. Sull'Appia Antica possono mettere bocca il Comune di Roma, quattro dei suoi «municipi», i Comuni di Marino e Ciampino, la Regione Lazio, la Provincia, il ministero dei Beni culturali, le soprintendenze di Roma e del Lazio, quella archeologica comunale, quella per i Beni architettonici e per il Paesaggio di Roma e del Lazio, nonché la Pontificia commissione di archeologia sacra. Un casino.

Vicino a Porta San Sebastiano, in un ampio spazio verde, c'è la villa di mattoni transgenici della famiglia Angelucci il cui capostipite Antonio, nato portantino, è diventato uno degli uomini più ricchi d'Italia e deputato (molto assenteista: 88,9% di votazioni «bigiate» il primo anno della legislatura) del Pdl. Una volta, stando ai rapporti, alle fotografie e ai rilievi aerofotogrammetrici, c'erano due baracche. Ma mano a mano erano cresciute, nonostante il divieto assoluto di edificare, fino a diventare una villa a un piano di 292 metri quadri, una «casa custode» di 106, un «magazzino attrezzi agricoli» di 120, un «recinto cavalli». Finché la crescita abnorme era stata bloccata. Vabbè, ci hanno provato: li volete crocifigge?

Poco più avanti, tra i sepolcri romani di Tiberio Claudio Secondino e il mausoleo di Rabirius Hermodorus, c'è la villa di Filippo Guani. Spiega Carlo Alberto Bucci sulla «Repubblica», che in quella zona «i padroni dei terreni (il 95% dei 3500 ettari del Parco è in mano ai privati) sono obbligati a chiedere il permesso anche per un gazebo estivo. O per una festa che preveda l'accensione delle fiaccole, visto il pericolo incombente di roghi». Il proprietario della residenza, nel 2008, «aveva chiesto il permesso proprio per una cisterna interrata, utile "contro eventuali incendi"». Solo che, al posto della cisterna, è spuntato un prato sintetico. Clic e, oplà, si apre ed ecco la piscina.

Sulla carta il Parco ce li avrebbe, dei poteri. Per esempio dovrebbe dare il parere paesaggistico su tutto ciò che si fa nel suo territorio. Soprattutto per le nuove costruzioni. Peccato che non possa esprimerlo perché il Piano del Parco non è mai stato approvato. L'ente nasce nel 1988 ma diventa operativo, con l'insediamento del primo consiglio, solo dieci anni dopo, nel 1998. Altri quattro per preparare il Piano e siamo nel 2002. Qualche mese ancora e arriva in Regione. Nove anni dopo è fermo lì. Nessuna giunta l'ha mai licenziato. Forse perché è previsto un allargamento della riserva nella zona di Marino dove, in un'area ancora quasi intatta dell'agro romano, c'è un progetto di espansione immobiliare da 2,8 milioni di metri cubi. O forse perché quel Piano prevede limiti alla circolazione automobilistica. E anche questo è elettoralmente indigesto...

Nel frattempo, sulla Regina Viarum, ne capitano di tutti i colori. Nel 2005 un circolo sportivo che fa capo a un'impresa di pulizie chiede il permesso di fare una grande piscina. La soprintendenza rifiuta. Nel 2006 nuova richiesta: un laghetto? Ancora no. Ma l'opinione del Parco, siccome il Piano non è stato approvato, conta e non conta. E il laghetto ottiene comunque un'autorizzazione paesaggistica, anche se condizionata. Nel 2007 nuova domanda: nel laghetto c'è un movimento franoso in atto, serve una struttura in cemento armato per mettere in sicurezza l'area. L'ente Parco, per quel che vale, dice ancora una volta no. L'anno dopo, durante una perlustrazione, i guardiaparco scoprono la piscina quasi finita.

Scatta il sequestro, parte un'ordinanza di demolizione. I furboni del circolo fanno ricorso. E il Tar del Lazio che fa? Sospende. Dai e dai si arriva a marzo 2010, quando la giunta regionale uscente di sinistra, decapitata dalle dimissioni di Marrazzo, approva il nuovo piano paesistico (che non c'entra con quello del Parco, ma interferisce) ammettendo nell'area «la realizzazione di impianti sportivi». E a gennaio 2011 arriva, inevitabile, la richiesta di «completamento lavori e realizzazione di una vasca a fini natatori». Ormai non è più necessario, ai furbetti del circolino, imbrogliare le carte. Hanno vinto loro.

«C'è gente che arriva con le cartine aperte e chiede: "Scusi, dov'è il Parco?". "Ci siete dentro" gli rispondiamo. Ci guardano, stupiti» racconta la direttrice, Alma Rossi. «Il traffico: quello è il motivo principale che impedisce all'Appia Antica di potersi veramente qualificare come Parco ed essere riconosciuto come tale dai visitatori.» Nelle ore di punta passano duemila veicoli l'ora. Il limite di velocità, 40 chilometri orari, non è rispettato e se lo rispetti rischi. Il limite di accesso per dimensioni dei mezzi è per lo più ignorato. Capita di vedere dei giapponesi rischiare la pelle per raggiungere a piedi le catacombe o la Villa di Massenzio camminando rasomuro sfiorati da bolidi che sfrecciano dove San Pietro in fuga da Roma avrebbe incontrato Gesù Cristo: «*Quo vadis, Domine?*». E lui: «*Eo Romam, iterum crucifigi.* Vado a Roma, per essere crocifisso di nuovo».

Due secoli fa Goethe, nel suo *Viaggio in Italia*, aveva già capito come finiva: «Oggi sono stato alla Ninfa Egeria, poi alle Terme di Caracalla e sulla via Appia a vedere le tombe ruinate e quella meglio conservata di Cecilia Metella, che dà un giusto concetto della solidità dell'arte muraria. Questi uomini lavoravano per l'eternità ed avevano calcolato tutto, meno la ferocia devastatrice di coloro che son venuti dopo ed innanzi ai quali tutto doveva cedere».

Alma Rossi allarga le braccia: «Tutti coloro che si sono succeduti qui hanno provato ad affrontare la questione del traffico, ma non c'è stato verso. Da quando esiste il Parco l'unico risultato è stata l'ordinanza dell'allora sindaco Rutelli che chiudeva la strada la domenica e i giorni festivi. Eppure di soluzioni in questi anni ne abbiamo proposte tante: sensi unici, fasce orarie, ampliamento della zona a traffico limitato, navette, dissuasori di velocità... Niente. È un tema su cui tutti temono di perdere voti».

Sempre lì si finisce. Sui voti. Sulla cronica incapacità della politica di fare scelte impopolari. Anche quando sarebbero sagge.

Anche quando sarebbero indispensabili. Perfino se si tratta del monumento simbolo della Città Eterna, quel Colosseo che, scrisse Charles Dickens in *Visioni d'Italia*, «si erge tra le altre rovine come una montagna fra le tombe» e oggi appare, soprattutto in certe ore del giorno, come un enorme spartitraffico piazzato nel cuore della città con più automobili d'Italia: 71 ogni 100 abitanti.

A maggio del 2010 quelli di Legambiente si son piazzati lì a contare le macchine. In un'ora ne sono passate 1165. Più 353 scooter e motociclette. Più 296 taxi. Più 144 furgoni. Più 95 autobus cittadini. Più 67 pullman turistici. Per un totale di 2120 veicoli. Smog, caos, vibrazioni. Il limite consentito, fissato dalla giunta Alemanno nel 2009, è di 70 decibel. Quella mattina non è mai sceso sotto i 77,2. Sfondando all'insù fino a 95,3 decibel.

L'ex assessore alla Mobilità nella giunta Rutelli, Walter Tocci, dice che ci provò, a dirottare il traffico per salvare l'anfiteatro: «Facemmo un blitz subito dopo le elezioni del 1993. Spostammo l'asse stradale che costeggiava il monumento, bloccammo la circolazione dei mezzi privati in un senso di marcia e allargammo la zona a traffico limitato. E facemmo il piano della nuova linea della metropolitana. In cuor mio pensavo che una volta aperto il cantiere della metro l'area si sarebbe dovuta chiudere al traffico. E poi sarebbe rimasta chiusa per sempre».

Sullo sfondo c'era il piano di Leonardo Benevolo. Inibire alle auto via dei Fori Imperiali e realizzare un grande museo interrato, collegato con i Fori e la metro, che avrebbe consentito ai turisti di ammirare anche le rovine sotterranee. «Tentammo di percorrere quella strada, sottovoce, per non rinfocolare polemiche che per anni avevano stoppato ogni ipotesi del genere. Era un'idea che avrebbe potuto dare a Roma una dimensione mondiale. Purtroppo...»

«Il celebre anfiteatro soffre di fenomeni sismici, inquinamento e turismo di massa» ha scritto «Le Monde» raccogliendo lo sfogo dell'architetto dei Beni culturali Piero Meograssi che da anni se ne occupa: «Cinquecentomila euro! Quasi mi vergogno a dirlo: lo Stato dà per il Colosseo 500.000 euro l'anno! Quanto costa il restauro di una bella casa in campagna». Trentadue milioni di euro incassati con i biglietti nel 2009, mezzo milione avuto in restituzione. Dodici cent per ciascuno dei turisti in visita. Una miseria, denuncia il giornale parigino.

Ogni tanto, dal nobile stadio, si stacca un pezzo. I quotidiani ci fanno un titolo, i telegiornali mostrano un servizio, poi tutti se ne dimenticano... A luglio del 2010, appello ai privati: serve un aiuto. La gara è un flop. Umiliante. L'unico che ci sta, contestato dai tifosi della Fiorentina con uno striscione che urla «25 milioni di euro per il Colosseo ma Firenze dov'è?», è Diego Della Valle. «Il Giornale» titola: *Che bello, torna l'era del mecenate*. Ma la faccenda si ingarbuglia. Confronti, discussioni, precisazioni, distinguo...

Per mesi e mesi va avanti, il tormentone. Col sottosegretario Francesco Giro che confida: «L'anfiteatro casca a pezzi in alcune parti». E il sindaco Alemanno che sospira: «Il Colosseo è la mia inquietudine quotidiana». Finché arriva l'annuncio: ok, è fatta. Sussulto dei puristi: non è che poi ci ritroviamo col Colosseo a forma di scarpa? «Non ci penso proprio» risponde mister Tod's. Il suo marchio sarà confinato sul alcuni pannelli della grandezza di un paio di metri alla base del monumento.

Chi glielo fa fare? Un ritorno d'immagine planetario. Collegare prodotti del «made in Italy» come borse, scarpe e accessori al monumento più famoso del mondo, generosità culturale a parte, è un affarone. Il costo? Modesto. Il gruppo Tod's ha fatturato nel 2009 728 milioni di euro, con un utile astronomico: 90,6 milioni, il 12,4% dei ricavi. Tanti soldi, pure troppi. E una sponsorizzazione di 25 milioni di euro è un toccasana. Perché gli consente di abbattere gli utili e pagare meno tasse. Su 25 milioni investiti in questo modo si può risparmiare fino al 34%, cioè 8,5 miliardi. Di fatto, il costo del restauro del Colosseo sarà sostenuto per due terzi (16,5 milioni) da Della Valle e per un terzo dallo Stato, che diversamente non avrebbe tirato fuori un euro. Di più: l'azienda potrà spalmare la spesa su cinque anni: 3,3 milioni l'anno. Meno di quanto ha speso nel 2009 per la pubblicità: 3,5 milioni.

Calcoli che «macchiano» la nobiltà d'animo del mecenate? Per niente. Proprio il confronto con i numeri (un esempio: per avere il marchio sulla Ferrari di Formula 1 Telecom Italia spende 20 milioni l'anno) conferma che non solo Diego Della Valle ha dato una prova di intelligenza culturale e imprenditoriale, ma che l'Italia spreca quotidianamente un patrimonio. Magari la cosa non interessa a Silvio Berlusconi, la cui azienda ha chiuso il bilancio 2009 con 445 milioni di utili: nove volte il gruppo Tod's. Ma quanti imprenditori potrebbero collaborare al risanamento del patrimonio se le regole fossero più semplici, se lo sgravio fiscale fosse maggiore, se non ci fosse un tetto alle donazioni oltre il quale il fisco insaziabile va a prendersi il 37%? Quanti tesori antichi potrebbero essere salvati?

È tutta la Città Eterna, in realtà, a rivelare di non essere affatto eterna. «La città eternit» ironizzava amaro Antonio Cederna. Sono a rischio le Mura Aureliane, i Fori, il Palatino... «Abitata almeno dall'XI secolo a.C., la più illustre collina di Roma costituisce uno di quei luoghi fondatori dell'identità occidentale» scrive su «Europa» Simone Verde. «Dimora degli imperatori, il Palatino avrebbe significato ben presto assai più di un colle, ma la concretizzazione divina, architettonica e urbanistica del potere: dal suo nome sarebbe derivato, infatti, quello di "palazzo", "palais" in francese, "palace" in inglese e così via. Magnificato nei millenni in una groviera di cunicoli, passaggi coperti, sale affrescate, oggi rischia, come già successo nella sua storia, di venire giù. In particolare la sua parte più fragile, quella a ovest. Dei miseri 130 milioni di euro necessari, secondo gli studi condotti dallo strutturista Remo Croci e consegnati da anni al ministero, soltanto 11 ne sono stati stanziati e molti spiccioli, per pietà, aggiunti dal World Monument Fund. I restauri, insufficienti, sono iniziati, ma se continua così, finirà come per la Domus Aurea.»

Ricordate? È l'estate del 1998 e il ministro dei Beni culturali Walter Veltroni annuncia un evento epocale. L'apertura al pubblico dell'immensa dimora dell'imperatore Nerone sul colle Oppio interrata per volontà di Traiano: «Sarà come far affiorare una Pompei sotterranea di straordinaria bellezza». Spiega che per anni i tecnici hanno studiato «le soluzioni per risolvere delicati problemi scientifici» e consentire di rendere fruibile ai visitatori «un'ampia parte della Domus, senza metterne a rischio l'integrità». Per l'inaugurazione, preceduta dalla proiezione di *Quo vadis?* su uno schermo gigante a piazza del Popolo, arriva anche il vecchio Peter Ustinov, che in quel film interpretava Nerone.

Per rendere visitabili 32 ambienti su 150 e recuperare 1200 metri quadrati di pareti decorate con le famose «grottesche» sono stati investiti 5 miliardi di lire, ma per «un intervento risolutivo», avverte il soprintendente Adriano La Regina, ne «serviranno altri 50 e cinque anni di lavoro». Due anni dopo la stima sale già a 105 miliardi. E i soldi, in teoria, ci sarebbero pure, visto che il governo di centrosinistra ha deciso di destinare al patrimonio artistico e archeologico i proventi del Lotto. Ma non si muove niente. Un giorno d'aprile del 2001, viene giù un metro quadrato della volta. Da allora, si va avanti a rattoppi, chiusure, aperture, rattoppi, chiusure... Dei soldi promessi e ripromessi, briciole. Solo 765.000 euro nella Finanziaria 2006. Un tredicesimo dei contributi dati quell'anno a chi acquistava il decoder per il digitale terrestre, prodotto da Paolo Berlusconi, il fratello del premier.

Intanto l'area scivola nel degrado. Scrivono Edoardo Sassi e Lilli Garrone nell'estate 2004 sul «Corriere»: «All'interno, immersi nella semioscurità, i fasti imperiali della residenza neroniana. Appena fuori invece, alla luce del sole, cumuli di siringhe, escrementi, indumenti stracciati, panchine in marmo spezzate e altri "reperti" che con l'archeologia nulla hanno a che vedere: coperte, giacigli di cartone, bottiglie rotte e piatti di plastica. (...) I vetri sono quasi tutti rotti e le lanterne pericolosamente inclinate. Qualche lampione, addirittura, è venuto giù del tutto e se ne sta adagiato fra le erbacce, tra i numerosi resti di pasti consumati ed altrettanto numerose tracce di "bisogni" da cui liberarsi in fretta (e non si tratta di cani). L'aria in alcuni punti è irrespirabile. Le reti che proteggono le coperture delle volte della Domus sono quasi tutte divelte...».

Sei anni più tardi, Elena Panarella racconta sul «Messaggero» che non è cambiato niente, che i vigili durante un controllo «hanno trovato all'interno dei manufatti dodici cittadini stranieri, tutti con documenti, che avevano eletto la casa di Nerone come improvvisato giaciglio notturno. Sette iracheni, un romeno, un siriano, un camerunense, un cingalese ed un etiope sono stati aiutati, viste le condizioni igieniche, dal personale presente della Sala operativa sociale, che si è messo subito a disposizione per ogni tipo di ausilio. (...) Per ultimare la bonifica i due veicoli predisposti hanno effettuato sette viaggi verso la discarica, raccogliendo ogni tipo di rifiuto: coperte, materassi, masserizie, bottiglie in vetro e plastica, siringhe...».

Un'emergenza vera. Gravissima. Che, per conto del Campidoglio, è chiamato ad affrontare, a mezzo servizio, l'uomo voluto da Alemanno quale soprintendente ai Beni culturali di Roma, Umberto Broccoli. Una nomina eccentrica. Non tanto per i titoli, dato che, spiega una furente interrogazione parlamentare della democratica Maria Coscia, l'uomo «si è laureato in Archeologia cristiana alla Sapienza nel 1976» e dopo aver fatto l'ispettore alla soprintendenza di Ostia «è stato in seguito trasferito presso la soprintendenza speciale per i Beni archeologici di Roma».

L'assurdità è che Broccoli, fosse pure un genio, dovrebbe badare a questo patrimonio artistico e monumentale immenso dedicandogli metà del suo tempo. L'altra metà, grazie al contratto part-time, la dedica infatti al lavoro per il quale, sulle orme del padre Bruno, ha guadagnato una certa notorietà: autore e conduttore Rai. Con all'attivo programmi come *La straordinaria storia d'Italia*, *Italia. Istruzioni per l'uso*, *Italia ore 6*, *Luna Park*, *Unomattina estate*, *Il processo ai Mondiali*, *Le storie della storia*... Ora, è mai possibile che una città con le ricchezze e i problemi di Roma, che ha 66 strutture museali e aree archeologiche, venga affidata dal Campidoglio a un soprintendente a mezzo servizio?

«Posso solo scegliere che cosa far crollare» ringhiò provocatorio nel 2005 l'allora soprintendente archeologico Angelo Bottini, invelenito davanti all'impossibilità economica di fare ciò che andava fatto. Oggi la situazione è peggiorata. «Immaginate che Goethe, o Chateaubriand, oppure Stendhal, Gogol', Hawthorne, Gregorovius o Henry James (altri nomi ne potrete fare anche voi) ripetano oggi una di quelle passeggiate per Roma che hanno immortalato nelle loro *Promenades dans Rome* o *Italian Hours*» ha scritto sul «Foglio», nell'aprile 2010, Angiolo Bandinelli: «Potreste anche vederli d'improvviso precipitare entro una voragine, un buco, una fossa apertasi tra le antiche pietre. Possibilissimo. E allora vogliamo usarla la frase fatta, rifugio del mediocre scrittore? Per una volta usiamola, e diciamo che il crollo della volta di una galleria delle Terme di Traiano, nell'atrio della Domus Aurea neroniana, era un evento annunciato».

Tra le visioni che lo ferivano, lo scrittore ricordava l'Elefantino di piazza della Minerva, quello col piccolo obelisco sulla groppa «che i romani veraci d'un tempo chiamavano "er purcino", il pulcino, per deformazione del termine "porcino" con cui s'identificava l'elefante, animale allora sconosciuto ai più». Una schifezza: «Il suo bel travertino è striato di uno scolaticcio brunastro e denso, una poltiglia che si addensa nei punti dove la pioggia non può arrivare, mentre lascia scoperte le parti battute dalle acque e magari dal vento. L'effetto è disgustoso, sembra di trovarsi di fronte ad una latrina sulla quale non si siano fatte pulizie da un decennio».

Per non dire della Fontana del Tritone di piazza Barberini, opera di Gian Lorenzo Bernini: «A parte che lo zampillo non sale al cielo ma cade giù come un rigagnolo, l'intera fontana è ingrommata da una vegetazione di muschi e licheni verdastri, impastati di una morchia fuligginosa o pendenti come stalattiti, che hanno reso irriconoscibile il torso del tritone – evidentemente ispirato al Laocoonte vaticano – così come ogni altro particolare del monumento. Raramente si vede un capolavoro ridotto in così miserabile stato».

«'A preside', era fracica» disse l'avvocato Aldo Ceccarelli, leggendaria figura romanesca che nell'afa estiva stazionava abbioccato nell'androne del palazzo di giustizia, difendendo il suo cliente Sebastiano Intili, un borgataro che nel 1997 aveva spaccato la meravigliosa Fontana dei Quattro Fiumi del Bernini in piazza Navona sulla quale s'era arrampicato.

Un processo indimenticabile. Il coatto, che pareva imitare Carlo Verdone quando imita il coatto, arrivò in aula con «sgargianti pantaloni a fiori, in perfetto stile hawaiano». E spiegò al presidente della Corte: «Io, preside', volevo fa' 'n tuffo. Stavo in fissa. Come di', m'ero fissato... Fino a quindici anni fa 'o facevo tutti i ggiorni. So' salito e 'a statua s'è rotta. So' risalito de novo e me so' tuffato». Insomma: «È stato come magnasse un cocomero».

Sudando copiosamente, l'avvocato Ceccarelli si avventò sull'accusa deciso a scardinare tutte le imputazioni: «Nun se po' parla' de danneggiamento perché Intili nun ha aggito con la volontà de rompe' 'a statua. Era lì solo per un tuffo». La fontana, piuttosto! Vogliamo parlare della fontana? «Era decrepita, anzi, fracica. Nun se tengono così le cose. Chiederemo dieci milioni di risarcimento danni perché il mio cliente ha rischiato la vita.» Il coatto annuì: «Me so' pure fatto male a un piede. Me dovrebbero paga'».

8

AAA Vendesi Venere, Lisippo, Caligola...

Mille capolavori saccheggiati, nessun trafficante in carcere

Ma ce la meritiamo, la Venere di Morgantina? Ti torce le budella, questo dubbio, leggendo ciò che diceva a metà novembre del 2010 l'assessore siciliano ai Beni culturali, Sebastiano Missineo, entusiasta per il ritorno dalla California della preziosissima statua: «Stiamo valutando se allestire una sala provvisoria...».

Che storia è questa? Quattro anni dopo l'annuncio che sarebbe tornata? Cinque dopo le manifestazioni di piazza per accelerare il rientro? Dieci dopo l'avvio ufficiale da parte del governo della procedura di restituzione? Dodici dopo l'indagine giudiziaria su una guerra mafiosa intorno al traffico dei reperti antichi che aveva visto anche l'assassinio di qualche «archeologo» clandestino? Ventidue dopo l'apertura di un'inchiesta sull'itinerario seguito dal capolavoro, trovato dai tombaroli nel 1977 in contrada San Francesco e finito al J. Paul Getty Museum di Malibu, e le prime richieste di riconsegna?

Eppure è così. C'è da vergognarsi a dirlo, ma è così. Un mese prima che la grande galleria d'arte californiana, sconfitta in tribunale e nella trattativa diplomatica, esponesse per l'ultima volta quella meravigliosa scultura comperata a un'asta nel 1988 per 18 milioni di dollari e da allora cuore ammiratissimo del museo visitato ogni anno da un milione e mezzo di persone, il comune di Aidone nel cui territorio sono i ruderi di Morgantina, la Provincia di Enna e la Regione Sicilia non avevano ancora deciso dove mettere quel tesoro in arrivo dall'America.

Sulle prime pareva che dovesse andare, su consiglio anche di Vittorio Sgarbi, alto commissario della Villa Romana a Piazza Armerina («Sennò è meglio lasciarla in America»), nella chiesa sconsacrata di San Domenico ad Aidone. La Regione aveva anzi ottenuto dallo Stato per restaurarla un milione e mezzo di euro ricavati dal Lotto, ma ritarda oggi, ritarda domani, i soldi sono stati accreditati dallo Stato sul conto palermitano solo ai primi di novembre del 2010, due mesi prima del rientro della statua. Quanto al museo, realizzato nel 1984 nel convento dei cappuccini e re-inaugurato nel 2007 dopo nuovi lavori, la sala sistemata di fretta all'ultimo momento che avrebbe potuto ospitare la Venere, ospita già gli argenti restituiti dal Metropolitan Museum di New York e rientrati dalla mostra all'Expo di Shanghai.

Ma in questi anni cosa hanno fatto? «Pomposi comitati paritetici, riunioni su riunioni, ma non un parcheggio nuovo, non l'asfalto di una strada, non un sito internet» risponde indignata sulla «Stampa» Laura Anello. Insomma, «niente che spieghi alla comunità internazionale che cosa sta per succedere qui, nel buco del buco del Paese Italia». Il sindaco Filippo Gangi conferma: «In questi anni si sono succedute decine di incontri con le autorità regionali, la prefettura, la soprintendenza ma non si è giunti ad alcuna decisione concreta...». Nei sogni, «un concorso di idee internazionale per un ampliamento del museo».

Sia chiaro: fin da quando la magistratura ha accertato che la statua in marmo (testa, braccia e mani) e in pietra calcarea (il resto del corpo) era stata trovata a Morgantina, nessuno ha messo mai in discussione i diritti di Aidone. Dove dal primo istante reclamano a gran voce la scultura: «È nostra! È nostra!». E con qualche sforzo si può anche comprendere che si tratti, come dice il dirigente generale dei Beni culturali Gesualdo Campo, di una «scelta fortemente identitaria». Mettetevi al posto degli abitanti isolati da secoli in questo borgo fuori dal mondo: come è possibile non sognare, davanti all'arrivo dall'America («La Merica! La Merica!») di un capolavoro che a Los Angeles richiamava un milione e mezzo di visitatori l'anno? «I turisti! Arriveranno i turisti! A frotte! Con le tasche gonfie di soldi!»

Al di là dei principi, però, c'è modo e modo. E viene un groppo alla gola a scoprire, a metà gennaio 2011, «come» il paese, arroccato sui monti Erei, 5176 abitanti, zero librerie, zero cinema, zero teatri, zero internet point, si prepara ad accogliere quell'opera meravigliosa alta due metri e venti centimetri, scolpita a quanto pare da un allievo di Fidia, che in origine era probabilmente policroma e rappresentava non tanto Venere (quello è solo il nome che le è stato appiccicato) quanto Demetra o Persefone. I turisti! I turisti! Mettetevi ora nei panni di un turista che cerca Aidone su Google Maps: un albergo, quattro bed&breakfast, tre trattorie, una pizzeria, 98 chilometri dall'aeroporto di Catania, 195 da quello di Palermo senza un solo autobus diretto, nessuna informazione (tranne venti righe copiaincolla sulla statua prese da Wikipedia) sul sito comunale.

E meno male che gli americani hanno detto che no, loro non avevano alcuna intenzione di spaccare la statua in tre parti per il trasporto, così come era stata rotta da quei bastardi dei tombaroli, riportarla in nave in Italia, rimontarla per una mostra a Palermo (che sarebbe piaciuta tanto alla Regione), smontarla di nuovo, rimontarla per un'altra mostra a Enna (che sarebbe piaciuta tanto alla Provincia), per arrivare infine ad Aidone dopo un viaggio da incubo. Non se ne parla, ha spiegato Jerry Podany, conservatore capo per le antichità del J. Paul Getty Museum: «Verremo in quattro, io e i miei tecnici. Cercheremo di aiutare il più possibile lo spostamento della statua che tra l'altro forniremo di un piedistallo antisismico». A spese loro. Ma le tappe no. C'era il rischio che la dea si svegliasse come nel film *Il bacio di Venere* con Ava Gardner e che soavemente dicesse: «Scusate, ma con tutti questi casini, perché non avete lasciato che mi adorassero a Malibu?».

Avanti così, ci vuol poco a immaginare cosa ci sarà rinfacciato fra qualche anno dagli americani. I quali, dopo averci restituito molto a malincuore il Cratere di Eufronio trovato dai tombaroli vicino a Cerveteri, venduto al mercante Robert Hecht e finito al Metropolitan (Sergio Romano racconta in *Memorie di un conservatore* della spocchia dei vertici del museo: «L'Italia non riavrà mai il Cratere. Anche se vincessero in tribunale, dagli accordi dell'Unesco sarebbero costretti a pagare il nostro prezzo, vale a dire un milione di dollari. E l'anno scorso, per salvare tutta Venezia, hanno raccolto 37 dollari e 75 centesimi, per di più in lire...»), già si lamentano di come il vaso è stato collocato al Museo nazionale etrusco di Villa Giulia a Roma. Lo tengono in «un'ingombrante teca di vetro circondato da piccole luci natalizie» ha scritto piuttosto stizzito sul «New York Times», in un reportage, il critico Michael Kimmelman, «in una galleria sempre deserta». Forse perché, aggiungeva, messo com'era in mezzo ad altre opere simili, «non rappresenta una grossa novità per gli italiani». Sottinteso: la Grande Mela sì che lo valorizzava! E Kimmelman scriveva da Roma, figurarsi da Aidone...

La questione se debbano avere la precedenza gli interessi degli appassionati d'arte di tutto il mondo o delle tante località sperdute per il pianeta che reclamano ciò che è stato loro sottratto, è vecchia come il cucco. La Nike di Samotracia sta meglio in cima allo scalone del Louvre dove è stata vista nei decenni da milioni e milioni di visitatori o starebbe meglio nel piccolo museo di Samothràki, 2723 abitanti davanti alla costa turca di Çanakkale?

Luigi Palma di Cesnola, un piemontese di Rivarolo che dopo avere combattuto per l'Unità d'Italia se n'era andato negli Stati Uniti dove era diventato comandante di vari reggimenti di cavalleria nella guerra di secessione americana, non si poneva proprio il problema. Premiato da Abramo Lincoln con l'incarico di console a Cipro, tornò a New York con un carico di 275 casse, ognuna lunga nove piedi cioè quasi tre metri, piene di ogni ben di Dio: statue, statuette, vasi, bracciali, braccialetti d'oro massiccio, orecchini, anelli, spille, amuleti, spilloni, collane. Pagati dal neonato Metropolitan, del quale sarebbe diventato il leggendario direttore, una somma enorme: 64.000 dollari. Più un contratto da 500 dollari al mese per riparare e sistemare i reperti.

Era il 1873 ed erano davvero altri tempi. Che l'ufficiale sabaudo-americano avesse approfittato degli anni ciprioti per saccheggiare tutto quello che aveva potuto saccheggiare sembrava, allora, del tutto normale. Fatto sta che ancora oggi sono tanti gli italiani che, in un contesto totalmente cambiato e con motivazioni assai più affaristiche di Palma di Cesnola, continuano a fornire «pezzi» artistici o archeologici a tutti i musei del pianeta.

Italia, saccheggio del paradiso dell'arte titolava il quotidiano madrileno «El Mundo» nel marzo 2008: «Ogni anno, migliaia di pezzi vengono rubati da chiese, monumenti e musei italiani senza che le autorità siano capaci di porvi un freno. In Italia esistono più di 3500 musei e 2000 siti archeologici che sono costantemente saccheggiati da ladri senza scrupoli che vendono poi la merce al mercato nero. Nel Paese con il maggiore patrimonio artistico e culturale dell'umanità, praticamente nessun tipo di opera pittorica, scultorea o architettonica è in salvo. Che siano piccole chiese di paese o grandi musei, i ladri non risparmiano nessuno e le istituzioni non sembrano in grado di proteggere i propri tesori».

Secondo le statistiche, scriveva qualche mese dopo sul periodico spagnolo «Abc» l'inviata Natividad Pulido, «il 90% dei furti d'arte resta impunito» e «il traffico d'opere d'arte era il terzo commercio più redditizio per la criminalità organizzata dietro il traffico di droga e armi, oggi è al quarto posto superato dal riciclaggio di denaro sporco. È vero che l'Italia è il maggiore esportatore di opere d'arte e il Paese dove si recuperano più opere rubate, ma è anche in assoluto il primo Paese al mondo per numero di furti e per quantità di opere illegali in circolazione». La giornalista iberica precisava che, certo, «più è famosa l'opera più è facile recuperarla». Ma non sempre è così.

Basti il caso, ricordato perfino dal quotidiano cileno «La Tercera», della *Natività* di Caravaggio, rubata dalla mafia dall'Oratorio di San Lorenzo a Palermo nel lontano 1969. Dipinto nel 1609, un anno prima della morte del genio, il quadro varrebbe almeno 30 milioni di euro e secondo il pentito Totò Cancemi «veniva esposto durante le riunioni della Cupola». Vero o no, non è mai stato recuperato. L'unica cosa certa, per i carabinieri del Nucleo per la tutela del patrimonio artistico a lungo guidati dal generale Roberto Conforti, è che il quadro non sarebbe andato distrutto così come raccontò uno dei partecipanti al furto, Francesco Marino Mannoia.

Le indagini hanno permesso di ricostruire il viaggio del capolavoro fino all'inizio degli anni Ottanta. Ha raccontato Francesco Nuccio sull'Ansa: «Dopo tre tentativi, andati a vuoto, di venderlo ad alcuni collezionisti, la tela sarebbe stata seppellita nelle campagne di Palermo, insieme a cinque chili di cocaina e ad alcuni milioni di dollari, dal narcotrafficante Gerlando Alberti. Ma nel luogo indicato dal pentito Vincenzo La Piana, nipote del boss, la cassa di ferro con il "tesoro" non c'era più. La mafia l'avrebbe fatta prelevare prima dell'arrivo delle forze dell'ordine». Poi più nulla.

Dalle chiese e dai musei siciliani, negli anni, è scomparso di tutto. In qualche caso non sappiamo neppure quando. Come per due anfore, un vaso e un grande piatto, tutti finemente decorati e datati fra il VII e il V secolo a.C., spariti dal Museo archeologico di Palermo, dice il sito internet dell'assessorato dei Beni culturali siciliano, «in data imprecisata, prima dell'agosto 2003». Cioè quando la loro assenza è stata scoperta. Circostanza che la dice lunga su come venga accudito il nostro patrimonio.

Intervistata dal «Corriere» nell'agosto 1988 dopo il furto di un'Afrodite e un Lisippo che avevano scosso l'opinione pubblica, l'allora ministro Enzina Bono Parrino minimizzava gorgheggiando: «Ma no, ma no. I furti sono remoti, io penso che risalgono agli anni Cinquanta». Sì, magari. La cronaca ci dice che la razzia è andata avanti per decenni e ancora prosegue.

Nel gorgo finisce di tutto: reperti archeologici, dipinti, sculture, anche opere d'arte moderna. Il ministero dei Beni culturali ha stimato che in 35 anni siano scomparsi un milione di oggetti. Tesori che alimentano un traffico illegale forse ancora più redditizio, e certamente meno rischioso, rispetto a quello della droga. Un traffico che coinvolge tutti: dai piccoli tombaroli, alla criminalità organizzata, fino alle più rinomate case d'asta e i grandi musei internazionali.

C'è un articoletto del «Messaggero» del 16 febbraio 2010, nelle pagine di cronaca locale, che dice tutto. Titolo: *Sedici anni ai tombaroli che depredarono Veio*. Direte: era ora, 16 anni! No, 16 anni divisi in sei: «Trafugarono spille, collane, monete romane, statue di bronzo dai parchi archeologici di Crustumerium e Veio, per poi trafficarli nel mercato nero delle opere d'arte. Adesso i sei tombaroli responsabili del saccheggio avvenuto fino al 2005 sono stati condannati a 16 anni complessivi di carcere».

Non bastasse, erano tutti coperti dalla benevolente decisione di mantenerli anonimi: «Ogni componente del gruppo aveva un ruolo definito e un nome in codice. A partire per esempio da "Zanna", ovvero M.G., il coordinatore delle operazioni di scavo, condannato a 4 anni e sei mesi; oppure "Mozart", R.A., un cittadino austriaco, coinvolto come ricettatore di reperti archeologici, cui i giudici hanno inflitto una pena di 4 anni di reclusione. Gli altri tombaroli, che si facevano chiamare "Fanfani", "Capello" o "Zi Toto", sono stati condannati a 2 anni e 4 mesi di carcere». Un pensionato ruba una scatoletta di tonno al supermarket e viene sputtanato con nome, cognome, indirizzo. Un tombarolo devasta un sito archeologico, impedisce alla scienza di capire come e dove stavano le cose, ruba alla collettività «orecchini, anelli, anfore, vasi, piatti, spille, collane, monete romane e bizantine, statue di bronzo, una testa di guerriero di rilevante valore e affreschi romani» e se la cava senza neppure fare brutta figura sul giornale. Indecente.

«Il Sacco di Roma dei Lanzichenecchi nel 1527 e le spoliazioni napoleoniche dell'Ottocento sono eventi che impallidiscono se messi a confronto al volume dei furti del giorno d'oggi, sempre più "sponsorizzati" dalla criminalità organizzata» scrive «Avvenire» nel maggio 2010. «Una triste realtà confermata dall'annuale Rapporto sulle Archeomafie redatto dai carabinieri del Comando tutela patrimonio artistico, i cui dati relativi al 2009 sono stati presentati da Legambiente.

«A scorrere queste cifre, i beni librari spariti sono 3713, mentre 2038 sono stati le suppellettili e gli arredi sacri asportati da chiese, cappelle, pievi, persino cimiteri. Insieme alle chiese vengono "visitati" biblioteche, siti archeologici, musei (4,7%), gallerie e, soprattutto, abitazioni private (61,4%). Anche per quanto riguarda il genere di refurtiva, i "soliti ignoti" non si pongono restrizioni di sorta ma mirano a tutto ciò che ha valore: oltre 1500 i quadri, 601 le armi antiche e pregiate, 733 i pezzi di ebanisteria, 705 le sculture. Le regioni più colpite dalle ruberie sono il Lazio (in forte progressione, con 137 furti nell'anno) e la Toscana, buona seconda con 106 furti. Seguono Piemonte (95), Campania (86), Emilia Romagna (70).»

A fine dicembre 2010, nel sito dei carabinieri che insieme con la guardia di finanza sono impegnati da anni nel contrasto di questo ignobile saccheggio, c'è una lista di affreschi, quadri, sculture e reperti archeologici sottratti «illecitamente» che non finisce più. Contiene 9149 voci. Le opere classificate «di particolare rilevanza» sono ben 5275.

«La Razzia è immensa» scrive nel suo libro *I predatori dell'arte perduta* Fabio Isman. «Nel luglio 2000, un'indagine della Camera dei Comuni di Londra valuta che il traffico illecito di antichità e cultura superi i 6 miliardi di dollari all'anno. Per buona parte, oggetti italiani. E la Razzia coinvolge vari importanti, e spesso anche insospettabili, musei al mondo. Il Metropolitan di New York, che per primo ha restituito reperti trafugati al nostro Paese; e il californiano J. Paul Getty, pure autore di numerose restituzioni, che nel 2007 ha riaperto la "Villa pompeiana" a Malibu dopo 10 anni di lavori (225 milioni di euro), e la cui responsabile delle antichità dal 1986 al 2006, Marion True, è processata a Roma con Robert Emmanuel Hecht, detto Bob, il più colto e dandy dei mercanti internazionali. Ma anche il Museum of Fine Arts di Boston e quelli di Richmond e Toledo nell'Ohio; di Princeton e Cleveland; delle Università dell'Indiana e di Harvard...»

In Giappone, senza scandalo, esiste un museo, il Miho, fondato dalla soave signora Mihoko Koyama con un investimento di 750 milioni di dollari, dove tutti ma proprio tutti i reperti antichi italiani sono ricettati da trafficanti di arte senza scrupoli. Trafficanti ai quali ricorrono ancora, senza alcun problema di coscienza, molte altre gallerie sparse per il mondo. Le quali, visto che anche il pezzo più prezioso non varrebbe nulla senza le necessarie garanzie d'autenticità (dove è stato trovato esattamente, a che profondità, cosa c'è intorno, cosa c'era sopra...), hanno potuto spesso contare sulla premurosa e interessata «collaborazione» di importanti storici e critici d'arte. Che mai oserebbero comprare un'auto rubata o un braccialetto rapinato in un assalto in gioielleria e men che meno una partita di cocaina o di oppio afghano, ma non trovano così disdicevole collaborare con ladri e ricettatori di un pezzo antico da tre o quattro milioni di euro.

Un paio d'anni fa la finanza ha recuperato uno straordinario affresco che era stato prelevato a Oplontis, oggi Torre Annunziata, nella Villa di Poppea, la seconda moglie di Nerone, che Svetonio racconta essere morta nell'eruzione del Vesuvio che annientò Pompei. «Era in Place Vendôme, all'angolo col Faubourg St. Honoré, a Parigi» ha raccontato Paolo Brogi sul «Corriere», «nella residenza chic e zeppa di rari reperti archeologici del magnate dell'editoria transalpina, Jacques Marcoux. L'editore di origini rumene del vendutissimo "Hola", il settimanale di gossip nato in Spagna e oggi con varie edizioni estere.» Monsieur Marcoux avrebbe mai potuto comprare un pezzo strepitoso e costosissimo come quello senza precise garanzie di autenticità?

Gli stessi tombaroli del resto, racconta Isman, si sono attrezzati. Vale per tutti la storia delle tre intere pareti di affreschi pompeiani staccati da chissà quale villa forse dalle parti di Boscoreale, vicino a Pompei, e trovati nel 1995 nel deposito ginevrino di Giacomo Medici, un trafficante d'arte italiano. C'erano le foto, quella volta. Scattate dai criminali nel ventre stesso della domus: «Mai visti i predatori in "presa diretta": mentre perpetrano il loro oscuro lavoro. Sono in una villa pompeiana. Locale parallelepipedo e ancora sepolto: per soffitto, uno strato di lava. È ingombro di lapilli: verosimilmente sigillato dal 24 agosto del 79, quando il Vesuvio impazzì. I "tombaroli" penetrano e sgombrano il materiale, per scoprire i decori; fotografano tre pareti, totalmente affrescate nel "secondo stile", prima di staccare i dipinti».

Immagini tremende. Daniela Rizzo, da trent'anni alla soprintendenza per l'Etruria meridionale, racconta nel libro di Isman: «Ancora adesso, quando apro una tomba, sono sconvolta per l'emozione; perché è un contatto diretto con la Storia. Alle immagini di quello scavo, ricordo un autentico voltastomaco. Per la fretta e l'incapacità, l'impreparazione e l'ignoranza, i ladri agiscono in maniera rozza. (...) Il loro sterro mira a un unico scopo: asportare i dipinti il più in fretta possibile. Staccano gli affreschi senza "preparare" le pareti. Il lavoro rude e improvvisato compromette l'integrità delle opere; si ritroveranno con evidenti lacune, che non esistevano prima dello scavo: lo testimoniano le foto. I predatori lavorano di piccone, non di fino. Frantumano i dipinti, per estrarli. Le indagini hanno recuperato quelle pitture, ripristinate come si poteva, da Medici, a

Ginevra: neppure l'ombra di quanto erano, capolavori assoluti del 40 a.C.».

Cosa dovrebbe fare un Paese sottoposto a un tale saccheggio come il nostro? Ovvio: dovrebbe avere regole feroci contro predatori, trafficanti, ricettatori. È in gioco la nostra memoria, la nostra faccia, la nostra storia. Il nostro turismo. Eppure, non una sola sentenza di condanna, in questi anni, è mai arrivata fino alla conferma in Cassazione senza essere svuotata prima da un'amnistia, un condono, una prescrizione. Neppure una.

Un esempio? Il verdetto del 12 novembre 2010 (altro che gli anni Cinquanta di cui parlava la Bono Parrino...) a favore di Marion True, che come dicevamo è stata per vent'anni dirigente del Getty. Scrive il giudice che «è certo che molti reperti archeologici di accertata provenienza da scavi clandestini furono acquistati dal J. Paul Getty Museum di Los Angeles (California), anche negli anni in cui la True ne è stata curatrice».

E aggiunge: «La circostanza è stata pacificamente ammessa dalla True in sede di spontanee dichiarazioni rese nel corso dell'esame testimoniale della dottoressa Daniela Rizzo, archeologa presso la soprintendenza per l'Etruria meridionale di Roma e consulente tecnico del pubblico ministero nel presente processo, laddove, in un serrato confronto con la dottoressa Rizzo, ha dichiarato che in molti casi si era resa conto che i reperti erano frutto di scavo clandestino, ma aveva assunto informazioni che l'avevano indotta a ritenere che non si trattasse di scavi recenti, e comunque ha evidenziato che le istituzioni museali di tutto il mondo erano costrette ad appoggiarsi ad alcuni personaggi di dubbia reputazione per acquistare materiali archeologici che altrimenti non avrebbero mai potuto annoverare nelle loro collezioni. I documenti e le testimonianze raccolte evidenziano, infatti, l'esistenza di intensi rapporti tra la True ed alcune persone che si ipotizza abbiano avuto un ruolo predominante nell'organizzazione quali procacciatori di reperti archeologici, tra cui, in particolare, Giacomo Medici e Gianfranco Becchina».

Verdetto: l'elegante signora True, tailleur, spilla sul bavero e foularino di seta al collo, che però frequenta comunemente due tra i maggiori trafficanti internazionali che maneggiano pezzi da decine di milioni di euro, è colpevole. Ma libera perché i reati son caduti in prescrizione. Come sempre.

L'ipotesi del carcere, in questi casi, è davvero remota. Scrive ancora Isman: «Al contrario di quanto avviene di solito per gli stupefacenti, nel traffico di antichità non si processa per direttissima; anzi, se si potesse dirlo, si procede "per lentissima". Così, per emettere una condanna occorre tanto di quel tempo che, lungi dall'essere sanzionati, i reati dei predatori il più delle volte raggiungono felicemente l'estinzione: sono passati troppi anni per poterli giudicare e quindi vengono dichiarati prescritti. (...) Le gesta dei tombaroli sono difficili da individuare e ancora più da documentare e da dimostrare. Finché un reperto sottratto al sottosuolo non è esposto, sovente manca perfino la *notitia criminis*... Un mercante di rilievo disponeva le antichità nei magazzini classificandole anche per anno: quelli del recupero di frodo. Per commerciarli solo in prossimità della raggiunta prescrizione del reato da cui traevano la loro recente origine».

Se possibile, poi, la situazione è peggiorata dopo l'approvazione, nel 2004, del codice dei Beni culturali che porta il nome dell'allora ministro Giuliano Urbani. Da allora, nemmeno in flagranza di reato i tombaroli rischiano l'arresto. La pena massima prevista è tre anni, e per quella c'è la denuncia a piede libero. Le manette possono scattare solo per danneggiamento, ma anche questa possibilità è spesso legata alla sensibilità del magistrato. E poi, vallo a dimostrare che i danni sono stati procurati dallo scavo clandestino.

Esattamente come nel caso della Venere di Morgantina tagliata in tre pezzi perché era più facile da far sparire e portare al di là dei confini. Così fanno i tombaroli: amputano le statue, spaccano i sarcofagi, tagliano e sezionano i quadri per venderli a tranche, come accadde qualche anno fa a un dipinto di Lorenzo Lotto, i cui frammenti sono stati poi recuperati dalla finanza.

Solo facendoli a pezzi, in molti casi, i reperti archeologici si possono trasportare, nascondere, commerciare. In più, una volta venduto un frammento, il frammento successivo può essere proposto a un prezzo ancora maggiore allo stesso acquirente, invogliato a entrare in possesso dell'opera completa.

È successo a un meraviglioso monumento funerario decorato con bassorilievi che rappresentano scene di combattimenti fra gladiatori scoperto casualmente sbancando un terreno nel 2007 nella zona del sito di Lucus Feroniae, vicino a Fiano Romano: per farlo sparire lo ridussero e lo sotterrarono in 12 pezzi, troppo tardi trovati dalla finanza. È successo al fantastico tetto in terracotta del tempio arcaico di Caprifico, fatto edificare intorno al 520 a.C. da Tarquinio il Superbo nel territorio di Cisterna di Latina. Ridotta in centinaia di pezzi venduti separatamente, l'opera è stata sparpagliata in mezzo mondo: 80 frammenti all'Ashmolean Museum di Oxford, 137 all'Antikenmuseum Basel und Sammlung Ludwig di Basilea, 20 al Metropolitan di New York, 20 al British Museum di Londra, 20 al Fogg Museum del Massachusetts...

Un saccheggio che non sembra finire mai. E stava per ripetersi di nuovo nel 2008 a Ostia Antica, dove i finanzieri solo all'ultimo istante, dopo settimane di appostamenti con le telecamere, riuscirono a impedire che alcuni tombaroli spaccassero in più parti un favoloso sarcofago del II secolo d.C. che ospitava un bambino di otto anni ed era decorato con undici statuette raffiguranti le Muse.

Il sarcofago delle Muse è uno degli 11.258 reperti che il Gruppo tutela patrimonio archeologico della polizia tributaria comandato da Massimo Rossi ha salvato nel biennio 2008-2009. In un colpo solo ne hanno trovati 1670. Destinazione: Stati Uniti. I responsabili erano tre fratelli casertani di San Felice a Cancello emigrati in America, da dove gestivano il traffico. Di tanto in tanto tornavano, scavavano, rompevano ciò che trovavano e spedivano i pezzi negli States. Dove rimettevano insieme i cocci e li rivendevano. Tutto questo, è bene spiegarlo, scoperto grazie alle intercettazioni. Abolite quelle, come prevede per questi reati il progetto di riforma più volte tentato da Silvio Berlusconi, addio.

Eppure, c'è chi pensa che le pene per questo traffico infame siano troppo alte. È il caso dei due deputati berlusconiani Gabriella Carlucci e Gianfranco Conte. Che nel 2004 presentarono un emendamento alla Finanziaria proponendo la regolarizzazione dei beni archeologici detenuti dai privati pagando il 5% del valore stimato (ma stimato da chi?). Perché? Per togliere il lavoro ai tombaroli, far emergere materiale rubato e reperire risorse da destinare alla tutela del patrimonio artistico. Superfluo aggiungere che l'emendamento avrebbe consentito a chi avesse regolarizzato i beni archeologici di metterli in commercio. Gli intellettuali insorsero. «Questa è istigazione a delinquere» accusò Giovanna Melandri. «Il governo è contrario» tagliò corto l'allora ministro Giuliano Urbani. E la proposta non passò.

Ma il partito della sanatoria si è rifatto sotto nell'estate del 2010. Con una proposta di condono firmata da altri cinque deputati, di nuovo berlusconiani. Il dentista di Sciacca Giuseppe Francesco Maria Marinello, il commercialista di Sant'Antonio Abate Gioacchino Alfano, il romano dottore in filosofia Marco Marsilio, l'ex sottosegretario friulano Roberto Antonione e l'imprenditore salernitano Gerardo Soglia. La premessa è un capolavoro di doppiezza: «La presente proposta di legge parte da un presupposto di libertà tipico del pensiero liberale, a cui ci si richiama, e cioè che il possesso di beni culturali è una necessaria condizione di libertà e di cultura, un diritto inalienabile, un'espressione del gusto e della sensibilità artistica e non può essere a priori considerato un furto ai danni della collettività».

I cinque si richiamano a una legge del 1902 «con la quale si prevedeva che lo Stato acquistasse il bene rinvenuto dallo scopritore, oppure ne consentisse la vendita o l'esportazione». E passano in rassegna i disastri che avrebbero provocato, imponendo la tutela pubblica dei beni archeologici e il divieto della loro commercializzazione, le leggi successive. Eccoli: «a) centinaia di migliaia di cittadini in possesso di beni archeologici non sanno di detenerli illegittimamente (...); b) le norme vigenti non tengono conto dell'evidente constatazione che non tutti i beni culturali hanno la medesima valenza, poiché per la gran parte di essi può parlarsi di interesse in relazione alla loro antichità o al loro valore storico culturale, più che di reale valore artistico; c) la rigidità delle norme, l'equiparazione nel trattamento tra tutti i beni culturali, l'esiguità dei premi che lo Stato garantisce agli scopritori hanno condotto inevitabilmente alla nascita di un mercato clandestino, di cui siamo solo parzialmente testimoni; d) in Italia sta morendo il mercato dell'arte ucciso da una generalizzata cultura del sospetto. Occorre far rinascere questo mercato con regole di circolazione semplificate, favorendo l'uscita allo scoperto, il rientro in Italia e la registrazione di milioni di pezzi, prima che i migliori tra questi prendano definitivamente la via dell'estero. La strada della tutela non può essere il divieto assoluto di possedere oggetti antichi: la migliore strada è diffondere cultura, conoscenza, partecipazione e dunque anche il collezionismo».

I cinque contestano Salvatore Settis, «secondo il quale la normativa proposta sarebbe un regalo ai tombaroli e ai trafficanti d'arte e avvierebbe lo scempio finale del nostro patrimonio archeologico». E ribattono che «non si può far finta di non sapere che le case degli italiani ospitano tradizionalmente piccole collezioni di reperti archeologici e che è sempre esistito un commercio (si badi bene non clandestino, ma pubblico, fatto da negozianti e da case d'asta) di oggetti di tale natura. Ciò è dovuto al fatto che viviamo in un Paese con una storia plurimillenaria, che "trasuda" reperti». Non dice anche il giudice che i nostri mari ne sono pieni?

Inoltre «la legge non ha mai vietato il possesso o il commercio di questi beni, né ha mai imposto la denuncia e la consegna di quanto posseduto da privati; l'obbligo di denunzia e di consegna ha sempre avuto come destinatario solo chi abbia rinvenuto beni archeologici fortuitamente nel sottosuolo e non certo chi li abbia ereditati, comprati in un negozio o se li sia aggiudicati in asta. Tuttavia da molti, troppi anni, una vulgata impropria della legge, strenuamente difesa da alcune procure della Repubblica e da talune espressioni ministeriali, accredita la detenzione di materiale archeologico come fatto di per sé illecito fino a prova contraria ed espone chiunque lo detenga a perquisizioni in casa "anche in tempo di notte" a doversi difendere, ben che vada, dall'accusa di ricettazione, che prevede da due a otto anni di reclusione».

Quanto al rischio che il condono sarebbe un regalo ai tombaroli, ammettono: «È certamente possibile che il semplice annunzio possa stimolare lo scavo clandestino». Ma questo problema, minimizzano, «si può ridurre a termini molto ridotti incardinando la discussione in un provvedimento a percorso obbligato e rapido, quale un decreto legge, nel quale sia anche previsto che le forze dell'ordine e le soprintendenze siano poste in stato di "massima allerta" nel controllo del territorio per tutto il periodo della discussione parlamentare e della riemersione effettiva». Rileggiamo la frase? Per arginare i rischi di una legge effettivamente pericolosa basterà mettere carabinieri, polizia, finanza, soprintendenze in stato di «massima allerta»!

Penale da pagare per la sanatoria: «Cinquanta euro a pezzo, in relazione al numero dei beni oggetto di ciascuna comunicazione, con un minimo di 300 euro a comunicazione. I frammenti ricomponibili sono considerati come pezzo unico. Per le collezioni numismatiche, le spese sono fissate in 50 euro per ogni lotto di dieci pezzi o frazione». Un'elemosina. Solo un'elemosina. Premiata, *dulcis in fundo*, con l'estinzione dei procedimenti penali.

Di più: mentre lo stesso centrodestra si spaccava sulle proposte di condono, il governo Berlusconi offriva ben tre scudi fiscali, ancora al prezzo di un'elemosina, a chi aveva esportato illegalmente capitali. Dando la possibilità di «regolarizzare» anche altri beni di valore nascosti all'estero, come appunto le opere d'arte. Il tutto coperto dall'anonimato più assoluto.

Quel patrimonio non è mai rientrato in Italia. Perfino quello comprato da trafficanti, dopo essere stato «regolarizzato», è stato messo al riparo dalla curiosità della polizia tributaria. Statue, reperti archeologici e quadri «scudati» sono rimasti al di là delle frontiere, custoditi magari in qualche forziere di una banca svizzera, pronti per essere messi sul mercato. Lo dice, in un documento del 19 dicembre 2009, la stessa Unione fiduciaria, controllata dalle banche popolari: fra i 6 miliardi di euro regolarizzati con il condono per i capitali illecitamente esportati, «sono stati oggetto dello scudo anche opere d'arte provenienti da eredità come quadri o sculture, pesanti anche qualche tonnellata e perciò rimaste fisicamente nei caveau o in altre sedi all'estero». Rileggiamo: opere di «qualche tonnellata». Piccole collezioni di famiglia?

9

Beni culturali, ministri per caso

Dalle «borzétte» di Enzina alle poesie di Bondi: una epopea

La professoressa Enzina Bono Parrino, tolto dalla «borzétta» un fazzolettino per asciugarsi una lacrimuccia, si versò commossa un bicchierino di Marsala. Era un giorno di novembre del 2010. Il deputato finiano Fabio Granata, ignaro del sollievo che avrebbe dato all'anziana preside in pensione, aveva appena pronunciato la fatidica sentenza: «Sandro Bondi è oggettivamente il peggior ministro dei Beni culturali della storia».

Immaginatevi Enzina! Erano due decenni che leggeva da tutte le parti che lei, proprio lei, era stata invece la peggiore di tutti. Due decenni che sospirava ripensando alle cattiverie di chi aveva scritto che lei aveva ereditato, come fosse un comò, il seggio al Senato da «Ciccio» il defunto marito. Che si guastava il sangue al ricordo di un articolo di Andrea Barbato che irrideva alla sua nomina a ministro della Cultura scrivendo che da lei, più che una legge, era lecito attendersi «la ricetta della caponata o della pasta reale». Che cercava di cancellare dalla memoria l'intervista che improvvidamente aveva dato a Paolo Guzzanti confidando (ah, meschina!) il suo dispetto per tutto ciò che era uscito fino ad allora sui giornali contro di lei.

«Ce l'ha in particolare con Barbato il quale, per illustrare la sua ridondante goffaggine, l'ha descritta non soltanto malvestita, ma anche corredata di borse dozzinali e deformi, da massaia sovietica» aveva scritto sulfureo l'allora inviato della «Repubblica». «Questa storia delle borse, più ancora delle accuse di incompetenza, sembra aver ferito l'anima del ministro che, per quanto socialdemocratico, è prima di tutto una signora. Rievocando le ingiurie subìte, lo sdegno trabocca e fa saltare le suture linguistiche: ne consegue un'allarmante emorragia consonantica i cui suoni cessano di corrispondere alle convenzioni fonetiche internazionali.»

Peggio: «La sua inestinguibile amarezza la spinge dal soliloquio allo sproloquio: "Le borzétte! Io sulle borse, guardi un po', ho anzi propriamente una civetteria. Come si fa a dirmi le borse di quel genere, a me. Qui il giornalista propriamente sbaglia. E sbaglia perché se c'è una civetteria che io posso dire di avere, è proprio quella delle borsette che ne ho decine. Forse centinaia. E pensi che quel giornalista che mi fa queste accuse a ogni Pier sospinto. Lo scriva". Certo che lo scrivo. Come farselo sfuggire? La prima volta che ho sentito dire "A ogni Pier sospinto", ho creduto, per mio eccesso di conformismo, di aver capito male. Ma successivi esempi e reiterazioni mi hanno costretto a ricredermi. Il ministro dei Beni culturali, cresciuta nel crocevia mediterraneo, deve conoscere la leggenda di un povero Piero (forse lo stesso di Achille Campanile, più probabilmente un parente del prode Anselmo) che veniva sospinto chissà dove e chissà da chi. Le va riconosciuto: ce l'ha messa tutta. Ma non serve a niente. In lei sono incancellabili, e per così dire genetici, i tratti della professoressa strapaesana onnipotente e (suo malgrado?) apocalittica».

Certi paragoni! Certi paragoni! «Abbiamo avuto il sospetto che sotto il suo tailleur "made in Alcamo", oltre il suo petto materno prorompente, chiuso nelle sue forme da idolo primitivo della fecondità e della buona terra, si nascondesse Mario Marenco o un altro dei personaggi arboriani: perché sua eccellenza è straordinariamente vicina alla versione femmina del professor Aristogitone, se ve lo ricordate, o della Sgarambona.» La Sgarambona! Come aveva osato, quel fetuso di Guzzanti, accostarla a quella sospirante protagonista della trasmissione *Alto gradimento*?

Tutta colpa, povera Enzina, della sua sincerità. Che subito dopo l'annuncio che sarebbe andata a giurare in Quirinale come responsabile dell'immenso patrimonio artistico, storico e monumentale, l'aveva spinta a schiantarsi in una dichiarazione suicida: «Per ora non so nulla, ma studierò. Mi chiuderò nel mio ufficio per una settimana a studiare». Una settimana! Una settimana per capire un mondo.

Lei, in realtà, aveva cercato di rimediare. Spiegando a Laura Laurenzi che, con il suo passato di professoressa al «classico» di Castellammare del Golfo, provincia di Trapani, non era affatto inesperta: «Sulla mia preparazione umanistica classica non ci sono dubbi, ho insegnato storia e italiano al liceo per tanti anni, ho fatto la preside, ho organizzato le gite scolastiche in un certo modo, non sono certo digiuna di archeologia o di numismatica, né di beni culturali. Quando ho detto "non so nulla" intendevo dire un'altra cosa, e cioè che prima di parlare volevo acquisire certi elementi, valutarli, capire ad esempio perché non si è ancora arrivati a una nuova legge di tutela. È stato un eccesso di modestia, il mio. Se ho peccato, ho peccato di serietà morale».

Anni dopo, versando un caffè nella tazzina di chi scrive, ancora insisteva accorata: «Penzi che arrivò a scrivere, uno di questi articolisti da strapazzo, che la torre di Pavia aveva aspettato a mmmia pe' cascari. A mmmia!». Su con lo spirito, signora, era un paradosso per dire che mai si era vista sulla poltrona dei Beni culturali... «Ma manco si era documentato!» Cioè? «Non sapeva che la torre era di proprietà comunale!»

Certo, era stata scalognata. Possibile che la torre di Pavia dovesse venir giù proprio sotto il suo regno? Paolo Guzzanti, rovinando a Enzina una luminosa carriera che inutilmente lei avrebbe provato a rilanciare cercando nuove sponde in Pier Ferdinando Casini e poi in Gianfranco Rotondi e poi in Raffaele Lombardo, ci aveva visto un segno del destino: «Quella è sfortuna, non c'è dubbio. Ma la torre, anche questo è sicuro, ha aspettato lei per cascare: forse per poter dare un segnale. Come dire: muoio, ma che il mio sacrificio non sia vano. Io crollo, mi annichilo, mi sbriciolo ma mai più una Bono Parrino veglierà sui destini dell'arte né italiana né, per mera ipotesi, ugandese!».

Macché: il monito è rimasto inascoltato. Tanto che oggi si potrebbe insistere dicendo che certo, Sandro Bondi è stato sfortunatissimo ma la Schola Armaturarum di Pompei ha aspettato lui per cascare. Il fatto è che fare una graduatoria dei peggiori ministri dei Beni culturali è complicatissimo. Basta scorrere infatti la lista di chi si è seduto in questi anni a quella scrivania, la quale porta impressa una enorme «B» che come rivelò un giorno Alberto Ronchey «non stava per Beni culturali, bensì per Benito Mussolini» dato che era quella dove il duce sedeva nel salone delle riunioni del Gran Consiglio fascista, per capire quanto la difesa della cultura abbia pesato poco o niente nella storia degli ultimi decenni. Fin dall'inizio. O quasi.

La storia di questo dicastero la dice lunga sul rapporto tra il nostro Paese e le sue ricchezze, le sue bellezze, le sue fragilità, le sue contraddizioni. Fin dalla sede, il cinquecentesco palazzo del Collegio Romano, che dopo essere stato per secoli un luogo di cultura cattolico e gesuitico e avere ospitato non solo un famosissimo centro di sperimentazione accademico-scientifica ma anche un celeberrimo museo sviluppatosi intorno alla «stanza delle meraviglie» (*Wunderkammer*) del frate-scienziato Athanasius Kircher, è oggi in comproprietà. Un pezzo dei Beni culturali, che si vorrebbero allargare. L'altro del liceo classico «Visconti» fondato nel 1871 come primo regio liceo-ginnasio del nuovo Stato unitario. Una scelta che, visto il luogo, come riassume il sito web ministeriale, «fu vista dal mondo clericale come una vera e propria usurpazione dei diritti del preesistente Stato Pontificio, tanto da originare tensioni e conflitti fra scuole ecclesiastiche e scuole laiche». Una contraddizione che si ritroverà nell'estrema varietà degli allievi: da Eugenio Pacelli, che sarebbe diventato papa Pio XII, a Claudia Colacione, che prima di riscoprire la fede religiosa sarebbe diventata famosa come attrice porno soft col nome di Claudia Koll.

Meglio di così, in realtà, il ministero non poteva nascere. Nacque infatti su misura di uno degli intellettuali più colti del Ventesimo secolo, Giovanni Spadolini. Era la fine del 1974 e c'è da chiedersi come fosse possibile che l'Italia avesse avuto fino ad allora, anche dopo la caduta del fascismo, ministri di ogni genere, non solo agli Interni o agli Esteri o alla Difesa, ma pure agli Scambi e valute, alla Produzione bellica, alla Consulta nazionale, all'Aeronautica, all'Africa italiana, alla Marina mercantile, alle Partecipazioni statali, al Turismo e spettacolo e via elencando. Ma mai un responsabile della maggiore ricchezza nazionale: il patrimonio culturale.

Tutto iniziò con una telefonata. «Fu quando perse la direzione del "Corriere" nel 1972» racconta il grande costituzionalista Giovanni Sartori, amico suo dall'adolescenza. «Mi svegliò a metà notte (in quel momento ero a Standford, in California, e lui non badò alle nove ore di fuso orario che ci dividevano). Giovannone non se l'aspettava, era davvero smarrito. Mi raccontò che Malagodi si era fatto vivo per fargli le condoglianze (...) mentre Ugo La Malfa (più intelligentemente) gli aveva proposto un collegio per il Senato a Milano. Giovannone esitava: come si fa a scendere dall'impero di via Solferino a semplice senatore? Ancora sonnolento mi venne in mente di ricordargli che lui era il Padre della Patria, e dunque che perdere il "Corriere" non era sua sfortuna ma fortuna: era il segno che gli si apriva il percorso del suo vero destino. Confesso che dissi così per consolarlo. Fatto sta che subito dopo Spadolini telefonò a La Malfa accettando. Indovino io? No, bravo lui.» Giovannone era davvero un peso massimo e non solo per stazza fisica. Aveva cominciato a scrivere la sua prima storia d'Italia quando aveva 15 anni, era diventato professore incaricato e aveva pubblicato *Il papato socialista* a 25, era diventato direttore del «Resto del Carlino» a 29, direttore del «Corriere» a 43. Insomma, era ingombrante perfino per la politica romana, di solito indifferente alla statura culturale dei suoi rappresentanti. Cosa fargli fare?

Il ruolo se lo cucì lui, su misura. Inventandosi quel ministero mai visto prima. Del quale definì lui stesso le linee fondanti. Era il dicembre del 1974. Poche settimane e un episodio clamoroso confermò quanto fosse indispensabile il dicastero: al Palazzo Ducale di Urbino sparì un Piero della Francesca. Lui, che voluminoso come era non aveva il profilo dell'uomo d'azione, si precipitò sul posto, avrebbe ironizzato su se stesso, «come un lepidottero sopra un elicottero». Vide che i sistemi d'allarme erano un disastro, si dannò l'anima per strappare subito al governo una rete di antifurto. Che forse non fu risolutiva, ma certo bloccò un pericoloso andazzo.

Era un mostro, Spadolini. Aveva tenuto la sua prima conferenza a 17 anni avendo tra gli ascoltatori Giovanni Papini, che durante la concione abbassò le palpebre lasciando agli amici il dubbio che si fosse appisolato e in lui la convinzione, raccontava l'amico Silvano Tosi, che lo scrittore avesse «chiuso voluttuosamente gli occhi per meglio assaporare la virtù oratoria». Sapeva tutto, aveva letto tutto, ricordava tutto. Scriveva e scriveva. Con tanta abbondanza che oggi, il motore di ricerca del catalogo Sbn di tutte le biblioteche italiane annota, tra i libri, i saggi brevi, le prefazioni, i contributi vari a opere collettive, la bellezza di 956 titoli.

Novecentocinquantatré in più, tanto per fare un esempio, rispetto a Carlo Vizzini, uno dei tanti successori, del quale tra milioni di titoli l'Istituto centrale per il catalogo unico ne segnala tre: *Le regioni italiane nella Comunità europea*, *Contributo ad un dibattito su economia e società* e *Finanza locale e riforma tributaria*, relazione di un convegno palermitano del 1975.

Quanto ai paragoni con la grande maggioranza degli altri «eletti» via via subentrati alla guida del dicastero, meglio stendere un velo pietoso. Quale fosse il destino di quel ministero, infatti, fu chiaro fin dalla nomina del primo successore di Giovannone: Mario Pedini, detto «Buana Mario» da quando come sottosegretario agli Esteri si era adoperato per la liberazione di un gruppo di italiani in Biafra.

Democristiano, professore di storia alle medie superiori del bresciano, pianista dilettante ma appassionato, lasciò negli archivi, avventura africana a parte, tre aneddoti. Il primo, uno scivolone raccontato dal giornalista Guido Quaranta con il filosofo Norberto Bobbio: «E in quale liceo insegna, professore?». Il secondo, una suonatina dell'*Appassionata* di Beethoven al programma *Acquario* di Maurizio Costanzo. Il terzo, una catastrofica spiritosaggine buttata lì per ingraziarsi l'allora presidente del Senato Amintore Fanfani, che aveva invitato dalle sue parti. «Senatore Amintore Fanfani, la proclamo un bene culturale italiano!» disse. Soddisfatto della sua battuta, ruotò quindi lo sguardo d'attorno con una risatina compiaciuta. Lui invece, l'uomo forte della Dc degli anni Cinquanta, scrisse sulla «Repubblica» Domenico Del Rio, «si inchinò nascondendo in un sorriso acido il livore per essere al centro di una buffonata». Ironico, Fanfani era ironico. Al punto che un giorno aveva reagito a Giorgio Bocca con una strambata strepitosa: «Vile, tu uccidi un uomo corto». Ma se scherzava sulla statura, mai l'avrebbe fatto sulla pittura. L'hobby di una vita.

Letta la cronaca, possiamo immaginare che Spadolini levò gli occhi al cielo sospirando. Nel giro di tre anni, quel ministero che aveva fortissimamente voluto aveva già preso una brutta piega. Doveva essere, così l'aveva immaginato, il segno di una svolta. Di un riscatto. Di una presa di coscienza che quelle sono le nostre miniere d'oro: i siti archeologici, i musei, le gallerie, le biblioteche... Macché: era già diventato un dicastero secondario da smistare nella distribuzione delle poltrone a figure secondarie. E il peggio doveva ancora venire.

Dopo Pedini arrivò Dario Antoniozzi, reatino di nascita ma uomo forte della Dc calabrese. Cosa fece per la cultura italiana non si sa, cosa fece per se stesso lo suggerì una successiva interrogazione parlamentare del Pci dell'autunno 1979 che chiedeva al governo se rispondesse a verità che «nella imminenza delle elezioni politiche ed europee» il nostro avesse «inviato a Napoli e in Campania centinaia di telegrammi con i quali si comunicava a cittadini elettori l'assunzione alle dipendenze del ministero». Di più, i comunisti chiedevano di sapere a quanto ascendeva «il numero degli assunti e a quanto la somma spesa per le comunicazioni telegrafiche» e se quanto era successo a Napoli e in Campania si fosse «ripetuto in particolare per la Calabria e per le altre regioni, comprese nella circoscrizione meridionale delle elezioni europee».

Dopo Antoniozzi toccò a Egidio Ariosto, un socialdemocratico bresciano di seconda fila rimasto lì pochi mesi lasciandosi dietro il ricordo che il centrocampista Claudio Ingrassia ha lasciato nella memoria dei tifosi romanisti: zero carbonella. Dopo Ariosto toccò a Oddo Biasini, un repubblicano romagnolo dalla storia simile: 13 mesi da ministro in due governi diversi per lasciare negli archivi le stesse tracce lasciate al festival di Sanremo dal cantante Stefano Tosi con la canzone *Io mi*: zero carbonella.

Dopo Biasini venne la volta di Enzo Scotti, un Dc napoletano al quale il potente e caustico Carlo Donat-Cattin aveva affibbiato il soprannome spettacolare di «Tarzan» per la capacità di saltare da una corrente all'altra attaccandosi alla prima liana che passava. Capacità successivamente esercitata attaccandosi via via, nella Seconda Repubblica, alle liane di centrodestra e alle liane di centrosinistra e poi di nuovo quelle di destra fino a entrare nel secondo decennio del Terzo Millennio, scusate la cantilena, come sottosegretario agli Esteri.

Lui no, lui di tracce ne ha lasciate assai. E non solo per le molteplici inchieste giudiziarie dalle quali è uscito faticosamente indenne, come la più angosciosa o divertente, a seconda dei punti di vista, sulla costosissima ristrutturazione della sua casa pagata dai servizi segreti con la famosa spalliera di un letto costata 16 milioni: «Non ne so niente, sa Dio cosa hanno fatto quelli con i giustificativi...».

Fu con lui, che negli anni d'oro riusciva a raccogliere 219.000 voti di preferenza («Fui terzo in tutta l'Italia: mi superarono solo Andreotti e Berlinguer»), che grazie ai benefici della legge 285 per l'occupazione giovanile vennero assunti nel biennio 1981-82 interi battaglioni di custodi: 7000 in una botta sola. Soprattutto, dissero i suoi avversari, nelle aree delle sue circoscrizioni elettorali.

E fu con lui che vennero lanciati nel firmamento della politica tutti i bla-bla-bla nei quali da allora in poi si sarebbero esercitati tutti, Bondi compreso. Illuminante è un'intervista al «Sole 24 Ore» della fine di giugno del 1982. Dove le frasi fatte di oggi sono già confezionate parola per parola. L'idea di coinvolgere i privati: «Ho l'impressione che l'intellettuale italiano abbia sempre avuto paura del condizionamento da parte degli sponsor, ma io credo assolutamente che nella sponsorship sia insita necessariamente una relazione di subordinazione strumentale. Direi anzi che se non mettiamo in moto questo processo, i due poli – cultura e industria – resteranno staccati, divisi».

Le fondazioni e lo spazio ai manager: «Perché non trasformare i grandi musei storici, gli Uffizi, Brera, in fondazioni in cui Stato e privati collaborino? Penso che sarebbe utile e importante avere grandi manager, magari in pensione, nei consigli di amministrazione dei musei. Del resto credo che nel nostro Paese, gradualmente, stiamo perdendo quelle manie stataliste che ci hanno visto affogare nella burocrazia». La «valorizzazione»: «Il ministero gestisce un grande patrimonio costituito da opere d'arte, monumenti, biblioteche, archivi. Suo compito è quello di tutelare questi beni, ma la conservazione deve essere attiva; bisogna cioè valorizzare un patrimonio inestimabile, facilitandone la conoscenza e la fruizione da parte dei cittadini...».

Il capolavoro, però, è l'impegno sugli sgravi fiscali, il tormentone di ogni governo ma in particolare di quelli berlusconiani, che l'ineffabile Scotti dava già per fatto: «A giorni la Camera discuterà (e approverà in via definitiva, visto che l'accordo è generale) il disegno di legge Scotti-Formica che prevede agevolazioni fiscali per i privati che spenderanno denaro per mantenere, risistemare e restaurare il patrimonio artistico». A giorni? «A giorni.»

Un trionfo dato per scontato: «Con questa legislazione l'Italia si pone all'avanguardia tra i Paesi della Comunità europea. L'obiettivo è di favorire la spesa che i privati sostengono per salvare e rigenerare il patrimonio artistico e culturale. Se il privato spenderà per mantenere un immobile, una biblioteca o un archivio, la spesa sarà considerata di pubblica utilità e non sottoposta a prelievo fiscale. Allo stesso modo non concorrerà a formare il reddito imponibile tutto quello che il privato offrirà allo Stato, agli enti locali o alle istituzioni private, per salvaguardare i beni artistici».

Di più ancora: «Ma la vera novità è un'altra: nel caso di eredità, è prevista per il privato la possibilità di pagare la tassa di successione sotto forma di opere d'arte, monumenti, biblioteche, archivi, cioè con beni culturali intesi in senso lato». E non era finita: «Come bene culturale sarà possibile pagare anche le tasse normali nel tipo dell'Irpef o dell'Ilor. E ciò consentirà all'amministrazione di svolgere una funzione attiva». In sottofondo, sembra di risentire Mina: «Parole, parole, parole / Parole, parole, parole / Parole, parole, parole / soltanto parole...».

Più o meno le stesse ripetute da tutti gli altri ministri a seguire. Con l'aggiunta di varianti personali. Come le interviste di Nicola Vernola, che Paolo Conti definì sul «Corriere» come l'uomo «delle interminabili "pause di riflessione"» al punto che lo chiamavano «il mio nome, pausa, è, pausa, Nicola, pausa, Vernola, pausa». Democristiano, rivelò subito quanto gliene fregasse di essere il ministro del più grande tesoro d'arte mondiale: «Mi avevano promesso il ministero della Giustizia, ma non per questo mi lascio abbattere». Giurato in Quirinale, ammise di sapere poco del tema: «Comunque come vicepresidente del gruppo Dc ho seguito una gran quantità di provvedimenti legislativi direttamente o indirettamente connessi alla tutela del nostro patrimonio culturale, artistico e ambientale...».

In ogni caso, precisò: «La mia nomina penso sia soprattutto un atto di giustizia verso la Puglia».

Gli seguì, evidentemente per un atto di giustizia verso la Sicilia dato che secondo Giampaolo Pansa «possedeva il 41% di tutte le tessere bianche» dell'isola, il messinese Nino Gullotti. Il quale, non avendo chiesto consigli alla sorella Angelina, che era il suo cervello, esordì così: «Io di Beni culturali capisco poco». Fatta la frittata la rivoltò: «Era una battuta di spirito. Forse è riuscita male, probabilmente il giovane cronista al quale era rivolta era privo di humour». Racconta Paolo Conti che al ministero lo ricordano per i suoi rapporti col potentissimo direttore generale Francesco Sisinni: «Nelle ore libere si chiudevano nello studio a ripassare canti gregoriani o, nei pomeriggi più lascivi, arie verdiane». Il ritornello che gli riusciva meglio, però, a leggere un'intervista data a Corrado Augias, era lo stesso di Enzo Scotti sulle donazioni e gli sgravi fiscali: «La considero una delle cose più urgenti e interessanti che abbiamo in preparazione. Sta andando avanti con grande rapidità». Sì, ciao.

Fra i successori, l'avvocato socialdemocratico Ferdinando Facchiano fu, se possibile, ancora più scolorito. I cultori di ghiottonerie giornalistiche lo ricordano solo perché era nato a Ceppaloni (l'unica contrada microscopica peninsulare ad aver dato all'Italia due statisti di livello planetario: lui e Clemente Mastella) e perché nella torrida estate del 1990, in cui divampavano le polemiche sulla chiusura dei musei proprio a Ferragosto, diede il meglio di sé con questa tonante dichiarazione: «Sul problema di Ferragosto mi rifiuto di rispondere. Per quanto mi riguarda io ho fatto il possibile per potenziare gli orari di apertura con l'assunzione di altri 400 custodi...». Un gigante.

Per carità, sarebbe ingiusto fare di ogni erba un fascio. A parte Enzina Bono Parrino («Mah... Non lo so se Ronchey e Spadolini erano più preparati di me. Bisogna guardare gli atti, non le parole. Quando avremo fatto una comparazione scientifica, in maniera propriamente e analiticamente scientifica ed epistemologgica (*sic*) di quello che hanno fatto loro e quello che ho fatto io...») nessuno contesta ad esempio che Alberto Ronchey, scelto come «tecnico» da Giuliano Amato nel giugno del 1992 e confermato l'anno dopo da Carlo Azeglio Ciampi, fu un ministro coi fiocchi.

Fu lui, ad esempio, ad abolire finalmente, dopo decenni di polemiche, la chiusura dei musei al pomeriggio e soprattutto nei giorni festivi in cui i turisti erano più numerosi. Una decisione che, come avrebbe raccontato nel libro *Il fattore R* a Pierluigi Battista, «provocò il malumore del sindacato dei custodi, perché con quel cambiamento si sarebbero alterati certi loro bioritmi. Dicevano: "L'orario è troppo lungo e noi siamo pochi". Ma sulle sei ore d'ogni turno, un'ora buona se ne andava per il cosiddetto "verbale di sala". Considera, poi, che c'erano e ci sono ancora troppi custodi nel Sud per musei, aree archeologiche, archivi, biblioteche, ma pochi nel Nord. Eppure gli immigrati a Firenze vogliono tornare a Napoli o a Palermo e ricordo ancora i giorni d'assedio subìti nel ministero, tra moltitudini che non solo inveivano con urla, tamburi, trombe assordanti, ma reclamavano l'assunzione di altri "precari" a Pompei o a Taranto. Poi c'erano quelli che negli spazi chiusi soffrivano di claustrofobia, ma in un open space dicevano di soffrire d'agorafobia».

Su un punto Ronchey era convintissimo: il patrimonio artistico, monumentale e culturale italiano è così importante che un ministro dovrebbe concentrarsi solo su quello. Spiegherà ancora a Battista: «Ho sempre chiesto un ministero che non si occupasse di tutto e facesse bene le cose di cui si doveva istituzionalmente occupare. Lo dissi anche al presidente del Consiglio Ciampi, che nel '93 mi riconfermò nell'incarico quando cadde il governo Amato: pretendono che il ministero dei Beni culturali, ossia del patrimonio storico, debba fondersi con i resti del dicastero già dedicato insieme allo sport e allo spettacolo, con tredici enti lirici, innumerevoli compagnie di prosa, cinema, festival e circhi equestri che chiedono sovvenzioni a pioggia. Ma si confondono così tutela e produzione, riversando sullo Stato il rischio d'impresa che tanto è costato negli ultimi anni. Produrre film a rischio di gravi perdite non è come conservare, tutelare, valorizzare un patrimonio di valore sicuro anche se d'incalcolabile portata. La fusione con lo spettacolo mi ha sempre ricordato l'apologo surreale delle galline russe che propongono ai suini tedeschi società miste per fabbricare uova al bacon. È ragionevole?».

No, secondo lui: «Se il ministro dei Beni culturali si deve occupare di calcio e di festival del cinema o addirittura della produzione di un film, non fa un buon servizio né ai Beni culturali né al resto. Un ministro deve sapere come stanziare i finanziamenti per la conservazione, la valorizzazione, il restauro. Perché lo Stato deve finanziare un film, anziché il restauro d'un dipinto, una scultura, un'architettura del suo patrimonio storico?».

Macché. Neanche il tempo che gli italiani abolissero ai referendum del 1993 il ministero del Turismo e già la socialista Margherita Boniver, destinata a farsi berlusconiana, annunciava l'idea della maggioranza di dar vita al «ministero per l'Attività artistica e il Tempo libero». Fatto sta che dopo l'incolore passaggio col primo governo Berlusconi di Domenico Fisichella (amatissimo dal Fortebraccio: «Fisichella, Fisichella, / com'è delizioso andare in carrozzella / sottobraccio a Fisichella») e quella del «tecnico» Antonio Paolucci, si affermò proprio l'opinione opposta. Cioè il sogno di una joint-venture tra le galline russe e i suini tedeschi per fare le uova al bacon.

La svolta è con Walter Veltroni. Che come uomo di punta del partito socio di maggioranza del governo Prodi rivendica non solo la vicepresidenza del Consiglio ma anche un ministero, come dire, «largo» alla Jack Lang, ministro della Cultura di François Mitterrand. Certo, dopo il ministero della Cultura Popolare Fascista, il famigerato MinCulPop, la parola è tabù. Tanto da spingere lo scrittore Alessandro Baricco, infilzato sul «Corriere» da Francesco Merlo per l'«ardore zelante», a dire: «Il ministero della Cultura va bene, ma solo perché c'è Veltroni, uno come lui è una sicurezza per tutti. Non darei alla destra un simile ministero. Non saprebbero cosa farsene perché non hanno una cultura». Ma quello è il ruolo che si ritaglia Veltroni: ministro al tutto. Con una delega allo Sport e agli Spettacoli. Al punto che non solo accorre alle Olimpiadi di Atlanta (dove verrà preso per i fondelli sulla «Stampa» da Massimo Gramellini per l'inglese scolastico: «Se il kennedyano Veltroni incontrasse oggi i suoi eroi, non potrebbe andare oltre a un penoso "*How are you?*"»), ma spiega in un'intervista al «Corriere» come si dovrebbero fare i giornali, colpevoli di ospitare tutto, dalla politica al gossip: «Sono gonfiati come la "mucca pazza". Hanno inserito dentro di sé ormoni estranei e sono impazziti. Il modello omnibus richiedeva un certo equilibrio. Che è saltato. E chi non ci vuole riflettere commette un errore gravissimo».

Per carità, Veltroni respingerà l'accusa di essersi troppo distratto con lo sport, il cinema, la musica e tutto il resto rivendicando di essere stato lui, ad esempio, ad avviare il processo di autonomia a Pompei. Vero. Ma certo è lui a inaugurare la terza stagione dei Beni culturali dopo quella spadoliniana e quella dei ministri di secondo piano. È dalla sua gestione in poi che quella scrivania con la «B» mussoliniana torna a essere assai appetita anche da pezzi grossi dei partiti, come ad esempio Francesco Rutelli, Rocco Buttiglione o Sandro Bondi.

Ed è così che via via, come ha scritto Pierluigi Battista, «un ministero quasi di secondo piano» ha gradualmente «assunto un'importanza sempre maggiore, fino al punto di trasformarsi in quello "Stato culturale" che, soprattutto sulla scorta dell'esperienza francese di Jack Lang, viene criticato da Marc Fumaroli come una nuova e spregiudicata industria del consenso, oltre che una moderna vetrina del potere, con i ministri che passano il tempo a inaugurare le mostre del cinema, presenziare alle manifestazioni sportive, tagliare nastri davanti alle telecamere».

Telecamere in certi casi traditrici. Come accadde a Giovanna Melandri, la prima che, grazie al decreto legge n. 368 dell'ottobre 1998, ebbe il ministero cucito addosso con le nuove competenze allargate, comprese «le attribuzioni in materia di spettacolo, di sport e di impiantistica sportiva» e la «promozione delle attività culturali in tutte le loro manifestazioni con riferimento particolare alle attività teatrali, musicali, cinematografiche, alla danza e ad altre forme di spettacolo, inclusi i circhi e spettacoli viaggianti, alla fotografia, alle arti plastiche e figurative, al design industriale».

Accadde dunque che, presa da tanti impegni, la giovane e bella ministra «bigiò» la prima della Scala del 1998 del *Crepuscolo degli dei.* Il maestro Riccardo Muti se la prese, lei replicò scrivendogli una lettera: «Caro Maestro, sono sorpresa della sua sorpresa. Avevo da tempo comunicato al soprintendente Fontana che mi era purtroppo impossibile, per motivi del tutto personali, essere a Milano per l'inaugurazione». Ahi ahi... La sera dopo *Striscia la Notizia* rivelava quali erano, quei motivi del tutto personali. Una cena organizzata dal Gambero Rosso con i migliori chef italiani. Dove aveva particolarmente apprezzato, riferirono le cronache, «il foie gras preparato in dieci modi da Heinz Beck, tedesco naturalizzato romano, con un Arenarie di Sella e Mosca» e «la minestra di riso con le verze di Nadia Santini, preceduta da uno Chardonnay Planeta e profumata da un Taurasi Feudi di San Gregorio». Quanto bastava perché Roberto Formigoni, nella veste di governatore lombardo e di polemista berlusconiano, liquidasse un paio di anni dopo nuove polemiche scaligere così: «Dov'era due anni fa quella che oggi s'impanca a maestrina dalla penna rossa? Dove era la Giovanna Melandri alla "prima" di due anni fa? Alla serata del Gambero Rosso era. Era andata a magna'».

Certo è che l'accumulo di competenze non ha portato grane e polemiche solo a sinistra. Basti ricordare lo scandalo scoppiato sulla testa di Giuliano Urbani, che fino a quel momento era conosciuto come uno studioso austero e autorevole nonché come uno degli ispiratori del «partito liberale di massa» berlusconiano. Immagine stravolta alla fine di settembre del 2002 quando Vittorio Sgarbi, ospite di Giuliano Ferrara a La7 poche settimane dopo essere stato buttato fuori dal governo dove era sottosegretario ai Beni culturali perché «ostile al rischio di svendere il patrimonio artistico», sparò a zero: «Io e Urbani andavamo d'accordo. Per sei mesi abbiamo collaborato pienamente. Il nostro rapporto è stato rovinato da una questione erotica». «In senso metaforico?» chiese Ferrara. «No, in senso reale. Urbani si è fatto un'amante.»

Non era tutto. Accusato il ministro di avere imposto al festival di Venezia il film *Rosa Funzeca* di Aurelio Grimaldi, solo perché l'attrice era Ida Di Benedetto, il critico d'arte rincarò: «Stava accovacciata ai suoi piedi, e quando alzava la testa gli diceva che io ero più visibile di lui, che un sottosegretario contava più di un ministro. Lo ha sollecitato nell'amor proprio e lui ha cominciato a nutrire odio nei miei confronti». Non bastasse, in un'intervista a Claudio Sabelli Fioretti ci si mise anche la madre di Vittorio, la signora Rina Sgarbi: «Urbani è uno che confonde Michelangelo con Raffaello». Un'accusa che, provocatoria nei confronti dell'allora titolare del dicastero, avrebbe potuto probabilmente essere estesa in realtà a vari ministri dei Beni culturali.

Quanto ai film imposti al festival veneziano, il meglio sarebbe arrivato nell'autunno 2010. Con le polemiche e le risate sul premio farlocco consegnato da tre-ministri-tre, in una scenetta degna di *Totòtruffa 62* all'attrice e regista bulgara Dragomira Boneva, in arte Michelle Bonev. Artista forse poco nota per meriti professionali tuttavia famosa per altri: era amica, se non amichetta, del Cavaliere. Ma ne parleremo nel prossimo capitolo...

10

La cultura rende? Alla «cricca» senz'altro...

Fondi dimezzati in 10 anni, ma non ad amici e amici degli amici

«Pacco operaio! Pacco del lavoratore!» Era dai tempi in cui le sagre paesane erano battute da quegli ambulanti caciaroni che vendevano il celeberrimo «pacco» («E ti ci metto la coperta di lana matrimoniale! E ti ci metto la padella antiaderente! E ti ci metto il cacciavite multiuso...») che non si sentivano declamazioni come quelle di Mario Resca, l'uomo forte dei Beni culturali berlusconiani.

«Una recente indagine di Confcommercio [marzo 2009] ha dimostrato come un euro investito nella cultura ne genera 4 di indotto. Negli Stati Uniti un investimento nella cultura produce 7 volte quello che rende in Italia» dice sul sito ufficiale www.beniculturali.it. «Ogni euro investito in cultura genera un indotto 6 volte superiore» precisa in una chiacchierata con «Il giornale dell'arte». Il progetto Grande Brera costerà un mucchio di soldi ma quello non è un problema perché un po' dei finanziamenti arriverà dai fondi per i 150 anni dell'Unità d'Italia, un po' dai ministeri e il resto dalle istituzioni locali giacché «un euro investito in cultura ne rende da 7 a 10 in ricaduta sul territorio» spiega al «Giorno» presentando l'iniziativa della quale lui è commissario. «Li troveremo, i soldi» rassicura in contemporanea sul «Corriere»: «Milano deve mettersi una mano sul cuore. E ricordare che un euro investito in cultura ne rende anche 10». Bum!

«Il turismo culturale è una grande fonte di reddito» incoraggia dopo il crollo della Schola Armaturarum di Pompei in un'intervista al «Giornale» di Alessandro Sallusti. E, spiegando che è «meglio investire qui piuttosto che nella manifattura, che nel nostro mondo globalizzato e in recessione è sempre più delocalizzata», conclude: «Un euro investito in cultura, dicono i nostri consulenti, rende da 6 a 12 volte l'investimento». Bum! «L'indotto generato dalla cultura e dal turismo culturale ha e avrà sempre un maggiore peso sulla nostra economia. Stiamo rilanciando la fruizione della cultura comunicando di più perché un euro investito in cultura rende 16 volte attraverso l'indotto del turismo culturale» dichiara (lo dice l'ufficio stampa del ministero!) al Forum mondiale che ad Avignone nel 2009 riunisce circa trecento personalità della cultura provenienti da tutto il mondo. Bum!

Al di là dei numeri sui quali si sbizzarrisce, a metà gennaio 2011, l'ha detto anche a Vittorio Zincone, di «Sette»: «Crediamo davvero che il futuro dei nostri figli sia ancora nelle fabbriche e nel manifatturiero? Lì non abbiamo speranze». Quindi? Tutti a fare i custodi nei musei? «No. Dobbiamo creare nuove professionalità: manager del turismo e dei beni culturali...» Come lui. Che per rimediare all'assenza di didascalie in inglese nel 76% dei nostri musei, parla in slang «macdonaldese»: «Con il marketing e i social network abbiamo colpito il target. Nell'ultimo anno c'è stato il 15% dei visitatori in più. Per questo business è un turn around fondamentale. Uno swing eccezionale».

Sostiene che «i Beni culturali dovrebbero diventare un ministero di serie A. Perché nei prossimi vent'anni, se ci crediamo, potremmo assistere a un nuovo rinascimento nella produzione di ricchezza basato sulla leadership del nostro patrimonio culturale. L'Italia potrebbe diventare una grande Disneyland culturale». E dice che l'ha ricordato anche a Berlusconi: «Mi ha dato ragione. Ma poi ha altre preoccupazioni». Disneyland...

Certo è che, a dispetto di questi discorsi, i finanziamenti alla cultura degli ultimi anni sono stati decimati. Direte: non è possibile! Se Silvio Berlusconi ripete da anni che occorre governare con il buon senso «del buon padre di famiglia», che lui è un imprenditore di successo e dunque sa come vanno spesi i soldi, che lui ha portato razionalità alla gestione dello Stato!

I dati ufficiali sono implacabili. Da quel 2001 in cui tornò al potere per restarci l'intero decennio salvo la caotica parentesi prodiana, i finanziamenti pubblici ai Beni culturali sono andati giù a precipizio. In dieci anni, dal 2001 al 2011, sono calati del 40%: da 2386 a 1429 milioni di euro. Ma se teniamo conto dell'inflazione, allora il crollo è stato del 50,5%. Il succo è che dieci anni fa lo Stato italiano dava al ministero dei Beni culturali più del doppio di oggi. Il che significa, poiché al di là delle sparate è assolutamente vero che un euro investito in cultura ne genera molti di più, che sono state buttate via potenzialmente decine di miliardi. Lasciando contemporaneamente che il nostro tesoro venisse saccheggiato dall'incuria, dall'indifferenza, dal degrado.

Certo, anche nel 2000 la fetta più grossa se ne andava per la spesa corrente del ministero e delle sue strutture periferiche: stipendi, luce, telefoni, trasporti, affitti... Ragion per cui qualcuno potrebbe addirittura concludere che alla fin fine si sono risparmiati un sacco di soldi. Se però guardiamo la spesa per gli investimenti, tocchiamo con mano il disastro. Perché quella voce, in dieci anni, si è ridotta da 749 a 290 milioni, per scendere ulteriormente a 213 milioni nel 2011. Per capirci: soltanto quest'ultimo taglio di 79 milioni, se fosse vero che ogni euro culturale ne produce 16, avrebbe sottratto all'Italia un miliardo e 264 milioni di euro.

Negli stessi mesi, il ministro della Cultura e delle Comunicazioni francese, Frédéric Mitterrand (nipote dell'ex presidente), presentava il budget per il 2011: quasi 7 miliardi e mezzo di euro. Cioè 154 milioni più del 2010. Tolti i soldi per la tv pubblica France Télévision (2,5 miliardi), si tratta di 5 miliardi: quasi il quadruplo della dotazione bondiana. Per la valorizzazione del patrimonio culturale i francesi hanno previsto di investire in un solo anno 868 milioni di euro.

E non parliamo del teatro: in Italia i finanziamenti sono quasi azzerati? La Francia, come vedremo, ci mette 663 milioni. Di più: il Centro nazionale del cinema e dell'immagine animata parigino è destinatario di un sostegno statale di 750 milioni. Quasi il triplo della dote 2011 del nostro Fondo unico per lo spettacolo, ridotto a circa un terzo rispetto al 1985, quando fu costituito: 258 milioni. E non è finita: Mitterrand può contare sul completamento dei progetti culturali e architettonici, come la costruzione del Centro archivistico di Pierrefitte, il Museo delle civiltà d'Europa e del Mediterraneo, il restauro del Museo Picasso e del quadrilatero Richelieu. E su altri 70 milioni destinati infine a 79 musei regionali.

Che senso ha questo squilibrio umiliante? Eppure lo stesso premier ha riconosciuto, lodando la coppia Bondi e Resca, «l'ambizioso e fondamentale compito di valorizzare lo straordinario patrimonio culturale italiano che può e deve essere considerato un asset strategico del nostro Paese in termini non solo simbolici e identitari ma anche economici». Una delle due: o è falso che ogni euro investito in cultura si moltiplica per 4, per 8 o per 16, e allora il manager su cui punta tutto il governo è un ciarlatano, oppure è vero che genera ricchezza. E allora è del tutto incomprensibile il chiacchiericcio sul tesoro culturale da sfruttare contraddetto da traumatiche amputazioni.

Certo che va fatta fruttare, l'immensa «tenuta» culturale italiana. Solo da noi, ricordava Alberto Ronchey nel libro-intervista *Fattore R* con Pierluigi Battista, si possono «trovare tante opere d'arte, una sedimentazione stratificata per ventotto secoli. Dall'VIII secolo a.C. ai tempi nostri, non si ricorda un'èra che non abbia lasciato la propria eredità in Italia: Etruschi, Greci, Romani, Bizantini, Arabi, Normanno-Svevi, Medio Evo comunale, Rinascimento, Barocco, Neoclassicismo fino al Modernismo».

«Cultura», dice la Treccani, viene da *colĕre*, coltivare, participio passato *cultus*. Ma come scrive Cicerone nel secondo libro delle *Tuscolane*, «*Ut ager quamvis fertilis sine cultura fructuosus esse non potest, sic sine doctrina animus*». Traduzione: come il campo, per quanto fertile sia, senza essere coltivato non può dar frutti, così è dell'animo senza educazione. Se poi lasci quel campo abbandonato a se stesso...

Per cominciare, di cosa parliamo? Non c'è giorno in cui qualche politico, operatore turistico o albergatore non tiri fuori la storia che siamo «il Paese più ricco del mondo di bellezze naturali e di beni culturali censiti» e c'è chi dice che ne abbiamo un quarto di tutto il pianeta, chi due quinti, chi un terzo...

Il rapporto Eurispes 2006 sostiene che «secondo le stime dell'Unesco, l'Italia possiede fra il 60 e il 70% dei beni culturali mondiali». L'ex sottosegretario ai Beni culturali Andrea Marcucci è più modesto: «Da sola vale il 55-60% del patrimonio culturale mondiale». Sandro Bondi più vago: «Il nostro Paese, notoriamente, possiede la maggior parte delle opere d'arte presenti nel mondo».

Enrico La Loggia il minore (il maggiore era il nonno omonimo), ai tempi in cui era ministro per i Rapporti con il Parlamento, si spinse con siculo orgoglio a richiamare in commissione a Palazzo Madama il 28 novembre 2001, senza peraltro fornire un solo dettaglio, «i risultati di un'indagine svolta dall'Unesco, secondo cui il 60% dei Beni culturali mondiali ha sede in Italia e, fra questi, il 60% in Magna Grecia e, fra questi ultimi ancora, il 60% in Sicilia». Al che il suo collega messinese Antonio Martino, lui pure siculo e patriottico ma uomo spiritoso, avrebbe potuto rispolverare la sua «espressione siculo-araba che esprime stupore: minchia!».

Espressione adatta anche ad accogliere la sentenza con cui Silvio Berlusconi ha messo la parola fine al dibattito con la proverbiale sobrietà: «Possediamo il 72% del catalogo delle opere d'arte e di cultura d'Europa, il 50% di quelle mondiali, abbiamo 100.000 tra chiese e case storiche». E sia chiaro: nulla di più, non uno di meno. Oltre a essere «il Paese del sorriso e della gioia di vivere». E, si capisce, delle belle ragazze.

In realtà, spiega Salvatore Settis nel libro *Paesaggio Costituzione cemento*, «tutti citano a memoria, pochi sembrano accorgersi che la percentuale varia di bocca in bocca come accade nei pettegolezzi, non nelle statistiche. Quasi nessuno dice che questi dati sono inesistenti, che non c'è mai stata "un'indagine svolta dall'Unesco" che abbia quantificato il patrimonio culturale del pianeta, assegnando a ogni Paese la propria quota percentuale».

Lui stesso, dice Settis, ha sentito dire con le sue orecchie da un assessore regionale toscano «non solo che l'Italia ha da sola il 60% dei beni culturali del mondo, ma che il 50% dei beni culturali italiani è concentrato in Toscana (che dunque avrebbe da sola il 30% del patrimonio culturale mondiale)». Il che confligge con quanto sostiene sul «Messaggero» il vicesindaco romano Mauro Cutrufo secondo il quale l'Urbe da sola «ha il 30-40% dei beni culturali del mondo». Conclusione di Settis: «Queste e simili vanterie di ministri e assessori, con le percentuali che essi rivendicano alle proprie città e regioni, sommiamole fra loro, e avremo un bel risultato: l'Italia da sola supera di gran lunga il 100% dei beni culturali del pianeta. Intorno a noi, il deserto».

Dov'è dunque, conclude l'ex direttore della Normale di Pisa, «il conclamato primato italiano, se proprio vogliamo cercarlo? Non è nella quantità (inafferrabile: i dati non esistono) ma nella qualità. Il nostro davvero si distingue da molti altri Paesi (anche d'Europa) per qualcosa di particolare. Per l'armoniosa integrazione città-campagna, patrimonio culturale-paesaggio, natura-cultura che ha forgiato le caratteristiche più peculiari dell'Italia e degli italiani, e che qua e là ancora resiste. Per la diffusione capillare del patrimonio culturale in ogni città, in ogni villaggio, in ogni valle».

Questa è la grande fortuna, questo è il grande problema. Spiegava Ronchey a Pierluigi Battista: «La Gran Bretagna, che alle spalle ha una lunga storia unitaria e anche d'imperialismo, riunisce il suo *national heritage* e realizza colossi come la National Gallery o il British Museum. La Francia, con la sua storia non solo unitaria ma centralistica, ha il Louvre e il *patrimoine* gestito con ordine razionale. La nostra storia è tutta diversa, policentrica, di Comuni e Signorie, con i musei che nascono dalle collezioni dei Medici, Colonna, Barberini, Visconti, Gonzaga, Farnese, Corsini, Borghese, Montefeltro, Chigi».

Dunque, proseguiva Ronchey, «anziché il Louvre, il British Museum o il Metropolitan di New York, in Italia abbiamo musei di media entità, come gli Uffizi, Brera, le Gallerie dell'Accademia, Capodimonte». Di più, aggiunge Settis: «In città come Siena o Venezia non ha il minimo senso stilare una lista degli edifici "importanti", poiché tutto lo è. Una chiesa, un palazzo, è degno di essere conservato in sé, ma soprattutto in quanto appartiene a una trama fittissima della quale è parte insieme a cento altre chiese e palazzi. In questo insieme coerente e armonioso, che è il prodotto di un accumulo plurisecolare di ricchezza e di civiltà, il totale è maggiore della somma delle sue parti».

Insomma, le carte da giocare per attrarre milioni di visitatori sono molte di più. Ma sono carte che richiedono anche più investimenti. E soprattutto più attenzione nel distribuirli. Ed è qui il guaio. Non solo l'Italia, anche prima dei Berlusconi e dei Bondi, ha sempre puntato troppo poco su questo patrimonio immenso, ma gli scarsi soldi sono stati spesso buttati per ragioni che poco o nulla avevano a che fare con la tutela del patrimonio artistico.

L'ex ministro Giovanna Melandri è convinta che la prima cosa da fare sia chiudere Arcus. Cioè la società nata al tempo di Giuliano Urbani e Pietro Lunardi, controllata formalmente dal Tesoro ma gestita dai Beni culturali in sintonia con il ministero delle Infrastrutture. Ragione sociale: distribuire soldi a iniziative culturali di vario genere. Perché affidare a una SpA un compito che dovrebbe essere proprio del ministero con le proprie strutture? Mistero.

A meno che l'obiettivo non sia in realtà niente affatto misterioso: distribuire quattrini assecondando i desideri del governo, dei politici e dei partiti sgravandoli insieme da ogni responsabilità diretta. E sono proprio tanti, i quattrini. Secondo Ettore Pietrabissa, direttore generale della società fin dalla nascita, dal 2004 in qua sono stati finanziati 450 progetti per un ammontare di 500 milioni di euro. Mille miliardi di vecchie lire.

Scorrere l'elenco di chi incassava tutti quei soldi, mentre dalle colonne del tempio E di Selinunte emergevano i tondini arrugginiti di un restauro fatto male e la «Pompei preistorica» di Nola affondava nel fango, è una esperienza illuminante.

Nel 2005, per esempio, 300.000 euro finiscono per un non meglio specificato progetto «Promozione cinema spot sale cinematografiche» alla Italian Dreams Factory Srl. Una società fondata due anni prima (insieme con la produttrice Silvia Natili e la musicista Giovanna Cucinotta) da Rosanna Thau, moglie di Angelo Balducci. Il presidente del consiglio superiore dei Lavori pubblici poi travolto dalle inchieste sulla «cricca» e gli appalti della Protezione civile.

E non si tratta di una regalia una tantum. L'anno dopo la stessa Italian Dreams Factory riceve dai Beni culturali, sia pure stavolta non attraverso l'Arcus, 1.800.000 euro per un film. S'intitola *Last minute Marocco* e come pellicola, a leggere la recensione di mymovies.it, non è che «un'accozzaglia di luoghi comuni» sul Marocco, l'adolescenza, gli italiani in viaggio... Unico «merito»: ci recita il figlio di Balducci, Lorenzo. Incassa 474.378 euro, cioè il 20% del contributo ricevuto? Chissenefrega, dice la produttrice-mamma in una intercettazione telefonica dell'inchiesta: «Anche se il film va male non si perde niente». Paga lo Stato.

Sempre in quel 2006, anno nel quale la gestione del ministero è divisa fra Rocco Buttiglione (governo Berlusconi) e Francesco Rutelli (governo Prodi), arrivano altri due contributi: ancora 1.800.000 euro per *Io, Don Giovanni* di Carlos Saura e 375.000 euro per *Il sole nero* di Krzysztof Zanussi. Due registi famosi. E il tonfo al botteghino (*Il sole nero* lo vedono 9437 spettatori, per un incasso di 49.697 euro, il 13% del finanziamento pubblico) non intaccherà la loro fama. Ma una domanda viene da fare comunque: avrebbero avuto quei soldi se non avessero preso tra gli attori Lorenzo Balducci? Mah...

Stavolta il nome del produttore che intasca il denaro è differente. È una società appena costituita, la Edelweiss Production. Dietro, però, c'è ancora mamma Balducci con una socia assai interessante: Vanessa Pascucci, moglie del costruttore Diego Anemone. Quello che, prima di finire in cella per gli appalti della Protezione civile per il G8 alla Maddalena, aveva pagato la casa di Claudio Scajola «all'insaputa» dell'allora ministro. Benedetta dalla sorte, la stessa Edelweiss porta a casa l'anno dopo da Arcus 200.000 euro per un incarico dal titolo meraviglioso: «Progetto di rilancio del teatro nelle sue diverse espressioni: il Teatro torna a Casa per la comunicazione a favore della prosa». Furbetti. Ma artisti...

Così come solo un artista dei bilanci aveva potuto concepire nel 2005 la convenzione tra Arcus e la società Euroed per realizzare, testuale, «un libro fotografico che avrà formato rivista e apparirà come numero speciale del magazine "Capolavori" dedicato a quanto fatto dal ministero per i Beni culturali nel periodo del ministro prof. Giuliano Urbani». Sfogliatelo, quel libro. Duecentotrentanove pagine, trentanove foto di Urbani. Urbani con Berlusconi. Urbani con il papa. Urbani con Putin. Urbani con la regina Elisabetta. Urbani con Ciampi. Urbani con Sophia Loren. Urbani con Robert De Niro. Urbani con l'elmetto. Urbani senza elmetto. Al modico prezzo di 100.000 euro. Un altro mezzo milione va alla Comunità di San Patrignano fondata da Vincenzo Muccioli, apprezzatissima dai politici del centrodestra. Motivo: contribuire alla costruzione di Spazio Sanpa, «un auditorium per l'organizzazione di eventi di vario tipo, una palestra per le attività sportive e ricreative e una zona servizi, dotata di spogliatoi, camerini, bagni» al centro della comunità. Opera, non contestiamo, utile alla collettività. Ma perché doveva farsene carico un ministero nato per tutelare Ostia Antica, la chiesa dei Frari o i mosaici del duomo di Cefalù? Mistero.

Non sono poche, le operazioni non cristalline. Come quella che nel 2005 vede Arcus dare un finanziamento di 2 milioni e mezzo a Propaganda Fide per il palazzo di piazza di Spagna a Roma. Operazione costata a Pietro Lunardi, che sarebbe stato il suggeritore, il coinvolgimento in un'inchiesta insieme con il cardinale Crescenzio Sepe, ex capo della congregazione. L'accusa: grazie alla concessione di quei soldi pubblici Lunardi avrebbe comprato a un prezzo di favore dalla stessa Propaganda un immobile al centro di Roma.

A farla corta: le stesse date in cui sono successe certe faccende controverse dicono che Sandro Bondi c'entra e non c'entra, con il sistema dei finanziamenti opachi. Certo non lo inventò lui all'arrivo al ministero nella primavera 2008. Né si può dire che solo lui abbia trascurato i beni culturali per occuparsi di *politique politicienne*. L'avevano già fatto diversi predecessori, soprattutto quelli con uno spiccato ruolo politico come Walter Veltroni, Rocco Buttiglione, Francesco Rutelli. Ma certo non si capisce dove colui che Marco Travaglio chiama «Pallore gonfiato» abbia sempre trovato il tempo per occuparsi di quello che per anni è stato il suo ruolo principale: l'amico, il cane da guardia, il braccio destro, il poeta di corte di Silvio Berlusconi.

Sinceramente: se voi foste chiamati a occuparvi delle fragilità di una città unica nell'universo quale Venezia, del degrado di decine di straordinari centri storici, dei crolli e dei vandalismi in molti dei siti archeologici più famosi del pianeta, dello sfarinamento di antichi palazzi meravigliosi sparpagliati in centinaia di cittadine, borghi e contrade, trovereste il tempo per respirare? Noi no. Siamo sicuri di no. È umanamente impossibile farsi carico della complessità di un mondo fantastico ma ammaccato come quello dei beni culturali italiani e insieme fare qualcos'altro. Impossibile. Tanto per dire, Alberto Ronchey (che faceva solo quello) ricordava angosciato di aver dovuto come ministro «firmare 17.500 atti amministrativi e 18.690 lettere, rispondendo a 764 interrogazioni parlamentari». Per capirci: 25 provvedimenti, 27 lettere e un'interrogazione al giorno, Pasqua, Natale e Capodanni compresi.

Lui, Bondi, invece è sempre stato lì. In televisione, alla radio o sui giornali, a battagliare per il capo. Al quale ha dedicato una poesia (*A Silvio*) sulle orme di Giacomo Leopardi: «Vita assaporata / Vita preceduta / Vita inseguita / Vita amata / Vita vitale / Vita ritrovata / Vita splendente / Vita disvelata / Vita nova». Un fenomeno. Basta sfogliare, a prescindere da tv, radio, quotidiani e settimanali (compresi quelli da parrucchiera, visto che confidò per prima a «Novella 2000» le sue pene coniugali: «Mia moglie mi lascia sempre solo»), l'archivio Ansa. In tutto il 2010, incrociando nella casella del titolo delle agenzie le parole «Bondi e musei» escono 20 flash, «Bondi e Venezia» 19, «Bondi e archeologia» 10, «Bondi e Firenze» 10, «Bondi e Colosseo» 6, «Bondi e teatro» 5.

Per non dire di Pompei: 8 agenzie in totale fino al momento in cui noi del «Corriere» sollevammo nell'ottobre del 2010 con un editoriale il problema del drammatico degrado. Editoriale accolto da mestizia bondiana: «Il mio scoramento è grande ma più grande ancora l'angoscia che provo per questo sventurato Paese, afflitto da mille problemi, ma ancor più straziato da una stampa che, invece di stigmatizzare giustamente chi si comporta male e di incoraggiare anche con le critiche chi è sulla buona strada, ignora le buone opere, capovolge la verità, diffonde e alimenta un'immagine negativa, in Italia e soprattutto nel mondo, di ciò che siamo e di ciò che cerchiamo di fare che è l'esatto opposto della realtà». Esattamente un mese dopo gli rispondeva la Schola Armaturarum. Crollando.

Passiamo alla politica politicante? Cerchiamo nei titoli dell'Ansa le parole «Bondi e Bocchino»: 29 dispacci. «Bondi e Berlusconi»: 46. «Bondi e Fini»: 79. «Bondi e governo»: 122. «Bondi e Pdl»: 158. Del resto, il ministro part-time dei Beni culturali era rimasto il coordinatore del Popolo della libertà. Ignaro dell'antica saggezza: meglio fare una sola cosa bene che...

Eppure, miracolo, ha trovato il tempo per occuparsi anche della sua famiglia. Meglio: delle sue famiglie. Più, in allegato, le amiche degli amici. Stanco delle polemiche sui finanziamenti a film destinati a incassare briciole (il record sotto Giuliano Urbani: *Peperoni ripieni e pesci in faccia* di Lina Wertmüller: 3.718.490 euro finanziati dallo Stato, 6517 recuperati in biglietteria), ad esempio, il ministro era stato chiaro. Scrivendo di suo pugno sul «Giornale» che era finita quella stagione: «Non ci saranno più inutili discussioni sui film finanziati e sulle performance al botteghino». E poi mai più, si capisce, film prodotti, girati, costati a volte un occhio della testa e mai proiettati, neppure in un solo cinema.

Manco il tempo di definire la nuova strategia, e divampavano le polemiche sul catastrofico flop di *Barbarossa* di Renzo Martinelli, il kolossal finanziato con 1.600.000 euro dal ministero dei Beni culturali e altri 5.650.000 da Rai Fiction e Rai Cinema e fortissimamente voluto dall'amico Umberto Bossi. Niente in confronto alle grane destinate ad arrivare nell'autunno successivo.

Occhio alle date. Il 29 luglio il coordinatore del Pdl nonché ministro a mezzo servizio dei Beni culturali fa sapere che non andrà alla Biennale né al Festival del cinema di Venezia. «Disaffezione» fanno sapere i suoi. In ogni caso, precisa «il Giornale», «tra il 9 e l'11 settembre, in concomitanza con gli ultimi giorni della Mostra del cinema» Bondi «è annunciato a Gubbio per un seminario della scuola di formazione politica del partito intitolato "Competenza e onestà per la buona politica"».

Il 30 agosto, del tutto ignara di ciò che scoppierà qualche settimana dopo, Francesca Pierleoni dell'Ansa mette on-line la notizia che tra i registi del festival c'è un nome inaspettato: è Michelle Bonev, attrice bulgara «nota al pubblico italiano soprattutto per una sua partecipazione, molto discussa, al dopofestival di Sanremo del 2003 come opinionista, poi interprete di alcune fiction Rai, e citata nelle intercettazioni dell'ex direttore di Rai Fiction Agostino Saccà». Non basta, c'è un'altra sorpresa: «Il ministero per i Beni e le Attività culturali annuncia oggi con una nota che venerdì 3 settembre, alle ore 17.00, presso la Sala Pasinetti del Palazzo del Cinema di Venezia, i vertici del ministero interverranno, in occasione del 60° anniversario della Convenzione europea per la salvaguardia dei diritti dell'uomo e delle libertà fondamentali, alla cerimonia di consegna del premio speciale Action for Women al produttore e al regista del film, di coproduzione italo-bulgara, *Goodbye Mama*». Il film di Dragomira Boneva, in arte Michelle Bonev. Annunciato quattro giorni prima a un festival dove tutto è programmato da mesi. Aggiunge l'Ansa: «Sulla pellicola, che non appartiene a nessuna delle sezioni ufficiali o collaterali del festival, in rete ci sono pochissime notizie...».

Il 3 settembre, manco si trattasse di premiare Frank Capra, si presentano addirittura il sottosegretario Francesco Giro e due ministri. Mara Carfagna e Giancarlo Galan, che spiega: «Berlusconi mi ha dato un incarico preciso: salutare con calore e affetto Michelle Bonev». Pochi giorni dopo, Bondi dichiara a «Panorama»: «Siccome i finanziamenti sono dello Stato, d'ora in poi intendo mettere becco anche nella scelta dei membri della giuria del Festival del cinema di Venezia».

Vuoi vedere che era indispettito per non aver potuto dare alla piacente signora un premio vero? Fatto sta che ai primi di novembre «il Fatto Quotidiano» rivela che era tutta una gabola. Alla quale aveva partecipato, invitata dal ministero, una delegazione ufficiale bulgara composta da 32 persone ospitate per tre giorni per una spesa di circa 400.000 euro. Non bastasse, scrive il quotidiano, il film «non è stato distribuito, neanche per un giorno, nonostante la Bonev sognasse la candidatura all'Oscar per il miglior film straniero e sui divani dell'Excelsior rilasciasse dichiarazioni survoltate: "Ho altri 12 progetti nel cassetto e aspetto con fiducia la selezione di Hollywood"».

La chicca finale, in attesa di eventuali inchieste sull'uso dei soldi e sull'acquisto del film per un milione da parte della Rai, è l'intervista strepitosa della «regista» a Fabrizio Roncone del «Corriere»: «Cosaaa?». «Signora Michelle Bonev, mi spiace, ma...» «No, guardi: non me la ripeta neppure quella domanda, capito?» «Si calmi, parliamone.» «Uff!... è assurdo, orrendo... Io sono una produttrice, un'attrice, una sceneggiatrice, una scrittrice! Merito rispetto, va beneee?» «Signora, la prego, non faccia così.» «Cosa vuol sapere, eh? Vuol sapere se me lo hanno regalato, quel premio? No, no e ancora no! Io, quel premio, me lo sono meritato. Perché il mio film, *Goodbye Mama*, è un film grandioso. Punto e basta!... Tra l'altro, io...» «Tra l'altro cosa?» «Io nemmeno lo conosco il ministro Bondi.» «Però il ministro avrà visto il suo film.» «Non lo so. Ignoro la prassi ministeriale. Immagino comunque che qualcuno, se hanno deciso di premiarmi, il film lo abbia visto.» «Quando ha appreso che sarebbe stata premiata?» «Una settimana prima della cerimonia... Pensi che il film non era ancora del tutto pronto e...»

Parallelamente, ancora «Il Fatto» racconta un'altra storia di piacerini e regalucci bondiani. Ma qui, visto che lo stesso ministro dei Beni culturali del Paese più ricco del mondo ha scelto «Novella 2000» perfino per far sapere con una lettera del suo nuovo rapporto («Manuela Repetti è la donna che amo e con la quale voglio formare una famiglia»), vale la pena di lasciare il riassunto irresistibile alla cronaca proprio di «Novella 2000».

Titolo del numero di metà dicembre: *Bondi nella bufera solo per amore*. Resoconto: «L'amore è una cosa meravigliosa. Ma a volte mette a repentaglio. È successo anche a Sandro Bondi, ministro per i Beni culturali e il patrimonio artistico. Che, per eccesso di batticuore, rischia di perdere il suo seggiolone dorato. Il 2010, infatti, è stato punteggiato da una serie di episodi, che stanno sgretolando la sua immagine.

«Per amore dell'onorevole Repetti, la nuova fidanzata» prosegue la rivista, «Bondi si è infilato in un altro guaio familiar-politico. Anzi due. La signora, infatti, ha un figlio maschio, Fabrizio, e un ex (dal quale è in via di divorzio), Roberto Indaco. Guarda caso entrambi "sistemati" dal ministero retto da Bondi: Fabrizio, laureando in Architettura, beneficia di un contratto interinale al Centro Sperimentale di Cinematografia. Il padre Roberto si è portato a casa, grazie al Fondo unico per lo spettacolo nel 2009, una consulenza di 25.000 euro per "Arte e moda". A chi gli chiedeva ragione, Bondi ha risposto: "Sono intervenuto per risolvere due casi umani...".» E la prima moglie? Il settimanale «Oggi» la scova alla fine del 2010 a New York. La signora Maria Gabriella Podestà ora vive lì. Grazie a un contratto con il ministero degli Esteri: «Mi occupo della promozione della nostra cultura». Che coincidenza!

«È lecito pensare che anche il suo incarico al consolato sia arrivato per intercessione del ministro?» le chiede l'inviata Marianna Aprile. E lei, ingenua creatura: «Il dubbio ce l'ho anch'io. Io mi trovavo bene nella mia scuola, a Salò. Può essere che il mio ex marito avesse interesse a spedirmi di nuovo in America. In fondo, il mio contratto a New York gli ha portato solo vantaggi: è arrivato proprio nel momento in cui c'erano da definire gli alimenti. E, infatti, io per me non ne ho chiesti, perché di lì a poco avrei avuto lo stipendio del ministero per gli Affari Esteri. Non solo: oggi lui chiede la riduzione del mantenimento di Francesco proprio in virtù del mio nuovo reddito».

Che ci sarà mai di male? Gli italiani non pagano già gli alimenti all'ex moglie di Paolo Berlusconi sotto forma di indennità parlamentare visto che è stata eletta nel partito del Cavaliere? L'epitaffio, straordinario, lo lasciamo a Peppino Caldarola dalle pagine del «Riformista» e al suo sarcastico richiamo alla celeberrima invocazione leninista: «Viviamo in tempi bui e incattiviti che pretendono addirittura che un ministro si comporti da ministro e non da munifico pacificatore di una nuova famiglia dilaniata dall'ombra di quella precedente. La barbarie politica degli eterni comunisti si è abbattuta su un uomo che un tempo sognava che una cuoca dirigesse lo Stato e che ora, berlusconianamente, pretende che, crollate le ideologie, sia lo Stato a pagargli la cuoca».

11

www.bidone.italia.it, milioni a perdere

Il flop in internet, ultima tappa della decadenza turistica

Do you like cunigghiu a' stimpirata? Valeva davvero la pena di spendere diversi milioni di euro per il sito www.italia.it! Nel gennaio 2011, cinque anni dopo le Olimpiadi invernali di Torino scelte come data-catenaccio per il debutto del portale, sette dopo la decisione di costruirlo, dieci dopo la campagna berlusconiana centrata sulle 3 «i» di internet, inglese, impresa, l'Italia si affaccia nel mondo web suggerendo agli inglesi come preparare 'u cunigghiu a' stimpirata: «Asciugate i pezzi di coniglio in una padella antiaderente, passateli in una casseruola, tirandolo a cottura con l'aggiunta di poco olio e un bicchiere d'acqua...». Tutto in italiano: ingredienti, dosi, preparazione... Tutto.

Una figura ridicola. Che senso ha creare commissioni, spendere cifre astronomiche, impiegare anni di pensosa elaborazione per fare un sito in italiano, inglese, francese, spagnolo, tedesco e cinese se i risultati sono questi? In tutti i portali delle diverse lingue europee tutti i consigli intorno all'iniziativa «In viaggio con i bambini» (e relativo libretto da scaricare) sono in italiano. E in italiano sono tutte le didascalie («La casa natale dell'illustre critico letterario Francesco De Sanctis...») delle pagine della Community. Mentre solo ed esclusivamente in inglese è, nei portali in spagnolo, francese e tedesco, l'annuncio della mostra «Leonardo da Vinci, the genius and his inventions».

Non bastasse, il collegamento con le pagine del progetto «Turisti a 4 zampe», fortissimamente spinto da Michela Vittoria per convincere tutti ad andare in vacanza viaggiando con i cani e i gatti (i salmoni, invece, lei li fa viaggiare surgelati o affumicati), è corredato da una imperdibile rassegna stampa: *Brambilla presenta un'ordinanza animal friendly*, *Grazie al ministro Brambilla, porte aperte a cani e gatti*, *Con la Brambilla per aprire le porte a Fido*. Tutto, ovvio, in italiano.

E via così: cercate sul portale che dovrebbe richiamare i tedeschi il filmato *Possagno: die Rückkehr von Canova*? «Quando si arriva a Possagno, un paese minuscolo ai piedi del monte Grappa...» In italiano. Cercate sul portale per i francesi il cortometraggio *Un verre de vin*? Parte la canzone: «Felicità è un bicchiere di vino / con un panino la felicità». Poi appare Albano: «Il vino è stato uno degli elementi che mi ha accompagnato fin da bambino...». Cercate nel portale per gli inglesi *Around Pavia along the ancient via Francigena*? «Nel Pavese, a Nord del Po, in provincia di Pavia...» Manco i titoli interni al video vengono tradotti dall'originale italiano. Troppa fatica.

Un bidone. Costato una tombola e realizzato nella certezza che, figurati, nessuno andrà mai a controllare. Almeno 9 milioni e mezzo, l'abbiamo pagata quella schifezza on-line in cui sotto la voce «Organizza il tuo viaggio» vengono gentilmente segnalati (pensa che fatica...) i link delle ferrovie dello Stato, di Alitalia o della Tirrenia.

Una figuraccia non solo con gli stranieri: anche con gli italiani. Lo ricorda un'interrogazione parlamentare del senatore Francesco Sanna. Che a fine marzo del 2010 denunciava che la paginetta dedicata alla Sardegna, ben dieci mesi dopo la presentazione in pompa magna del sito, conteneva una descrizione dell'isola fuori del tempo e dello spazio dove si diceva che l'uomo «è quasi una rara presenza su questo territorio; grandi superfici sono rimaste nel loro aspetto naturale con boschi, deserti e paludi ma anche cervi, cavalli selvatici, grandi rapaci...». Inoltre, come ironizzava «Vanity Fair», erano citate in totale solo due località, Porto Cervo e Porto Rotondo, «a parte un cenno di rito al Gennargentu, se si è stufi di mare».

«Un'assurdità» accusa Renato Soru. «Quando diventai presidente della Sardegna trovai un sito, visitsardinia.it, che era stato pagato mi sembra 2.800.000 euro, soldi spartiti fra i quotidiani locali e consulenze varie. Ma non funzionava. Lo sistemammo comprando i diritti delle guide, trasformandolo così in una grande guida della Sardegna. La spesa? Siamo nell'ordine di poche centinaia di migliaia di euro, certo non dei milioni che si spendono per questi fantomatici portali. Anche l'ultima versione, quella della Brambilla, aveva dei contenuti infimi. C'era sì e no una riga sul nuraghe di Barumini, che è un sito Unesco. Infatti protestammo, e loro fecero dei minimi cambiamenti. La maggior parte dei siti turistici della pubblica amministrazione sono semplici depliant...»

La storia del leggendario www.italia.it è tutta da raccontare. Dall'inizio. Attraverso le parole della commissione d'inchiesta varata dal governo di centrosinistra dopo il disastroso debutto del portale il 22 febbraio del 2007. E bocciato dagli esperti: «collegamenti fra pagine in lingua a volte difettosi, a volte addirittura ciechi», «carenze nelle pagine descrittive», «qualità delle traduzioni non buona, a volte tale da generare l'impressione che sia ottenuta con traduttori automatici...».

Una figuraccia. Nella scia di altri strafalcioni. Come i ritratti dei ministri del governo Berlusconi messi on-line da Palazzo Chigi nel 2001. Dove il filosofo Augusto Del Noce, maestro di Rocco Buttiglione, diventava «August of the Walnut», Letizia Moratti «lady Joy Moratti», il ministro degli Interni «minister of the Inside» (cioè ministro del Dentro), Forza Italia «Italy Force» (battaglione Italia), il ministro dell'Ambiente «minister of the Atmosphere» come se dovesse presentarsi alle riunioni con la «Vecchia Romagna etichetta nera, il brandy che crea un'atmosfera». L'unico a cavarsela, commentò sulla «Repubblica» Sebastiano Messina, fu il Cavaliere: «La sua è l'unica scheda in perfetto inglese. Lui sì che conosce le tre "i". Adesso manca la quarta "i": Identificare the cretino who has combinato that pasticcio».

Più complicato identificare il responsabile del pasticcio del sito turistico. Pagato carissimo direttamente, con una montagna di soldi versati ai vari beneficiari dell'appalto, ma anche indirettamente. Il turismo, con il progressivo spostarsi del manifatturiero dalla vecchia Europa ai nuovi giganti dell'economia mondiale, potrebbe essere l'unica grande «miniera d'oro» italiana. E internet oggi è l'unica grande carta da giocare.

Lo stesso rapporto ministeriale dell'ottobre 2010 dice che gli operatori del settore, pur combattendo con gli enormi ritardi delle infrastrutture, se ne sono accorti da un pezzo: «Nell'ultimo triennio la quota di strutture ricettive presenti on-line ha superato l'80%. Infatti, nel 2010 tra le imprese ricettive aperte nel I trimestre dell'anno tale quota è pari all'85,7%». Ormai, «oltre un terzo della clientela delle strutture ricettive proviene dal web. Rispetto al 2009, però, la quota di clientela che prenota tramite internet risulta diminuita, passando nel III trimestre dal 42,1% del 2009 al 34,8% nel 2010». Una perdita secca di oltre il 7%. Segnale netto di grandi difficoltà a parlare con il mondo on-line, che nei Paesi più ricchi che più esportano clientela colta e danarosa è molto più esteso. Sarà poi un caso se i francesi attirano il doppio di turisti stranieri di noi?

Ma ripercorriamo le tappe del tormentone www.italia.it messe in fila dalla commissione d'inchiesta nel 2007. Il piano per il rilancio del turismo «Scegli Italia» viene varato il 16 marzo del 2004, con uno stanziamento di 45 milioni di euro. Ma la partenza non è a razzo. Anzi. Solo a luglio la pratica viene messa nelle mani di Innovazione Italia, una società del carrozzone Sviluppo Italia. E solo nel febbraio 2005, cioè quasi un anno dopo, viene indetta la gara per il portale. Il prezzo è fissato in 9 milioni e mezzo.

Una cifra enorme. Ma improvvisamente c'è fretta, fretta, fretta. Non si può badare al prezzo: è un'emergenza, il sito deve essere pronto per le Olimpiadi invernali di Torino. Chi vuole partecipare deve fare tutto in tre mesi. La gara è vinta con un'offerta di 7.850.040 euro da un «raggruppamento temporaneo d'imprese» guidato da Ibm Italia, cioè (coincidenza) l'ex azienda di Lucio Stanca, ministro per l'Innovazione e le Tecnologie. Della cordata fanno parte l'austriaca Tiscover, specializzata in portali turistici, e la Its di Torre del Greco, che si trova in una situazione curiosa. Fra i soci infatti (coincidenza bis) c'è Sviluppo Italia, l'azionista di Innovazione Italia incaricata di gestire il tutto per conto del governo.

L'incarico ai vincitori della gara avviene a luglio, prima ancora della firma del contratto, perché il sito deve essere on-line già a ottobre. Ma subito esplodono le risse interne. Di qua Innovazione Italia che contesta questo e quello alla cordata Ibm, di là l'Ibm che rinfaccia a Innovazione Italia ferie troppo lunghe. A metà ottobre cominciano i collaudi: ahi ahi... Le Olimpiadi di Torino sono alle porte. Nuovi bisticci. Lettere di fuoco. Richieste di dimissioni. Fatto sta che quando cominciano le Olimpiadi in Piemonte, gli unici contenuti sul sito riguardano il Trentino-Alto Adige. Un capolavoro.

Sviluppo Italia propone di rompere il contratto, il ministero vuole che continui. A ottobre 2006 viene firmata una transazione: due milioni di «sconto». Per una schifezza che continua a costare un occhio della testa. E si fa avanti anche qualche Regione. Ma la situazione è compromessa. All'una del pomeriggio di venerdì 18 gennaio 2008, una settimana prima del governo Prodi, il portale italia.it esala l'ultimo respiro. Commenti on-line: pace, meglio così.

E poi, vi chiederete? Poi niente. Per mesi. Il 20 giugno 2008 il sottosegretario con delega al Turismo, Michela Vittoria Brambilla, confida: «Il portale italia.it non è fra le mie priorità». Due settimane dopo ci ripensa e annuncia «entro dieci giorni» l'insediamento di un «comitato scientifico che si occuperà del portale italia.it». Tempi? «Saranno i tempi miei, che come voi sapete sono abbastanza celeri.» Sì, ciao.

Che l'ex reginetta di bellezza scelta da Berlusconi per occuparsi di questa enorme fetta del Pil nazionale abbia un'ottima opinione di se stessa si sa. Le sue interviste traboccano di autostima quanto il Mississippi di acqua nei giorni di piena. «La mia attività politica va avanti alla grande.» «A me non interessano le poltrone. Nella mia azienda ne ho di più solide di quelle che potrebbero offrirmi.» Il capolavoro resta una intervista a Costanza Rizzacasa d'Orsogna, pubblicata dalla «Stampa». Le malignità sulla passione del Cavaliere per lei? «Io non posso finire in questo chiacchiericcio, perché sono di un altro spessore. Sono un imprenditore e questo mi toglie dal gioco. Col mio pedigree nessuno può giudicarmi per niente altro.» Le perplessità delle parlamentari azzurre sulla sua esuberante aggressività? «Non conosco bene la realtà di queste giovani deputate, perché è ovvio che chi parlava non poteva riferirsi a me. Io sono su un altro livello: i miei diritti li ho conquistati sul campo e mi sono meritata sempre tutto. Voglio dire, io parlo di economia... E le dirò, tutta questa gelosia nei miei confronti non mi risulta proprio. Anzi, ho riscontrato un'enorme solidarietà femminile, proprio per il mio indubbio valore.»

La sua irresistibile ascesa? «La mia non è una scalata nel senso classico del termine, ma un premio ricevuto per aver lavorato con impegno e professionalità: non è stato un regalo di nessuno, e certamente non del presidente. E non può generare invidie o gelosie perché è tutta meritata: ogni apprezzamento nei miei confronti è supportato dai fatti.» E meno male che l'intervistatrice non le chiese qualcosa sulla modestia. Immaginiamo la risposta: «A me, in modestia, non mi batte assolutamente nessuno».

Il Cavaliere racconta di seguire l'esempio di sua zia Marina che «siccome nessuno le diceva che era bella, un giorno si è messa davanti allo specchio con un vestito a fiori e si diceva: "Marina, cume te se bela"»? Lei se lo autoripete tutti i giorni: «Michela Vittoria, cume te se bela, bela, bela!».

«Bela» sì, svelta mica tanto. Del famoso sito internet annunciato a luglio in tempi «brambilliani» quindi «celeri» se ne riparla dopo le vacanze. Nonché dopo la ripresa scolastica. Il 17 ottobre promette: «Nel giro di una settimana presenteremo...». Passa un mese e insiste: «La prossima settimana sarà presentato il nuovo portale italiano del turismo. Sarà diverso da quello precedente, non si limiterà a dare informazioni ma venderà prodotti». Il 15 gennaio 2009 le agenzie annunciano: Brunetta e la Brambilla hanno firmato «un protocollo d'intesa per la realizzazione del portale nazionale del turismo».

Un protocollo d'intesa! Millesettecentosessantasette giorni dopo quel fatidico 16 marzo 2004 e 252 dopo il giuramento del quarto governo Berlusconi si riparte. Da zero. Altri 10 milioni. Anche se la somma complessiva stanziata per tutta la legislatura, stando ai documenti governativi, sarebbe di 29.580.000 euro. Un salasso. Secondo il protocollo «la riprogettazione e realizzazione del portale nazionale del turismo potrebbe richiedere il completo superamento della piattaforma tecnologica disattivata, sulla base delle mutate condizioni tecnologiche e della necessità di supportare il portale nazionale del turismo con una strumentazione tecnica adeguata in funzione del vantaggio economico dell'intervento e della buona e corretta gestione del portale medesimo».

Altri sette mesi e la Brambilla e Berlusconi, che ha prestato la sua voce allo spot «Magic Italy», presentano il sito che nascerà. «Punteremo sulle motivazioni, sulle emozioni. Il nostro sarà un portale emozionale» dichiara la ministra. Obiettivo ambizioso: portare il turismo al 20% del Pil, il doppio di oggi. Il sito si chiama ancora italia.it e l'«architettura informatica» è interamente fatta «in casa» senza gara, da Aci Informatica, che gestisce il pubblico registro automobilistico ed è controllata dall'Automobil club Italia, che a sua volta dipende dal Turismo.

Con l'Aci la Brambilla ha un rapporto speciale. Anzi, familiare. Al club milanese, che ha in pugno il gran premio di Formula 1 a Monza, nomina commissario Massimiliano Ermolli, figlio di quel Bruno Ermolli tra gli uomini più ascoltati da Berlusconi. E appena quello da commissario diventa presidente, entrano nel consiglio Geronimo La Russa, figlio di Ignazio, ed Eros Maggioni. Cioè il fidanzato della ministra. Fidanzato e socio nella Sal (pesce surgelato), nella Brutija (immobiliare), nel Centro medico Lombardo (studio odontoiatrico) e nella M&M (protesi dentarie).

Ma la storia non è ancora finita. Nella primavera del 2010 il ministro bandisce una nuova gara per i «contenuti redazionali» del sito. Ma non lo fa direttamente: usa Promuovi Italia. La quale gestisce una dozzina di milioni l'anno di soldi pubblici e ha tra i soci l'Enit. Cioè l'Ente nazionale italiano per il turismo affidato dalla Brambilla a Matteo Marzotto, figlio della grande animatrice dei salotti mondani, Marta, ma per anni e anni feudo di Amedeo Ottaviani, padre di quello Stefano genero di Gianni Letta e titolare della società Relais Le Jardin fornitrice (un milione di euro) dei pasti per i partecipanti al G8 dell'Aquila. A proposito, non dovrebbe essere l'Enit, che costa 33 milioni l'anno, a promuovere il turismo italiano?

Riassumiamo: a metà maggio del 2010 una società pubblica di promozione turistica posseduta da un ente pubblico di promozione turistica bandisce una gara per la promozione turistica. Geniale. Tra le condizioni: chi vince deve avere uno staff composto esattamente da un direttore, un vicedirettore, tre responsabili di area e tredici redattori. E se invece bastasse molta meno gente? Le regole sono regole. Scadenza luglio. Uffa: e le ferie? Promuovi Italia scrive ai partecipanti, fra i quali c'è anche (insieme con l'Ansa) la Rizzoli, che le buste saranno aperte dopo le vacanze estive. Mese più, mese meno... Poi si sa com'è: novembre arriva senza che te ne accorgi. E il 17 di quel mese, finalmente, con la vittoria d'una cordata trainata dal gruppo Monti Riffeser, la gara si chiude. Evviva: l'iter è durato 7 anni. Il tempo impiegato da Facebook per conquistare il mondo.

La piccola storia ignobile del portale italia.it che, il 25 giugno 2010, cioè a estate iniziata, era secondo «Il Fatto» al 4562° posto nella classifica dei siti internet italiani più visitati e al 184.594° di quella internazionale, dice tutto, sul rapporto fra l'Italia e il turismo. Un rapporto fatto di chiacchiere. Di sonanti declamazioni intorno al «Paese più bello del mondo». Di sciocche vanterie sulla nostra dotazione di meraviglie planetarie. Come quella della stessa Brambilla sul sito cinese.

Insomma: l'obiettivo di raddoppiare la nostra quota di Pil turistico, dichiarato dalla presidente degli industriali Emma Marcegaglia come dal Cavaliere, non sarebbe cervellotico. Ma va usato appunto il condizionale: sarebbe. Se le dichiarazioni fossero accompagnate da un minimo di coerenza. Nella difesa del paesaggio. Del patrimonio monumentale. Di quello artistico.

Il tempo a disposizione è poco. Dice il già citato dossier Pwc che «negli ultimi anni sono entrate sulla scena turistica mondiale nuove destinazioni che sottraggono quote a quelle "tradizionali" come Europa e America del Nord. Si prevede, ad esempio, che i Paesi dell'Asia sudorientale cresceranno a un tasso medio annuo pari al 5,6% dal 2008 al 2020» contro uno europeo pari all'1,8%: un terzo. Ancora: «La quota degli arrivi internazionali in Italia è scesa dal 5,6% del totale del 1990 all'attuale 4,1% e si prevede che raggiunga il 3,7% nel 2020».

Un problema serissimo. Tanto più che nel 2050 le economie dei Paesi dell'E7, cioè Cina, India, Brasile, Russia, Indonesia,

Messico e Turchia, «saranno mediamente il 25% più grandi di quelle dei Paesi del G7, in termini di prezzi di mercato (attualmente sono il 20% più piccole), e del 75% più grandi, considerando la parità dei prezzi d'acquisto (a oggi, più piccole del 75%)». Il futuro, senza una svolta radicale, è segnato: siamo destinati a scivolare al dodicesimo posto dopo essere stati sorpassati da India, Brasile, Indonesia e Messico.

I dati della Wto (World Tourism Organization) dicono che nel 1950, quando ancora l'Europa pativa le ferite della guerra, Stati Uniti, Canada, Italia, Francia e Svizzera, che erano in ordine i cinque Paesi più visitati del mondo, si spartivano il 71% del turismo mondiale. Nel 1970 i primi eravamo noi, seguiti da Canada (grazie ai ricchi cugini statunitensi innamorati soprattutto delle cascate del Niagara), Francia, Spagna e Usa e la quota di questo quintetto di testa era già ridotta al 43%. Nel 1990, con questa quota dei «magnifici 5» scesa ulteriormente al 38%, eravamo quarti, dopo la Francia, l'America, la Spagna e davanti all'Ungheria. Nel 2004 eravamo scivolati al quinto posto (dopo Francia, Spagna, Usa, Cina) e lì siamo rimasti. Ammaccati dal fatto che la quota dei cinque Paesi dominanti è precipitata al 31%, quella delle nazioni dal sesto al decimo posto è calata in mezzo secolo di pochissimo (dal 17 al 14%) e quella di tutti gli altri è cresciuta dal 12 al 55%.

L'Osservatorio nazionale del turismo, governativo, lo sa. E nel dicembre del 2010 scrive nel suo rapporto che, per esempio nel 2007, in Francia (i dati dopo la grande crisi finanziaria contano quel che contano) «gli arrivi internazionali sono stati oltre 81,9 milioni, con oltre 479 milioni di presenze, con una buona durata media dei soggiorni (6,1 notti)». Da noi, gli stranieri in arrivo sono stati la metà (43,6 milioni) e si sono fermati talmente poco che le presenze sono state 163,4: un terzo rispetto allo Stato transalpino.

E la situazione, scriveva nel febbraio 2009 il «Corriere» allarmato dalle fosche previsioni del World Travel & Tourism Council che riunisce i principali operatori mondiali, può peggiorare: «Tra dieci anni, l'Italia rischia di perdere un posto (dall'ottavo al nono) nella classifica mondiale del Pil del settore turistico, di perdere un altro posto (dal quinto al sesto) nella graduatoria dei soldi portati dai viaggiatori stranieri. E addirittura di uscire dalla top ten, oggi siamo ottavi, per gli investimenti nel settore turistico».

Colpa di una congiura pluto-giudaico-massonica-comunista internazionale? No, colpa nostra. Si pensi ai danni fatti all'immagine del Paese da quelle montagne di spazzatura associate ormai a una delle città più belle, Napoli. «Guardo la televisione e vedo sempre in primo piano il cumulo dei rifiuti, e dietro, la città smarrita, gli abitanti che protestano rabbia e impotenza, e per di più sono accusati di inciviltà. E penso al volto di una bella donna sfregiata dall'acido» ha scritto sul «Corriere della Sera» lo scrittore Raffaele La Capria. Sottolineando come ci fosse «nell'insistenza con cui si mescola la catastrofe col disprezzo qualcosa che offende e suscita ribellione. Non si tratta così una grande e nobile città, in ginocchio a causa soprattutto del malgoverno. Stanno buttando l'acqua sporca col bambino, e lo fanno con la soddisfazione meschina di chi pensa: lo sapevamo, non poteva che finire così. Ecco, in questo momento si leva il mio lamento su Napoli vilipesa, su Napoli avvilita, e la mia interiore rivolta. E piango per la pena che provo per la mia città».

Non è la «munnezza» antica, quella raccontata da Matilde Serao, che accusava anche allora gli amministratori: «Da quanti anni non si lavano, queste vie? Da quanti anni non si spazzano? Tutto il letame delle bestie e delle persone e delle case, tutto è qui e nessuno ce lo toglie». È una cosa diversa, si è sfogata sul «New York Times» e sulla «Repubblica» la narratrice dell'*Amore molesto* Elena Ferrante: «A Napoli le montagne di rifiuti paiono il simbolo di una putrefazione cosmica. Qui la decomposizione non soltanto è visibile, ma ha anche tutta la forza di un presagio. Se si sa con che occhi guardarla, è facile capire che questa sozzeria maleodorante e tossica, generatrice di profitti leciti e illeciti, non è qualcosa di antico, una reliquia d'altri tempi, ma qualcosa di moderno, molto moderno». E se l'immondizia appare insopportabile ai napoletani, perché dovrebbero sopportarla i turisti stranieri? Tanto più che i costi di una vacanza italiana non sono affatto concorrenziali.

Prendiamo «Libero Mercato» di metà agosto 2008: «Secondo il rapporto di Hotels.com, l'Italia può "vantare" la terza posizione tra i Paesi del Vecchio Continente per il costo medio di una stanza d'albergo (davanti ci sono solo Uk e Svizzera). Ma i 141,9 euro sono ben al di sopra dei 126,3 della media Ue e dei 114,9 della Spagna». Perché la qualità è più alta? «Non è così. Il confronto è, infatti, impietoso anche sugli hotel a due stelle.»

Secondo Simon Anholt, consulente del governo inglese e inventore del Nation Brands Index, la classifica sulla «percezione» globale dei turisti, l'immagine dell'Italia si è guastata. Nel 2008 l'Italia si era piazzata sesta, mentre il podio era andato a Germania, Francia e Regno Unito. Ma la sua posizione, spiegava Anholt nel dicembre 2009 a Trieste dove era andato a ricevere il Nobels Colloquia che premia la leadership nel business e il pensiero economico, «peggiorerà negli anni» al punto che, a causa soprattutto della «scarsa attenzione all'ambiente», «perderà posti su posti» finendo nel 2020 dietro al Messico.

Opinione di un catastrofista figlio della perfida Albione? No. Lo conferma la classifica della competitività del World Economic Forum. Che, come spiega la rivista on-line «lavoce.info» «prende in esame diversi fattori in base ai quali giudica la capacità di un Paese di attrarre il turismo» e cioè, oltre ai più tradizionali, «la sicurezza, la sanità, la presenza di risorse umane qualificate, il sistema legale, tutti elementi che potrebbero essere utilizzati come parametro di giudizio non solo per il settore turistico, ma per la stessa qualità della vita di un Paese». Bene: nella classifica 2009 siamo al 28° posto. Non solo nettamente staccati dal gruppetto di testa (Svizzera, Austria, Germania, Francia, Canada) ma dietro anche a Islanda, Norvegia, Cipro, Repubblica Ceca, Estonia.

Quanto alla quota di Pil dovuta al turismo, basta capirsi. Dice Berlusconi: «Il nostro obiettivo è che il turismo possa incidere per il 20% sul Prodotto interno lordo per la fine della legislatura. L'obiettivo è quello di raddoppiare la percentuale. Ora siamo al 10% mentre in Spagna è al 17%». In realtà l'incidenza del turismo sul Prodotto interno lordo non è affatto del 10%. O meglio, raggiunge quel valore se si considerano anche le attività collaterali, come le costruzioni. A seconda di come si allarga il campo dell'indotto si può arrivare pure al 13%. Che è comunque inferiore, dice il dossier di PricewaterhouseCoopers del febbraio 2009, alla media europea che sta sul 14 nonostante nell'opinione brambilliana gli altri si spartiscano solo le briciole del patrimonio culturale.

Più corretti, anche se non aggiornatissimi, sono i dati del rapporto del centro studi di Confindustria del 2005, che si riferiscono alle attività turistiche in senso stretto. Comparabili a quelli degli altri Paesi. Spiega quel documento, precisando che comunque ogni analisi è complicata dalla questione del sommerso, che l'Italia è l'unico Paese fra quelli cosiddetti sviluppati, con l'eccezione degli Stati Uniti, ad aver ridotto fra il 1995 e il 2004 l'incidenza del turismo sul Pil, passato dal 6,13% al 5,68%, mentre la Spagna era passata dall'8,02 all'11,09%, la Francia dal 4,24% al 6,23%, la Germania dal 4,61 al 6,45% (quasi un punto più dell'Italia: la Germania!), il Portogallo dal 9,57 all'11,67%, la Cina dal 2,50 al 4,66%, la Turchia dal 5,30 al 12,21%.

Un governo serio, davanti a dati come questi, non esiterebbe. Convocherebbe i massimi esperti mondiali, studierebbe una strategia, correggerebbe gli errori, investirebbe massicciamente nella tutela dei suoi tesori paesaggistici, monumentali, culturali. Lo sostiene, in un duro articolo su «Panorama» del giugno 2010, anche un uomo di cultura non ostile al governo di destra come Vittorio Sgarbi. Il quale, dopo aver denunciato che «negli ultimi cinquant'anni, privati senza scrupoli hanno stuprato lo Stato» e che «in ogni parte d'Italia un'edilizia selvaggia ha cancellato ciò che era stato protetto dalla povertà e dall'azione laboriosa di istituzioni preposte alla tutela», scrive: «Il patrimonio storico, artistico e culturale italiano non è un peso, ma la ragione stessa dell'importanza dell'Italia nel mondo. Da Pompei ai musei di Firenze, alla qualità del vino in aree pregiate del Piemonte, della Toscana, della Sicilia, alla moda, al design, parole come Barolo, Marsala, Ferrari, Culatello, non diversamente da Rinascimento, Barocco, Neoclassico, caratterizzano l'Italia contribuendo in modo determinante allo sviluppo della sua economia e all'idea che si ha dell'Italia nel mondo, e al successo dei suoi marchi e dei suoi prodotti».

Perciò, prosegue il critico d'arte, «non restaurare, non mantenere, non aprire siti archeologici e monumentali è un grave danno all'economia. L'esempio è facile. Un ciclo di affreschi del Quattrocento avrà più valore di una Ferrari? E come è possibile, dunque, lasciare sfarinare gli affreschi, come ho visto in ogni parte d'Italia e qualche giorno fa nella bellissima chiesa di Santa Maria Nova di Sillavengo? Nel generale degrado colpiva l'altare con un dossale laterizio affrescato da un allievo di Gaudenzio Ferrari, ridotto a una larva e quasi interamente scomparso. Lo Stato ha il compito di tutelare questo bene, e così lo troviamo. Chi possedendo una Ferrari Testarossa l'abbandonerebbe in un campo, esposta alle intemperie e priva di manutenzione con vetri rotti e gomme bucate, ignorandone il pregio?».

Macché: tagli, tagli, tagli. Il giro di vite è stato durissimo, con stanziamenti scesi dai quasi 115 milioni del 2008 ai 76 milioni e mezzo del 2009. Finché, miracolo, la somma è risalita d'incanto, nel bilancio di previsione del 2010, a 83 milioni e mezzo. Un sussulto d'orgoglio dei nostri governanti, finalmente persuasi dell'importanza del turismo? Uno scatto di reni per rilanciare il Bel Paese?

Niente di tutto questo. L'aumento è dovuto alla crescita abnorme delle spese di funzionamento del ministero guidato da Michela Vittoria, l'ex testimonial delle calze Omsa.

I costi del suo dicastero sono balzati di colpo dai 642.960 euro previsti all'inizio del 2009 ai 7.450.296 euro l'anno dopo. Una moltiplicazione di undici volte e mezzo in dodici mesi. Per capire come si sia verificato un evento così miracoloso mentre tutti i ministeri erano costretti a tirare la cinghia, basta dare un'occhiata al bilancio di previsione pubblicato sulla «Gazzetta ufficiale» il 25 gennaio del 2010. Dove, tra tutti gli aumenti, spiccano due voci. La prima: spese per la «comunicazione istituzionale» da 10.000 a 3 milioni di euro. La seconda: spese per il «trattamento economico accessorio per gli addetti agli uffici di diretta collaborazione del ministro» da zero a 1.005.896. Più le autoblu, i voliblu, gli elicotteriblu...

Dietro il costosissimo tormentone sul sito turistico, in realtà, c'è l'enorme difficoltà di un Paese che su internet non riesce a stare al passo. Difficoltà riassumibile in un titolo paradossale: Abbiamo spezzato le reni a Cipro. Il grido di esultanza, nella scia del ridicolo bullismo («spezzeremo le reni alla Grecia») di Benito Mussolini, sgorga alla lettura delle classifiche di netindex.com sulla velocità media delle connessioni internet. Dove l'Italia, alla fine del 2010, era al 70° posto nel mondo dietro non solo a tutti gli altri Paesi occidentali ma anche a nazioni come la Georgia, la Mongolia, il Kazakistan, la Thailandia, la Turchia e perfino la Giamaica...

Umiliante. Come umiliante è la classifica netindex.com per l'Europa. Che ci vede ventiseiesimi su 27 Stati membri, davanti di nuovo soltanto a Cipro. Quanto alla hit parade sul versante dell'upload, siamo messi ancora peggio: ottantottesimi anche dietro l'Ecuador e il Madagascar. Incredibile? Nient'affatto. Il rapporto 2010 di Akamai Technologies, rete globale dotata di oltre 73.000 server che gestiscono 487 milioni di indirizzi di 233 Paesi, dice che tra le prime cento città del mondo con internet più veloce, moltissime sono asiatiche, molte europee e di queste cinque rumene ma neppure una italiana. Di più: se in Romania la velocità media di connessione è di 6,8 Megabit per secondo, nei Paesi Bassi di 6,5 e in Belgio di 5,3, «la velocità media di connessione registrata in Italia è di 3». Meno della metà di quella rumena.

Eppure Silvio Berlusconi, nell'ormai lontano 2002, prometteva luminose aurore informatiche: «Siamo vicinissimi al varo di una procedura di acquisti di tutto ciò di cui lo Stato ha bisogno attraverso un sistema centralizzato su internet, che supera le reti commerciali intermedie. Il risparmio previsto è di circa il 25%». Bum! Il venticinque percento di risparmio! Miliardi e miliardi di euro! Tornato al governo nel 2008, nella primavera successiva insisteva annunciando svolte epocali: «Nel giro di due anni si può arrivare a svolgere ogni pratica attraverso internet. (...) Garantiamo che entro la fine di questa legislatura l'Italia sarà in linea coi Paesi più avanzati nella modernità». Sì, ciao...

Eppure oggi, su internet e dintorni, si muovono un sacco di

soldi. Google, Amazon, eBay, iTunes, Cisco, Microsoft, Yahoo e Baidu, da soli, hanno un fatturato di oltre 169 miliardi di dollari e ne valgono in Borsa addirittura 711. Numeri che complessivamente non hanno subito vistose flessioni neppure in questi anni di crisi. Già nel 2006, dice un rapporto di Confindustria, il peso che aveva il fatturato del commercio elettronico sul totale era importante: oltre il 22% in Corea, il 17,4 negli Stati Uniti, il 16,7 in Francia e giù giù a scendere fino alla Spagna (6,6), alla Polonia, alla Grecia e in fondo in fondo c'eravamo noi: 2%. Quanto paghiamo, con questi ritardi, sul fronte del turismo? Quanto?

Durante la campagna elettorale del 2008, in un momento di sincerità finito su YouTube, il Cavaliere ammise gigioneggiando di essere «un vecchio signore che ancora scrive a penna tutti i suoi interventi e anche quelli di altri che poi si lamentano perché non capiscono la calligrafia». E riconobbe di avere una scarsa dimestichezza con l'elettronica e il web: «Uso anch'io il computer, uso naturalmente internet, ma lo usano soprattutto i miei collaboratori. Resto sempre meravigliato di come anche in aereo si possono avere tutte le informazioni con il telefonino. Mi sa che hanno ragione quando dicono che sono troppo vecchio per guidare un Paese moderno...». Pochi mesi dopo, su questa sua estraneità al mondo del web, unica tra i capi di governo dei Paesi sviluppati, ammiccava: «Io di internet a casa non ho bisogno. Ho il mio internet umano, che è Gianni Letta». Sottosegretario, ma a banda larga...

12

Emergenza non fa rima con trasparenza

Commissari dappertutto. Bilanci oscuri. E corruzione dilagante

Ci ha fregato «Pablito» Rossi. E quella maledetta tripletta con la quale nel 1982, a Barcellona, fece fuori il Brasile di Zico, Falcão, Sócrates, Cerezo, Júnior... Pareva impossibile che l'Italia di Enzo Bearzot, che veniva da un girone osceno con tre pareggi con Polonia, Perú e Camerun, potesse vincere. Non solo vinse: andò a vincere il Mondiale. E sembrò che il destino si fosse incaricato di confermare una vecchia idea: l'Italia dà il meglio di se stessa quando è nei guai. Quando è chiamata al miracolo.

Da quel momento, l'ultima briciola di buon senso è stata smarrita. E abbiamo cominciato a inseguire il miracolo. Addirittura a crearci le condizioni di emergenza che ci costringano al miracolo. Come se l'italiano fosse «geneticamente» inadatto alla saggia gestione del quotidiano. «A un popolo di dannunziani non si può chiedere spirito di sacrificio» scrisse Piero Gobetti nella *Rivoluzione liberale*. Men che meno spirito di manutenzione.

Dice tutto la decisione di Romano Prodi, nel 2006, di affidare il restauro del David di Donatello alla Protezione civile. Cosa c'entrava? Niente. Ma era l'unico sistema per tirar fuori subito 200.000 euro. Certo, ci voleva un'emergenza. E sotto mano non ce n'era una. Niente paura: l'ordinanza stabilì che i soldi erano indispensabili «per il proseguimento delle iniziative finalizzate al recupero del patrimonio storico-artistico danneggiato dagli eventi alluvionali che hanno colpito Firenze il 4 novembre del 1966». Emergenza postuma. Di quarant'anni.

E postuma era stata l'emergenza che aveva spinto mesi prima il Cavaliere, agli sgoccioli del suo terzo governo, ad assegnare alla stessa Protezione civile la fase finale del recupero della cattedrale di Noto, colpita dal disastroso terremoto del 1990 e in particolare «il restauro delle vetrate artistiche, degli oggetti e dei corredi sacri, delle sculture e delle opere lignee, dei metalli e argenti, dei dipinti su tela e su carta, delle pale d'altare; il restauro conservativo degli altari della navata e del transetto sinistri, del fonte battesimale e dell'acquasantiera, delle cappelle di San Corrado...».

In entrambi i casi l'obiettivo era ovvio: dare un'accelerata. Indispensabile per superare i mille ostacoli burocratici di un sistema di regole paralizzante. Cosa farebbe uno Stato serio? Cambierebbe le regole. Da noi no: troppa fatica. Ed è così che, soprattutto a partire dal 2008, è passata un'altra linea: l'uso della Protezione come grimaldello per scardinare le saracinesche burocratiche. Lo Stato che aggira le norme dello Stato. Lo Stato che fotte lo Stato.

Le ordinanze «d'emergenza» per affidare questa o quella opera in deroga alle «normali procedure» hanno avuto un crescendo rossiniano: 28 nel 2001, 34 nel 2006, 49 nel 2009. Valga per tutti l'esempio della spazzatura a Napoli: un provvedimento all'anno della Protezione civile dal 2001 al 2005, sette nel 2007, undici nel 2008... Da brivido il conto finale: oltre 3 miliardi e mezzo di euro in nove anni. Cioè 1152 per ogni abitante della provincia partenopea.

Trecentodue sono state le ordinanze emanate dal 2001 al 2009. Il papa andava a Loreto? Dichiarazione di emergenza. C'erano da organizzare i Giochi del Mediterraneo? Dichiarazione di emergenza. Erano in programma i Mondiali di ciclismo a Varese? Dichiarazione di emergenza. E via via l'abuso dell'emergenza è diventato un'emergenza morale, amministrativa, giudiziaria. Costringendo la magistratura a intervenire. Sui Mondiali di nuoto del 2009. Sul G8 alla Maddalena per il quale fu stanziato (anche se poi non sarebbe stato effettivamente speso) un miliardo di euro e rotti, pari al 71% dello stanziamento annuale per tutti i Beni culturali messi insieme. Sul business, infine, del centocinquantenario dell'Unità d'Italia.

Il fatto è che non solo la gatta frettolosa fa i gattini ciechi. Ma talvolta l'«urgenza» (vera o meno) pare addirittura funzionale ad accecare. E far passare cose che in condizioni normali sarebbero impensabili. Un esempio? La storia degli Uffizi e del coiffeur. Quando il ministero dei Beni culturali assegna alla task force di Bertolaso e a un suo commissario, con la scusa dell'urgenza per le celebrazioni dell'Unità d'Italia (immaginatevi la sorpresa: oibò, l'anniversario!), i «lavori di realizzazione del nuovo Auditorium di Firenze» e il «restauro architettonico e strutturale, nonché l'adeguamento strutturale e la realizzazione degli impianti meccanici, elettrici e speciali del complesso museale degli Uffizi di Firenze...». L'ordinanza precisa che lo stesso commissario «provvede a nominare un soggetto di elevata e comprovata professionalità con funzioni di direttore dei lavori». E chi viene scelto, secondo un rapporto dei carabinieri, grazie a una «ampia cornice di interscambio di favori»? Un certo Riccardo Micciché.

Chi sia, lo spiegano sul «Corriere Fiorentino» Alessio Gaggioli e Simone Innocenti: «Nel suo curriculum si legge che nel 2006 è stato nel consiglio di amministrazione della società Erbe Medicinali Sicilia Srl, azienda che si occupa di preparare i terreni per la coltivazione delle erbe e piante officinali e nel 2007 è entrato in una società di Roma che si occupa di attività di parrucchiere, estetista e gestione di palestre».

Apriti cielo! Affidano gli Uffizi del Beato Angelico e di Giotto, di Cimabue e Raffaello, a un erborista parrucchiere? La brillante idea è stata di Salvo Nastasi, capo di gabinetto del ministro, che la sera del 22 dicembre 2009 comunica ad Angelo Balducci, il presidente del consiglio superiore ai Lavori pubblici destinato di lì a poco a finire in galera, come sono stati distribuiti gli incarichi: «soggetto attuatore» il braccio destro di Bertolaso Mauro Della Giovampaola (anche lui prossimo a essere ammanettato), responsabile unico Enrico Bentivoglio, direttore dei lavori Riccardo Micciché. «Mi sembra una buona squadra, no?» commenta soddisfatto.

Quanto sia buona lo rivela un'intercettazione tra Bentivoglio e Fabio De Santis, provveditore alle opere pubbliche della Toscana, lui pure avviato verso il carcere. Rileggiamo il verbale. Bentivoglio: «Sai chi hanno nominato direttore dei lavori? Il siciliano». De Santis: «Micciché? Non ci posso credere!». Bentivoglio: «Sì... "di comprovata esperienza e professionalità". Lui!».

De Santis: «Quando lo vedo gli dico: siamo proprio dei cazzari guarda, siete proprio dei cazzari... Andate in giro a rompere il c...». Bentivoglio: «Ma ti rendi conto? Quando siamo andati che ci stava pure Bondi... Abbiamo fatto la riunione l'altro giorno... Siamo tornati in treno... C'era pure Salvo [Nastasi, Ndr] allora stavamo un attimo da soli e ho fatto "Salvo, ma siamo sicuri di coso, qua del siciliano?". "Sì, non ti preoccupare... Poi io c'ho un fatto personale che tu non c'hai." Dico: "Tutto il rispetto perché è una persona in gambissima, ma a gestire un lavoro del genere..."». De Santis: «È un bordello, aho!». Continua la cronaca del «Corriere»: «Il commissariamento, leggendo le carte dell'inchiesta, sembra essere stata la spartizione di una grande torta. E forse c'è qualcosa di più, ma questo spetterà ai giudici provarlo. Intanto restano sul tappeto i risultati prodotti: zero». Quando scoppia lo scandalo del parrucchiere messo a dirigere un appalto da 29 milioni e mezzo di euro che tocca uno dei più celebri musei del pianeta, Bondi si affanna a precisare: non è colpa mia, non so come sia successo, non ne sapevo niente... Tutto annullato. Ma ormai la figuraccia è fatta.

Il punto è che il virus infettante sta nel meccanismo stesso del ricorso ai decreti, alle dichiarazioni d'emergenza, alla Protezione civile. Se per fare in fretta tiri su una brutta new town sul costone di un monte alla periferia dell'Aquila rovini una prospettiva ma al limite puoi sempre successivamente demolirla. Se affidi il Teatro di Pompei a una ditta di muratori che annienta le antiche scalinate erose dal tempo facendo delle gettate di cemento armato e costruendo scalini nuovi di zecca con mattoni da ovile appenninico, come ha fatto il commissario Marcello Fiori, quel tesoro antico l'hai stuprato per l'eternità.

Eppure i commissariamenti a raffica, le intercettazioni, i nomi che compaiono negli organigrammi, dimostrano che l'intreccio fra il sistema della Protezione civile e i Beni culturali è sempre più stretto. Sarà un caso ma, quando nel 2010 circola la voce che Bondi potrebbe lasciare il posto, si parla subito di sostituirlo con Bertolaso. Sarà un caso ma Fiori, lasciata Pompei, finisce nel gabinetto del ministero di Bondi. Sarà un caso ma Barbara Altomonte, moglie del sottosegretario ai Beni culturali

Francesco Maria Giro, fa la dirigente alla Protezione civile. Quando un «talent scout» del governo (chissà chi: il marito?) la scovò, era un'anonima insegnante di storia e filosofia in un liceo. Oggi è lanciatissima.

Fatto sta che da anni ogni intervento specifico del nostro patrimonio culturale sembra passare solo col passe-partout dell'emergenza.

Servono 250.000 euro da destinare al restauro e alla conservazione dell'*Ultima Cena* di Giorgio Vasari? Avanti con la Protezione civile! Occorre mettere in sicurezza la Domus Aurea «considerato che è uno dei monumenti più importanti risalenti all'epoca romana e che rischia di vedere irrimediabilmente compromesse le sue strutture parietali e musive a causa delle eccessive infiltrazioni d'acqua conseguenti alle intense precipitazioni atmosferiche»? Protezione civile! Va per le lunghe il restauro del Teatro Petruzzelli di Bari bruciato 15 anni prima? Protezione civile! Ha gli stessi problemi la Fenice di Venezia? Protezione civile! Si può approfittare dei 150 anni dell'Unità d'Italia per fare «i necessari interventi di restauro e ristrutturazione architettonica ed impiantistica del Teatro San Carlo di Napoli»? Protezione civile!

Sempre lì si finisce. Ogni occasione è buona. Occorre aprire un cantiere per il complesso della cattedrale di San Ciriaco, forse la più interessante delle Marche, e del Museo diocesano di Ancona dopo il crollo di un muro di sostegno? Emergenza: è in programma lì il Congresso eucaristico nazionale! Ed ecco subito un commissario.

«Bertolasocrazia». Così Alberto Statera, nel momento di massimo potere di Guido Bertolaso, definiva il sistema: una «evoluzione emergenziale della turpe burocrazia espunta dalla filosofia berlusconiana della presunta efficienza affrancata da ogni controllo previsto nelle democrazie liberali». I commissariamenti, come ha spiegato Gianfranco Cerasoli a Roberto Ippolito, autore del libro *Il bel paese maltrattato*, rappresentano «l'ammissione della sconfitta del ministero, incapace di assolvere normalmente i suoi compiti e di fatto smantellato con l'affidamento di incarichi straordinari».

«Guidata con criteri rigidamente monocratici, strutturata in forme gerarchizzate e di fatto quasi militari, sottoposta a pochissimi vincoli e controlli da parte di strutture esterne, messa direttamente alle dipendenze del potere esecutivo, la Protezione civile così intesa, assai diversa da ciò che era in origine, è andata radicando nel corso degli anni una modalità di intervento politico-gestionale e tecnico-amministrativo per molti versi unico, basato appunto sul criterio di tipo emergenziale esteso però sino al punto da farne un criterio ordinario e permanente d'azione» ha scritto sul «Riformista» Alessandro Campi.

Dalla gestione dell'emergenza, secondo il politologo dell'Università di Perugia, si è «passati alla cultura dell'emergenza, all'idea che qualunque problema o situazione possa essere affrontato e risolto solo se fatto rientrare entro la categoria dell'urgenza e della necessità». Risultato: «Oltre a togliere alla politica qualunque respiro progettuale e qualunque capacità di ragionare sui tempi lunghi, questo modello d'intervento, basato sullo scambio tra discrezionalità ed efficienza, non solo ha favorito un crescendo di fenomeni corruttivi e di sacche di affarismo corsaro, ma ha fatto saltare gli abituali sistemi di controllo in campo amministrativo e alterato il sistema legislativo ordinario a vantaggio esclusivo del potere esecutivo. In una parola, ha pericolosamente modificato il funzionamento della nostra democrazia imponendo un regime dell'eccezione».

Parole sante. Se c'è un'emergenza, oggi, in Italia, è che occorre uscire dalla cultura dell'emergenza. Quella che spinge i filosofi del decisionismo (il primo fu Gianni De Michelis) a teorizzare l'obbligo di darci delle «date-catenaccio» come una Expo universale, una Olimpiade, un vertice planetario per essere poi costretti a rispettare i tempi. Che induce chi governa lo Stato o un Comune, una Regione o un ente pubblico, a rinunciare a priori alla corretta gestione di qualunque impegno per invocare un commissariamento.

Che senso c'è? Il nostro Paese ha piuttosto un urgentissimo bisogno di manutenzione. Di cultura delle piccole, serie, metodiche cose quotidiane. Ne va della conservazione del nostro patrimonio artistico, paesaggistico, monumentale. Ne va della nostra anima. Lo dicono anche i soprintendenti nella lettera mandata a novembre del 2010 a Bondi dopo il crollo della Schola Armaturarum: «È ora che la cultura dell'emergenza ceda il passo a quella della manutenzione, ordinaria e straordinaria, a cura delle strutture e degli staff tecnico-scientifici che quei monumenti, quei siti, quei musei conoscono e tutelano». Seguiva una rasoiata alla politica show: «La valorizzazione come concetto mediatico non può sostituirsi al paziente e faticoso lavoro di monitoraggio, consolidamento e restauro, che per definizione è poco visibile e quindi poco mediatico». Traduzione: i mosaici di Pompei si salvano solo lavorandoci il lunedì, martedì, mercoledì, giovedì... Non portano voti? Può darsi. Ma si salvano così.

«Lo sappiamo benissimo», sbufferanno certi politici permalosissimi. Stefania Prestigiacomo, ad esempio, disse già nell'estate 2008 che va invertita la rotta «passando dalla cultura dell'emergenza alla rigida programmazione degli interventi» a partire dai parchi che «rischiano di essere solo poltronifici» per «politici trombati che reclamano un posto» col risultato che «oggi non hai persone competenti e i soldi vengono polverizzati per pagare politici bolliti» mentre «c'è un tesoro che va in rovina». Bravissima.

Peccato che quando il suo governo decide nell'autunno di due anni dopo, in nome dell'emergenza, di continuare a buttare la spazzatura in una discarica all'interno del Parco del Vesuvio (una scelta indecente già avviata dal centrosinistra) la bella ministra siracusana delegata a difendere l'ambiente perde l'uso della favella. Non una parola. Manco una.

Eppure il Documento di lavoro della missione di inchiesta in Campania della Commissione per le petizioni europea, firmato da Judith A. Merkies, è chiaro: «L'ubicazione della discarica di Terzigno all'interno del perimetro del Parco nazionale del Vesuvio, sito di interesse comunitario nonché zona di protezione speciale, è di per sé un'aberrazione. Nella relazione della Protezione civile si afferma che lo studio d'impatto ambientale realizzato è stato approvato dal ministero dell'Ambiente. Alla luce di quanto osservato nel corso della visita, è legittimo dubitare dell'obiettività e della validità di tale studio». E lei? Muta. È un'emergenza...

Ma davvero è sempre e solo una questione di emergenza? Il dubbio è fortissimo. Non solo per la scoperta degli indecenti intrallazzi della «cricca». Ma perché l'«opacità» con cui per anni sono stati affidati i lavori attraverso la Protezione civile è in linea con l'opacità dei conti di tutta la presidenza del Consiglio. Lo dimostra in modo accecante il confronto tra il rispetto per le legittime curiosità dei cittadini britannici da parte di Downing Street e l'ostilità verso questa stessa curiosità dei cittadini italiani da parte di Palazzo Chigi.

Volete sapere quanto ha pagato David Cameron per la carta igienica, il toner delle stampanti o le auto di servizio? Andate su www.number10.gov.uk e cliccate su «Transparency». Vi apparirà la scritta: «How your money is spent». Cioè: «Come viene speso il vostro denaro». C'è tutto. Tutto: ogni uscita superiore alle 25.000 sterline. Chi ha comprato, cosa, dove. Quanto ha sborsato. Ordine di pagamento. Perfino troppa roba, si lagna qualche cittadino nel blog. «TB» dal West Yorkshire, ironizza: «Credo di aver letto male. C'è scritto che il dipartimento della Salute ha speso solo a settembre 657.000 sterline per viaggi. Com'è possibile nell'epoca delle videoconferenze? Perché dovremmo avere bisogno di tutti quei viaggi?». Tutto pubblico, tutto on-line.

In un altro sito governativo, quello del Cabinet Office, c'è l'elenco dei regali di valore superiore a 140 sterline ricevuti dai ministri. A quello dell'Istruzione una scuola di Dubai donò nel dicembre 2008 una penna Montblanc e un cadeau marchiato Roberto Cavalli. Quello dello Sport ha avuto a ottobre 2008 dalla Phonographic Performance Limited un Cd incorniciato, un boccale, una maglietta da calcio e una bottiglia di champagne... Andiamo avanti? Un confronto per noi umiliante.

Eppure, neanche questo abisso tra la massima cristallinità dei conti inglesi e la massima oscurità dei conti italiani è sembrato sufficiente a Berlusconi. Il quale, nella scia dell'acerrimo nemico Massimo D'Alema che per primo stabilì nel 1999 con un decreto legislativo che la presidenza del Consiglio aveva l'assoluta autonomia finanziaria e contabile, è insofferente a ogni controllo visto come un intralcio al «fare». Meglio le emergenze. I commissariamenti. La delega alla Protezione civile. I lavori distribuiti senza il fastidio delle gare d'appalto. E la trasparenza? Uffa...

Per cominciare, nel sito di Palazzo Chigi il bilancio non c'è. Non che sia un documento segreto, ma devi andare a cercarlo da un'altra parte. Dove? Sulla «Gazzetta ufficiale», della quale sono disponibili on-line solo gli ultimi 60 numeri: per consultare i precedenti devi pagare l'abbonamento. Entri: www.gazzettaufficiale.it. Il motore di ricerca generale non c'è. Devi intuire che potrebbe essere sotto la lente microscopica alla voce «Serie generale». Eccolo. Scrivi: «Bilancio della presidenza del Consiglio». Entri e trovi un testo in burocratese incomprensibile a un cittadino normale. Corredato da pagine in formato Pdf che non puoi fare scorrere ma sei costretto ad aprire una alla volta. Non basta, le tabelle sono in verticale: o le leggi di traverso o le raddrizzi, ma a quel punto non stanno più dentro la mascherina e non c'è modo di leggerle tutte intere se non in corpo 3. Non bastasse, non c'è un indice generale e ciascuna pesa in modo mostruoso. Impenetrabile per la stragrande maggioranza dei cittadini in un Paese come il nostro che, come abbiamo visto, ha una velocità media di connessione che ci vede al 70° posto dietro perfino alla Georgia, alla Mongolia, al Kazakistan, alla Giamaica...

Ore ci vogliono, con una buona linea Adsl, per vedere il bilancio di Palazzo Chigi. Ore. A meno che non scarichi un Pdf unico che può essere anche spedito per e-mail. Ma devi pagare un supplemento: 14 euro. In Inghilterra, davanti a una cosa del genere, i cittadini internauti si ribellerebbero rovesciando sul sito così ostico tonnellate digitali di invettive. Qui no. La rassegnazione davanti alla ostilità della burocrazia annebbia anche il furore.

Quanto ai contenuti, andiamo (faticosamente) a vedere il bilancio 2009 della Protezione. C'è scritto che durante l'anno si è deciso di spendere 156.087.943 euro «per il potenziamento della flotta aerea». Ma nelle tabelle che accompagnano la relazione quella cifra non risulta. Il capitolo 756, «Spese per l'acquisto, manutenzione, riparazione, leasing, noleggio, esercizio di mezzi aerei» informa che le «previsioni iniziali» di spesa per il 2009 erano pari a 158 milioni, che quelle «finali» sono lievitate a 213, che sono stati effettuati «pagamenti» per 104 e che il «totale impegnato» (cioè la somma già stanziata) ammonta a 144. Come si arriva a 156? Sommando e sottraendo varie voci con un calcolo complicatissimo. Messaggio ai cittadini: pagatevi un bravo commercialista e riuscirete a capirci qualcosa anche voi.

Sia chiaro: non si lamentano solo i cittadini. Dal 2006, come ha scritto su lavoce.info Paolo De Renzio, ricercatore associato presso l'Overseas Development Institute di Londra e il Global Economic Governance Programme dell'Università di Oxford, «l'International Budget Partnership pubblica ogni due anni l'Open Budget Index, un indice che classifica i Paesi in base alla quantità e alla qualità delle informazioni su vari aspetti dei conti pubblici e del bilancio dello Stato che vengono resi disponibili al pubblico».

Insomma, un misuratore della trasparenza dei conti che prende in esame varie voci: «Ai primi posti figurano molti Paesi dell'Ocse, tra cui Nuova Zelanda, Inghilterra e Svezia, ma anche il Sudafrica, che negli anni post-apartheid ha saputo mettere in atto una serie di riforme che rendono molto trasparente la gestione delle finanze pubbliche. In fondo alla classifica vi sono soprattutto Paesi caratterizzati da estrema povertà, da regimi politici non democratici e da alta dipendenza dal petrolio come fonte principale di esportazioni e di entrate fiscali, tutti fattori che chiaramente limitano la capacità o la volontà dei governi di rendere conto in modo trasparente sull'uso delle risorse pubbliche».

Bene: dove stiamo noi? «L'Italia ottiene un punteggio di 58 su 100, uguale a quello del Portogallo, ma tra gli ultimi dei Paesi Ocse, e dietro a Sri Lanka, Perú e Mongolia.» Una figuraccia. Che ha spinto gli esperti della Ibp a commentare: «È la dimostrazione che la trasparenza dei bilanci dipende più dalla volontà dei governi che dalle risorse a loro disposizione». E il nostro, che pure si è inventato a uso dei cittadini più ingenui addirittura un «ministro della semplificazione», non ha nessunissima voglia di mostrare davvero i propri conti.

Non è solo una questione di informazioni. Ma di opacità. Ricordate quando Mu'ammar Gheddafi venne nell'estate 2009 per il G8 e tirò su la sua tenda nel giardino della Palazzina Algardi di Villa Doria Pamphili? Quei due giorni di campeggio del dittatore ci costarono 994.923 euro: «lavori di adeguamento» della meravigliosa dimora barocca. Che genere di «lavori»? Hanno ridipinto le stanze di verde islamico? Messo dei pudici vestiti alle statue? Piantato delle palme?

Il bilancio di Palazzo Chigi non lo dice. L'unica cosa certa è che i soldi li han tirati fuori i contribuenti. Senza che potesse metterci becco neanche Giulio Tremonti. Che nella Finanziaria del maggio 2010 ci provò, a riportare i conti della presidenza del Consiglio e dell'allegata Protezione civile sotto il controllo della Ragioneria generale. Niente da fare.

Del resto, per capire quanto sia callosa l'ostilità contro la trasparenza basti ricordare un episodio. Tre giorni dopo il terremoto dell'Aquila Palazzo Chigi decide di istituire una commissione «di garanzia» per «il tempestivo controllo legale e contabile delle azioni poste in essere dal dipartimento della Protezione civile». Nero su bianco: articolo 8 dell'ordinanza 3754 del 9 aprile 2009. Con tutti i dettagli operativi. Compresi i componenti del giurì.

Fatto l'annuncio e incassato l'applauso, addio. Mesi e mesi di silenzio. Di rinvii. Di polvere che si deposita sui fascicoli. Finché, il 22 dicembre 2009, mentre i cittadini sono distratti dalle feste, il governo, in curiosa coincidenza con il diffondersi delle prime voci di un'inchiesta giudiziaria, decide quatto quatto di farsi un regalo di Natale. Cancellando la commissione mai nata. Una riga soltanto in un altro provvedimento firmato da Berlusconi, numero 3832: «Il comma 3 dell'articolo 8 dell'ordinanza del Presidente del Consiglio dei Ministri n. 3754 del 9 aprile 2009 è soppresso». Amen.

Quanti soldi sono passati per le mani della Protezione negli ultimi dieci anni? Li ha contati l'Autorità per la vigilanza sui contratti pubblici: quasi 13 miliardi. Per l'esattezza 12.894.770.574 euro. Per calamità naturali, gare sportive, scavi archeologici, vertici internazionali, manifestazioni varie, restauri... Tutti o quasi tutti spesi senza gare d'appalto. Con affidamenti diretti. Talvolta ad amici e amici degli amici. Come Diego Anemone. Il costruttore romano che comprò la casa al Colosseo a Claudio Scajola «all'insaputa» del ministro.

In Gran Bretagna il portale del governo inglese dà perfino i conti dei servizi di sicurezza e di intelligence, con i costi dei 12.993 addetti. Nel bilancio di Palazzo Chigi non c'è nemmeno il numero delle persone che lavorano lì. Per farsi un'idea bisogna andare nel portale della Ragioneria, dove c'è un dato del 2008. Quando i dipendenti erano 2384 più 14 precari. Notizie sugli staff, i comandati, gli esterni? Zero. Si sa che sono centinaia. Punto. Sullo stesso sito c'erano i dati del personale di tutte le amministrazioni centrali e locali. C'erano: non ci sono più. O meglio, è consultabile una «sintesi dell'ultimo triennio». Ma i pulsanti che consentivano di analizzare i dati disaggregati e di incrociarli fra di loro, permettendo di far le pulci alla gestione, sono stati inibiti. Quanti dipendenti ha il ministero dell'Istruzione? Arrangiatevi. Quanti dirigenti ha la Regione Campania? Arrangiatevi. Quante persone lavorano nelle Province? Arrangiatevi.

Anche sulla trasparenza delle retribuzioni c'è da ridire. È vero che nei siti dei ministeri, oltre ai dati sull'assenteismo dei dipendenti, ci sono i nomi dei dirigenti e i loro stipendi. Non di tutti, però. Nel sito dell'Economia, ad esempio, mancano quelli del capo di gabinetto Vincenzo Fortunato, della segretaria particolare Maria Teresa Ciccone, del capo dell'ufficio legislativo Gaetano Caputi e di alcuni altri stretti collaboratori del ministro. Perché? Non sono dirigenti del ministero ma «distaccati». E siccome le norme dicono...

Irresistibile il portale del ministero di Renato Brunetta, pasdaran della trasparenza. C'è scritto che il suo capo di gabinetto Carlo Deodato, consigliere di Stato, ha un emolumento «accessorio» di 85.000 euro. Ma lo stipendio? Risposta: «Conserva il suo trattamento economico fondamentale». Cioè? Oltre all'integrazione continua a prendere lo stipendio da consigliere di Stato. Quanto? Boh... L'informazione, direte, sarà nel sito del Consiglio di Stato. No. Idem per il vicecapo di gabinetto, il capo della segreteria tecnica, il capo dell'ufficio legislativo, il consigliere diplomatico... Risultato: basta un clic per sapere la busta paga del dirigentucolo più sfigato ma non possiamo sapere quanto si mette in tasca il braccio destro del ministro che si vanta della riforma. Applausi.

Ma è tutto il comparto pubblico ad avere bilanci oscuri. Quello della Regione Sicilia, ad esempio, oltre a mettere l'acquisto di libri e giornali sotto otto voci diverse sparpagliate qua e là (si nota meno la mostruosa cifra finale: 117.000 euro) esclude la possibilità di fare confronti. Per capirci: a fianco di ogni colonnina non c'è, come di regola, l'anno precedente. Perché? Per celare come sono aumentati i costi della politica. Tipo quello dell'Assemblea regionale, che oggi è salito fino a pesare 1.802.000 euro a deputato l'anno. Quasi quanto basterebbe per gli interventi più urgenti a Selinunte.

Sarebbero furibondi, gli elettori siciliani, se potessero mettere a confronto le cose. Quanto costa una cosa in Sicilia e quanto in Veneto o in Abruzzo. Quanto assorbe un servizio a Palermo e quanto a Torino o ad Ancona. Quanto guadagna un dirigente all'assemblea regionale siciliana e quanto alle assemblee regionali emiliana o laziale. E questo vale, ovviamente, per tutte le Regioni, i Comuni, le Province. Ma questo sarebbe l'interesse dei cittadini. Quello di ogni amministratore mediocre, furbetto o ladro è esattamente l'opposto. Guai se i propri elettori potessero fare confronti fra bilanci chiari e comprensibili. Dove le fognature si chiamano fognature, i fuochi d'artificio si chiamano fuochi d'artificio, lo stipendio del direttore si chiama stipendio del direttore. Ne andrebbe del loro potere. Della loro carriera. Della loro possibilità di accontentare le clientele.

Il problema, anche se è esploso negli anni Settanta, dopo la nascita delle Regioni, è antico. Ma non è mai stato affrontato davvero. Risultato: ogni volta che un'amministrazione di destra rimpiazza una di sinistra o viceversa, la prima cosa che fa è mettere i libri contabili in mano a un ispettore del Tesoro. Perché? Per scaricarsi delle responsabilità dei predecessori. Ma anche perché i bilanci sono così ingarbugliati e poco trasparenti che dentro ci si può nascondere di tutto. Dalla verifica eseguita su richiesta dell'attuale governatore Stefano Caldoro dalla Ragioneria generale sui conti della Regione Campania, per dire, sono saltate fuori cose turche. Scrivono gli ispettori Luciano

Cimbolini e Vito Tatò che i rendiconti dal 2005 in qua sono «fortemente inattendibili». Colpa «della presenza di residui attivi», soldi di cui era stato previsto l'incasso ma che sono «di difficile, se non impossibile, riscossione». Colpa «della discordanza fra fondo cassa effettivo e fondo cassa contabile che ha influenzato in modo positivo la consistenza dell'avanzo di amministrazione». Traduzione: i conti furono sottoposti a un «lifting». Insomma: ritoccati.

Non bastasse, gli ispettori hanno scoperto che la Regione guidata da Antonio Bassolino, a dispetto della legge che vieta agli enti locali di fare mutui per pagare le spese correnti, si indebitò ad esempio per 210 milioni in tre anni per la manutenzione dei boschi o addirittura di 6 milioni e mezzo per progetti quali «Benevento città spettacolo», «Il maggio dei monumenti», il «Capri Art Film Festival», «Quattro notti e più di luna piena»... Per non dire dei 171.000 euro per il progetto Missione sorriso, «consistente nella effettuazione di interviste ai turisti per la rilevazione del grado di soddisfazione, condotte da operatori plurilingue». O di 3.650.000 euro spesi per co-finanziare non solo film d'autore come *Il divo* con Toni Servillo ma anche serie televisive come *Capri 2* o pellicole di serie B come *La seconda volta non si scorda mai* con Alessandro Siani ed Elisabetta Canalis...

Non va meglio con le Province, non va meglio con i Comuni. Sapete quante pagine ha la delibera del bilancio di previsione di Milano del 2010? Circa 800. E va meglio che a Roma, dove le pagine sono 1779. Vi interessa conoscere il costo della polizia municipale? C'è scritto sicuramente. Trovatelo. Auguri. Si dirà: ci sono regole, leggi, codicilli che si sono accumulati e non consentono spesso la semplicità. Può darsi. Ma perché non obbligare tutti gli enti pubblici a mettere on-line delle sintesi chiare, uguali per tutti, dove si possano confrontare le spese dell'uno e le spese dell'altro?

Perché la cattiva politica (non tutta la politica: la cattiva politica) ha tutto l'interesse a mantenere la massima opacità, la massima complicazione, il massimo caos possibili. Il bilancio falso, spiega il magistrato Piercamillo Davigo, uno dei massimi esperti italiani, «è assolutamente funzionale alla corruzione. Se non crei dei fondi neri non puoi pagare le tangenti. Non è che puoi mettere a bilancio la voce: mazzetta euro tot». Lo confermano le parole da brivido del procuratore generale della Corte dei Conti Furio Pasqualucci a commento del rendiconto generale dello Stato del 2008: «La corruzione è una tassa immorale e occulta pagata con i soldi prelevati dalle tasche dei cittadini». Una tassa da almeno 60 miliardi di euro l'anno.

Le due classifiche sulla trasparenza dei conti e sulla corruzione sono collegate. Parallele. E se nella prima siamo messi male, nella seconda siamo messi malissimo. Il Corruption Perceptions Index 2010, elaborato con le opinioni di organismi seri come la Banca Mondiale, il World Economic Forum, l'Asian & African Development Bank, la Fondazione Bertelsmann, la Freedom House, ci colloca al 67° posto, dietro Arabia Saudita, Kuwait, Turchia, Tunisia, Ghana, Ruanda... E continuiamo a scendere. Nel 2001 occupavamo la casella 29. Poi la 31, la 35, la 42, la 45, fino a scivolare nel 2008 al 55° posto per precipitare ancora...

Anche altri Paesi europei sono scivolati, ma non come noi. In dieci anni la Francia ha perso due posti scendendo al 25°, la Gran Bretagna sette fino al 20°, la Spagna otto fino al 30°. La Germania è risalita, dal 20° al 15°. Sarà un caso che gli investitori stranieri, al di là delle chiacchiere ottimiste sui conti italiani, preferiscono mettere i loro soldi lì?

13

Il torpedone in rosso

Bus, hotel, trenini: che disastri se il tour operator è pubblico

«Bergamasc, bè riacc a Ròma.» (Bergamaschi, benvenuti a Roma.) «Alùra, "er cuppolone" l'è ol tèc de San Pèdèr 'ndòl gh'era òl vèc Giuanì vintètreesem, "campo vaccino" iè i bùs romà coi rùine, "er fontanone" la sarès la funt de l'egua Paola, "'a cagliostra" l'è ol Castel Sant'Angelo 'ndo l'era imprisùnat ol Cagliostro, "er Palazzaccio" l'è la curt de Cassasiù...» (Allora, «er cuppolone» è la cupola di San Pietro dove stava il vecchio Giovanni XXIII, «campo vaccino» sono i fori romani coi resti archeologici, «er fontanone» sarebbe la fontana dell'Acqua Paola, «'a cagliostra» è Castel Sant'Angelo perché ci avevano imprigionato Cagliostro, «er Palazzaccio» è la Corte di Cassazione...)

Queste spiegazioni, che per comodità dei lettori corrediamo con la traduzione in italiano, vi sembrano demenziali? Eppure esiste un ente pubblico, pagato con soldi pubblici, con dipendenti pubblici, che ha come fine sociale dare «suggerimenti e consigli per migliorare il soggiorno romano» ai turisti bergamaschi che, lasciate le rassicuranti valli natie, si avventurino in trasferta sul lontano Tevere.

C'è chi dirà che non è possibile. Che questi sono sprechi da terroni, gente che non sa come buttar via i soldi. Altri diranno che Roma non è poi il Pantanal dove puoi trovare caimani e anaconde e anche se non risuonano all'orecchio le care melodie del dialetto orobico («L'öle l'è lé, l'ula l'è là. Ol löm gh'l'al lé lü?»: l'olio è lì, l'ampolla è là. Il lume ce l'ha lì lei?) perfino un anziano trebbiatore della Val Brembana può affrontare piazza Venezia senza troppi rischi. Altri ancora ricorderanno la meravigliosa scenetta di Totò e Peppino De Filippo che chiedono informazioni in presunta lingua austroungarica a un ghisa milanese: «Bittescen! Noio vulevan savuar...».

Eppure è proprio così. La Provincia di Bergamo, presieduta a mezzo servizio dal deputato leghista Ettore Pirovano, è azionista al 44% di Turismo Bergamo, società di promozione turistica del bergamasco. La quale dal 2005 ha una sede a Roma. Nel palazzo dell'Arciconfraternita dei bergamaschi (presente fin dal 1539 nella Città Eterna), in pieno centro, che già ospita la sede romana della Provincia. A cosa serve lo spiega la relazione al bilancio 2009: «All'interno dell'ufficio, gestito per mezza giornata da una dipendente esperta del settore turistico e coordinato dalla giornalista Rai bergamasca Alma Grandin, vengono organizzati appuntamenti culturali e di presentazione di varie attività...» e «la stipula di convenzioni commerciali con esercizi commerciali a Roma per i bergamaschi e il conseguente aggiornamento della newsletter "Informa" inviata regolarmente a tutta la mailing list di bergamaschi, a Bergamo e a Roma, sulla quale vengono anche acquisiti suggerimenti e consigli per migliorare il soggiorno romano».

Ma se ne servono? Sicuro: «Durante tutto l'anno sono stati numerosi i bergamaschi che si sono rivolti all'ufficio per avere informazioni e assistenza turistica per le vacanze romane: dalle prenotazioni di alberghi alle segnalazioni di ristoranti, richieste di guide turistiche e autonoleggio di vetture con conducente». Immaginiamo il premuroso sostegno in trattoria: «Alùra, "'a pajata" iè i bodèi del vèdèl de lac per consà i bombolocc, "er piccio' aripieno co la sarvia" l'è ol piviù ripiè a la salvia, "'a coda a' vaccinara" l'è la cùa de' mans co' la sigòla, la carotola, ol lard, l'oèta...».

Insomma: indispensabile. Compreso, converrete, il coordinamento di una giornalista Rai... Così come sono indispensabili, standο sempre al bilancio, altri uffici a «Brno, Bratislava, Mosca, San Pietroburgo, Varsavia e Cracovia». Aggiungendo che nella Repubblica Ceca e in Slovacchia la nostra controlla addirittura due società proprietarie delle mura di quegli uffici. Sono la Agentura pro rozvoj a propagaci cestovního ruchu Provincie Bergamo di Brno e la Agentúra pre rozvoj a turistickú propagáciu Provincie Bergamo di Bratislava. Sulle traduzioni in ceco e slovacco del bergamasco non ci inoltriamo.

La Provincia di Bergamo, però, non è certo il solo ente pubblico a spendere soldi in modo, diciamo così, «eccentrico» sul fronte del turismo e dei beni culturali e ambientali. Anzi, c'è chi di soldi ne butta molti ma molti di più. Per imitare Londra, ad esempio, il Comune di Roma decise qualche anno fa di far comprare all'Atac, l'azienda di trasporti comunali, un po' di quegli autobus a due piani scoperti immortalati da anni nelle fotografie mentre scorrazzano i visitatori per le strade di Soho, Mayfair e Covent Garden. Se lì hanno questo grande successo nonostante la perenne pioggerella britannica, chissà i trionfi sotto il sole capitolino! Il ragionamento, sulla carta, non faceva una grinza. I risultati sono stati catastrofici. Cinquemilaquattrocentosettantasei euro e 59 centesimi. Al giorno. Ecco quanto ci ha perso nel 2009 la Trambus Open, la società pubblica che gestisce i tour giornalieri seguendo il percorso stazione Termini, Colosseo, Bocca della verità, piazza Venezia, San Pietro, Ara Pacis, fontana di Trevi. Sei euro e mezzo di buco per ogni turista: 15 euro costa il biglietto, 21,50 costa il trasporto di ogni passeggero. Un affarone.

Com'è possibile? Come è possibile se il centro storico di Roma è al terzo posto al mondo nel World Heritage Sites, la classifica dei siti Unesco preferiti, e al secondo (dopo Angkor, Cambogia) tra i luoghi raccomandati dai milioni di partecipanti alla community di TripAdvisor? È quello che si domandano anche, a Parigi, i soci di questa avventura strampalata, che nel novembre 2010 hanno dovuto staccare un assegno di 200.000 euro per contribuire alla ricostituzione del capitale sociale, completamente azzerato dalle perdite. In questa incredibile storia, infatti, l'Atac non è sola. C'è di mezzo anche una società francese, Les Cars Rouges, presieduta da Abdallah El Azm, siriano di Damasco, che fa circolare nella Ville Lumière i torpedoni scoperti fin dal 1991.

Ai piedi del Campidoglio si comincia alla fine del 2003, con quattro bus messi a disposizione dai francesi. Alla presidenza dell'azienda viene piazzato l'ex segretario generale aggiunto della

Cisl Raffaele Morese, già al vertice di Trambus SpA e sottosegretario nei governi di D'Alema e Amato. Tutto fa pensare a una marcia trionfale. Nei primi due mesi si vendono 22.000 biglietti. Che nel 2004 diventano 411.000 e salgono l'anno seguente fino a 676.000. Tanto che la società si prende il lusso di deridere i concorrenti. «Nel corso del 2005 il mercato romano dei bus turistici "topless" ha visto la presenza di altri tre operatori privati: Bus & Boat, City Sightseeing Roma e un terzo con un solo mezzo vetusto. I risultati sono stati piuttosto modesti...»

L'euforia è tale che si decide di avviare il servizio anche a Bologna. L'apoteosi è nel luglio del 2006, quando la nazionale vittoriosa ai Mondiali di calcio in Germania arriva a Palazzo Chigi dopo aver solcato Roma su un autobus rosso scoperto. Da allora, però, la ditta comincia a perdere colpi. Come mai? La solita storia: nata per fare un servizio, la Trambus Open finisce sotto gli occhi di chi ci vede l'occasione per fare nuove assunzioni, bandire nuovi appalti, stringere nuovi rapporti politici. Nel 2006 ha già il doppio dei dipendenti di due anni prima: 70 contro 34. E il numero continua a salire: 95 nel 2007, 140 nel 2008 quando vengono assunte 45 «assistenti di bordo»... Aumentano anche i bus: da 4 in prestito a 37 comprati.

Contemporaneamente, mentre si gonfiano autobus e organici, si sgonfia il numero dei passeggeri: dal record di 676.000 del 2005 a 516.000 nel 2008 e giù giù fino a 391.000 nel 2009. Tanto per capirci: molto meno dei turisti che, a dispetto della pioggerella, si imbarcano sui *sightseeing bus* londinesi, che nel 2008 sono stati 548.000. Vogliamo fare due calcoli? Quei bus scoperti romani, nell'arco di un anno, facendo quattro partenze ogni ora e dalla mattina alla sera anche d'inverno con le corse by night per un totale di 44 tour di due ore quotidiani, portano mediamente 24 persone. Ancora più clamoroso il rapporto con gli organici: nel 2008, per dire, era di 10 passeggeri a dipendente al giorno. Catastrofico. Infatti i conti sprofondano: un buco di 1,7 milioni nel 2008, un altro più o meno uguale l'anno dopo.

Colpa della crisi ma anche, ammette il bilancio, «dell'offerta di servizi turistici con bus a due piani scoperti da parte dei vettori privati». E il rosso sarebbe addirittura di 2 milioni e mezzo senza il provvidenziale incasso della vendita di 15 torpedoni. Anche perché, sebbene l'organico sia stato asciugato fino a 107 unità, con un calo del 23%, il costo del lavoro è salito del 18%. Risultato: il buco sale ancora sfondando nel 2010 i 5 milioni in due anni e mezzo. Uno scandalo che si aggiunge a quello più generale delle municipalizzate romane: aziende dai conti spappolati, investite nell'autunno 2010 dal clamoroso scandalo di centinaia di assunzioni che ha costretto il sindaco Gianni Alemanno, nel gennaio 2011, ad azzerare la giunta. Travolta da un'ondata di indignazione per il quadro impressionante di nepotismo, favoritismi e clientele emerso dalle rivelazioni sulle 854 assunzioni senza concorso fatte nel giro di due anni all'Atac.

Una valanga di raccomandazioni che ha favorito parenti, amici, mogli, fidanzati, ex terroristi, picchiatori neri e cubiste da discoteca di coscia lunga. A fine 2009 i dipendenti dell'Atac erano saliti a 12.957. Per un costo esploso fino a superare 676 milioni di euro. Oltre 52.000 a persona: 18.000 in più del costo medio di uno statale. Inevitabile che il bilancio si chiudesse con un rosso di 92 milioni. Ma è soprattutto una voce che fa sobbalzare: quella delle «perdite portate a nuovo». Cioè i buchi di bilancio accumulati negli anni precedenti che la società, invece di coprire subito, si è impegnata a ripianare in seguito. Una specie di «pagherò». Ingigantitosi di anno in anno. Fino a raggiungere dimensioni colossali. A fine 2009 la voragine era di 610 milioni. Che sommati alla perdita dell'esercizio fanno 702. Un abisso. Se questo è il metro della gestione delle municipalizzate romane ci si può stupire che il Campidoglio perda una valanga di quattrini scarrozzando turisti?

Chi pensa che l'Atac sia l'unico caso del genere, tuttavia, non conosce le Poste. Direte: ma non servono a recapitare pacchi e lettere? Una volta. Adesso, se volete andare a Lourdes, potete farvi spedire: fa tutto l'Opera romana pellegrinaggi. Il programma si chiama «Journeys of the Spirit» (Viaggi dello spirito) e usa Boeing 737 della Mistral Air: gruppo Poste italiane. Era la compagnia fondata negli anni Ottanta dall'attore Bud Spencer, all'anagrafe Carlo Pedersoli. Le Poste l'avevano comprata per 23 miliardi di lire, quando l'amministratore delegato era Corrado Passera, per trasportare la corrispondenza. È diventata compagnia di voli charter a tutti gli effetti. Di notte, aerei carichi di lettere e pacchi. Di giorno, pieni di persone.

Turisti diretti «verso le principali mete turistiche come Egitto, Marocco, Grecia, Tunisia, Canarie e Spagna» spiegava il bilancio 2009. In attesa di realizzare l'ambizioso programma, fu siglata una convenzione con l'Opera romana pellegrinaggi di monsignor Liberio Andreatta per portare fedeli a Lourdes, Santiago de Compostela, Fátima, Częstochowa... Nel frattempo i dipendenti sono passati da 47 a 124, dei quali 34 piloti e assistenti di volo. E alla presidenza è arrivata una prestigiosa personalità: Antonio Martusciello, professione trombato.

Vale a dire che, dopo essere stato deputato di Forza Italia, proconsole berlusconiano in Campania, sottosegretario e viceministro, era rimasto fuori dal Parlamento. E dunque, pur campando a 46 anni con la sola pensione da parlamentare, aveva proprio bisogno di una busta paga supplementare in attesa di dimettersi nell'agosto 2010 per diventare lussuoso commissario dell'Autorità per le Garanzie nelle Comunicazioni. Il posto giusto, viste le garanzie di indipendenza richieste, per un berlusconiano a quattro ruote motrici nato politicamente come dirigente di Publitalia.

Tutte scelte, come abbiamo visto, «manageriali». Accompagnate da pubblicità che illustrano un piccolo mondo gioioso dove «l'attenzione ai passeggeri e l'eleganza viaggiano a braccetto. Infatti alla professionalità dei nostri piloti e degli assistenti di volo, che hanno alle spalle anni di esperienza e una preparazione professionale ai massimi livelli, si aggiunge un tocco di stile proposto dalle divise disegnate dalla Maison Gattinoni». Un «guardaroba formale ma al contempo glamour, che evoca il mondo dell'aviazione. Il colore dominante è l'azzurro cielo. I montgomery in lana e cashmere con alamari in pelle e metallo color argento proteggeranno le hostess dalle temperature rigide. La giacca in stile "aviatore chic" ha le spalle impunturate e le tasche a soffietto con zip. Il tailleur prevede una gonna con tagli sartoriali che esaltano la silhouette...». Macché: 14 milioni di buco finanziario in tre anni. Ahi ahi...

Eppure c'è chi, giocando con queste cose, ha perso ancora anche più soldi pubblici. Come Italia Turismo. Nasce nel 2003 nella scia della Insud, un contenitore della vecchia Cassa per il Mezzogiorno che aveva il compito di incentivare le iniziative turistiche nelle regioni meridionali ma aveva finito per foraggiare col denaro dei contribuenti i privati in difficoltà, comprando loro villaggi e alberghi dai conti in rosso. Due anni dopo, nell'aprile 2005, vende il 49% a trattativa privata per 77 milioni (di cui però solo 28 vengono pagati subito, il resto dilazionato a futura memoria in comode rate) a una cordata composta da Ifil, Banca Intesa ed Emma Marcegaglia, allora «vice» di Luca di Montezemolo in Confindustria. Alla presidenza dell'abbondante (11 membri) consiglio d'amministrazione, tanto per mostrare che la politica mette sempre il cappello, va il leghista Dario Fruscio, di lì a poco senatore.

Che ci guadagnano i privati? Nella pancia di Italia Turismo c'è un regaluccio: una quarantina di milioni di euro di contributi pubblici del governo per fare nuovi villaggi al Sud. I nodi vengono al pettine quando, caduto Berlusconi, arriva come amministratore delegato a Sviluppo Italia, azionista della società turistica, Domenico Arcuri. E si scopre così che la quotazione in Borsa, se mai qualcuno ci avesse pensato sul serio, era uno specchietto per le allodole. I presupposti non sono mai maturati. Tantomeno quelli della privatizzazione. Fin dalla sua nascita, Italia Turismo ha solo donato sangue. I ricavi della società, limitati all'incasso degli affitti pagati dai gestori dei villaggi spesso titolari di contratti molto favorevoli, sono ridicoli. Conclusione: dal 2003 al 2009 la società non ha mai chiuso un bilancio in attivo. Accumulando perdite per oltre 12 milioni.

Finché nel 2010 la Marcegaglia e gli altri due soci privati, Pirelli Re e Gabetti (nel frattempo subentrati a Ifil e Banca Intesa), se ne vanno: intascano 69 milioni e amici come prima. Le loro azioni le compra un'altra società del Tesoro, la Fintecna immobiliare. Che sborsa i soldi necessari a liquidare i privati ma mette nella società anche otto immobili da «valorizzare» turisticamente. Come un ex ospedale a Genova. Ed ecco il sospetto: vuoi vedere che è un modo per sistemare immobili finiti chissà come a Fintecna e che altrimenti resterebbero in eterno sul groppone del Tesoro? E poi, l'obiettivo iniziale non era che lo Stato la smettesse di fare l'albergatore e l'operatore turistico? Il punto d'approdo è l'esatto opposto: lo Stato diventa il più grosso operatore turistico italiano. Con il rischio di trasformarsi in un buco nero pronto a inghiottire tutto. A partire dagli investimenti sbagliati dei privati. A spese dei contribuenti.

Il caso di Sciacca la dice lunga. Tutto iniziò nel 1973, quando la Regione Sicilia decise di fare della cittadina la «Marienbad del Mediterraneo». Riprendiamo un vecchio libro, *Lo spreco*: «Potevano bastare un mare stupendo, un'estate di otto mesi, una cucina ricca di leccornie, la vicinanza dei fantastici resti archeologici di Selinunte, le terme famose dai tempi in cui erano chiamate dai Romani Thermae Selinuntinae? No, si risposero gli sciacchitani. E poiché grandi e piccini in vacanza riscoprono la natura e vanno matti per delfini, pony e tartarughine, comprarono due belle orche marine. Dove mettere le simpatiche bestioline, lunghe dieci metri e così voraci da attaccare la balenottera azzurra, l'animale più grande del creato? Gli autori del progetto risposero: in un grandioso parco disneyano da chiamare Sciacca-splash».

Finì che le orche, pagate l'equivalente di 2.700.000 euro di oggi e messe a pensione per anni in un acquario dell'Islanda alla modica cifra di 121.000 euro attuali al mese, vennero rivendute. A quanto? Boh... Sottoprezzo, probabilmente. Certo è che coi soldi della Regione e la gestione della Sitas, per il 51% in mano all'Ems (Ente minerario siciliano: un carrozzone clientelare) e il 49% a oscuri albergatori di Abano Terme (che come al solito misero know-how ma non un centesimo ricavando successivamente una buonuscita di circa 130 milioni d'oggi), Sciacca avrebbe dovuto avere 11 nuovi alberghi per un totale di 11.000 posti letto, una piscina olimpionica, una circonvallazione panoramica, un teatro da 1500 posti, un galoppatoio...

La grande avventura, accompagnata da polemiche, inchieste e risate (resta indimenticabile l'assunzione di un ragazzo monco di una mano, assunzione lodevole se il ruolo da ricoprire non fosse stato quello di massaggiatore) si è chiusa con la dichiarazione di fallimento della Sitas nel 2008: 35 anni dopo il via all'ambizioso progetto, 33 dopo la fuga in Libano del presidente dell'ente minerario Gaetano Verzotto, un veneto finito in Sicilia per amore di una padrona di tessere Dc e inseritosi così bene da essere sospettato di rapporti con gli ambienti più ambigui.

Dunque: chi si è fatto carico di rilevare 46 ettari di terreno avanzato da quell'impresa megalomane benedetta dall'allora potentissimo Calogero Mannino e costata per i soli quattro alberghi realizzati circa 650 milioni di euro? Indovinato: Sviluppo Italia. Cioè lo Stato. Cioè tutti noi cittadini.

E non parliamo della Cit, la Compagnia italiana turismo. Creata nel 1927 dal fascismo, usata dal Duce come copertura per gli agenti dell'Ovra, mai ripudiata dopo la guerra dai servizi segreti repubblicani, finita per decenni nell'orbita delle ferrovie, detiene un record imbattibile: è l'unica impresa planetaria ad aver vissuto 70 anni chiudendo tutti ma proprio tutti i bilanci in rosso tranne uno. Quello del 1996, ma solo grazie alla cessione di una rete di agenzie a Calisto Tanzi, deciso a entrare nel settore.

Per ripercorrere tutta la storia della Cit, delle privatizzazioni quando conveniva ai privati comprare questo o quello e dei ritorni dell'ente pubblico quando ai privati non conveniva più, non sarebbe sufficiente un libro. Basti ricordare alcuni punti, a sprazzi. Come i «boatos» che a certi dirigenti erano state concesse come auto di servizio delle Ferrari e delle Lamborghini. O l'acquisto dell'isola veneziana di Sacca Sessola per farci un grande complesso alberghiero così costoso ma così costoso che alla fine, buttati via un mucchio di soldi, il progetto fu lasciato cadere. O le consulenze da capogiro date ad amici come Ubaldo Livolsi, il banchiere d'affari più amato dal Cavaliere. O la scoperta nel 2006 che le commissioni sui biglietti venduti (363.000 euro) non bastavano neanche a pagare le bollette del telefono e della luce (466.000 euro), per non parlare degli affitti (811.000) e del costo del personale: 3,7 milioni di euro. Dieci volte le provvigioni.

La più divertente, se non fossero stati usati soldi dei contribuenti, sarebbe la leggenda dell'albergo che la compagnia, comprata all'asta da un imprenditore varesino semisconosciuto, Gianvittorio Gandolfi, voleva costruire a Pietrelcina, il paese natale di padre Pio. Turismo religioso. Per il progetto, abbinato alla prospettiva di un'altra mega struttura a Scanzano Jonico, dove il governo Berlusconi avrebbe voluto fare il deposito nazionale di scorie nucleari, lo Stato concede 30 milioni di euro. Più altri 10, alla vigilia del crac, dal fondo per le imprese in crisi. Risultato: zero. Anzi, l'unico miracolo dell'avventura para-religiosa è la sparizione dei soldi. Miracolo, va detto, che sono in grado di fare in tanti...

E i dipendenti? Una settantina sono in cassa integrazione dal 2005, circa 130 dal 2006. Direte: com'è possibile se la «cassa» dura due anni? Misteri. Dovuti a una serie di subentri societari che facevano ricominciare sempre tutto da capo. Anzi, scaduta la «cassa» alla fine del 2010, si è aperto un periodo di mobilità. Pagati al 70% della retribuzione per non fare nulla, alcuni non vivono questa come una condizione insopportabile: prima dell'estate 2009 una sessantina di loro erano stati richiamati come stagionali nei villaggi turistici. Se ne sono presentati otto.

Insomma, quella dell'intervento pubblico a sostegno del turismo è una storia di fallimenti, imbrogli, assurdità. Al Sud come al Nord. Lo dimostrano due piccole vicende trasversali alla penisola. La prima riguarda la società Beni culturali gestioni & servizi, costituita nel '97 dalla Regione Sicilia con l'ambizione di facilitare ai visitatori la fruizione del patrimonio artistico e archeologico e protagonista nel gennaio 2009 di una clamorosa ondata di assunzioni a tempo indeterminato: 413 fra catalogatori «semplici» ed «esperti» addetti, spiegano i documenti della società, «alla catalogazione dei Beni culturali della Regione». Due dati dicono tutto. Non solo la società, con l'aggiunta di oltre 700 custodi, ha complessivamente 1097 dipendenti dei quali 200 «funzionari direttivi» e 290 «istruttori direttivi» (insomma: metà ufficiali e sottufficiali, metà soldati semplici), ma la sproporzione rispetto alla resa del patrimonio culturale è da brividi. Basti dire che il servizio di biglietteria in sette siti a Palermo e provincia (dal Castello della Zisa alla zona archeologica Himera di Termini Imerese), affidato alla società, nel 2009 ha portato in cassa in sei mesi 31.877 euro: il costo medio di uno dei 1097 dipendenti.

Mille chilometri più a settentrione, in Val d'Aosta, c'era una volta un trenino che da Cogne portava la magnetite estratta dalle miniere allo stabilimento siderurgico della città capoluogo. Chiuse le miniere gli amministratori locali, ai quali non difettano i soldi statali, decisero di usare quel trenino per portare turisti, prolungando la tratta fino a Plan Praz. Una manciata di chilometri. È il 1979. Il battesimo del cantiere è a metà degli anni Ottanta, il primo tratto è ultimato nel 1990, il secondo nel 2003. Poi controlli, revisioni, collaudi, rifacimenti, modifiche... Si arriva al 2005. Quando le carrozze e le locomotive sono già così obsolete da dover essere revisionate. Nel 2006 il trenino sarebbe pronto a partire ma saltano fuori nuovi problemi di oneri, di gestione, di gallerie inadatte... Facciamola corta: secondo gli esperti occorre rifare un sacco di cose spendendo almeno altri 20 milioni. Dopo che già ne sono stati spesi 30. Meglio chiuderla lì, smontare i binari e non pensarci più. Coi trenini ci giochino i bambini. Costa meno.

14

Ecco s'avanza Cetto La Qualunque

Sempre meno laureati, sempre meno colti: chi gestisce le ricchezze

«Tra le mille domande superflue che si fanno a un politico moderno, mi è stato chiesto se vengo eletto cosa intendo fare per preservare il paesaggio. Sinceramente dopo averci pensato parecchiamente sono giunto a questa pacata conclusione: 'na beata minchia!»

Quel cialtrone di Cetto La Qualunque, il politico corrotto, puttaniere e ignorante creato da Antonio Albanese, non è solo uno strepitoso personaggio teatrale. È molto di più. È la caricatura, neanche tanto forzata, di un intero ceto politico. Che magari non dice le cose messe in bocca a Cetto dal grande attore siculo-lombardo e dallo sceneggiatore Piero Guerrera. Ma le pensa: «Questa storia del paesaggio è una moda che deve finire. E la costa... e il bosco... e il fondale marino... e la civiltà contadina... e la bellezza della natura... sì, ciao ciao... Ciao la bellezza, ciao la natura. Qualche caino mi ha anche ammonito che prima o poi la natura chiederà il conto, busserà alla mia porta e mi dirà: "Sono la natura, che cos'hai da dirmi?". La risposta è semplice e naturale: 'nto culu alla natura!».

Nessun politico «vero» oserà dire che il suo motto è «pilu e cemento armato» e proporre «propostatamente di piantare un pilastro di cemento armato per ogni bambino che nasce e non quella ricchionata di piantare un albero». Ma è poi così diversa, all'atto pratico, la filosofia di tanti deputati, consiglieri regionali, amministratori locali non solo calabresi, non solo meridionali?

Certo, la sconcertante povertà culturale del ceto politico attuale non è una novità di oggi. «È noto come tra la cultura e Roberto Farinacci non ci fosse molta dimestichezza» ricorda lo storico Ugoberto Alfassio Grimaldi su «Storia illustrata» del giugno 1979 in un irresistibile ritratto dell'irruento gerarca fascista. «Negli anni in cui egli era in auge – e i giornali non erano ancora imbavagliati – la sua carenza di istruzione era uno degli argomenti preferiti dai fogli satirici. "L'Asino" parlava di "anticerebralità incancrenita".»

La rivista satirica «Il becco giallo» si spinse oltre e nella rubrica «Vite degli uomini illustri» arrivò a dipingerlo così: «Non studiò in nessun luogo, ma in sei mesi conseguì licenza elementare, ginnasiale, liceale e laurea *in utroque iure* (non è un insulto). Ha uccìso in duello Basilio Puotì. Scrive cocomero col "q"». Non bastasse, nel settembre del 1926 il giornale fu sequestrato per una vignetta che mostrava semplicemente un asino con la seguente didascalia: «L'onorevole Farinacci nudo». E certo come somaro, tra i fascisti, non era l'unico.

È fuori discussione, tuttavia, che la classe dirigente uscita dalla Resistenza, a sinistra come a destra, era nettamente superiore a quella attuale. Lo dice la statura culturale dei principali protagonisti, lo dice il livello del dibattito parlamentare alla Costituente, lo dice lo studio *Il mercato del lavoro dei politici*, pubblicato nel 2008 da Antonio Merlo della University of Pennsylvania, Vincenzo Galasso della Bocconi, Massimiliano Landi della Singapore Management University e Andrea Mattozzi del California Institute of Technology, elaborato sui dati di tutti i parlamentari italiani dal 1948 al 2007.

I nuovi deputati della Prima Repubblica, spiegano, «erano più giovani e più istruiti. L'età media in cui si entrava in Parlamento era di 44,7 anni, contro i 48,1 anni della Seconda». Di più: «La percentuale dei nuovi eletti in possesso di una laurea è significativamente diminuita nel corso del tempo: dal 91,4% nella prima Legislatura, al 64,6% all'inizio della quindicesima». Un crollo di 27 punti. Che risulta ancora più vistoso e preoccupante nei confronti internazionali. Come quello con gli Stati Uniti dove, al contrario, i laureati presenti in Parlamento sono saliti dall'88% al 94%. Trenta punti sopra di noi.

C'è poi da stupirsi che il paesaggio, i musei, le città d'arte, i siti archeologici e insomma l'Italia più bella siano via via considerati meno importanti? La laurea, ovvio, non è tutto. Il calo, però, è talmente netto e inesorabile che qualcosa vuol ben dire. Tanto più che qualcuno ha cercato di rialzare la media con iniziative, diciamo così, eccentriche. Ad esempio l'ex ministro berlusconiano Mario Baccini, autore di un'opera miliare quale *Dall'antico agro portuense all'area metropolitana di Roma Nord-Ovest*: stando all'autobiografia nella «Navicella» parlamentare, è stato «insignito del titolo di professore emerito di Relazioni internazionali dall'Università Cattolica dell'Honduras Nostra Signora Regina della Pace». Un ateneo non meno prestigioso di quelli che avrebbero premiato altri colleghi.

Lo storico patriarca post comunista siciliano Vladimiro «Mirello» Crisafulli, famoso per essere così potente a Enna da dire che lui sarebbe eletto «col proporzionale, col maggioritario e pure col sorteggio», ha scritto sulla stessa «Navicella» di essere dottore *ad honorem* alla Constantinian University di cui si trova traccia solo in via Porta Fluviale 66, alla periferia di Santa Maria Capua Vetere. Il vicesindaco di Roma e senatore Pdl Mauro Cutrufo, fisicamente e accademicamente più voluminoso, dice di vantare invece una «*laurea honoris causa* in Scienze politiche presso la University of Berkley». La celeberrima Berkeley californiana? No: Berkley con due sole «e». Una sottomarca discount.

Certo, idealizzare il passato, come ci ricorda la storia del ministero dei Beni culturali, sarebbe esagerato. Un delizioso ritratto firmato da Camilla Cederna in *Nostra Italia del miracolo*, fa a pezzi ad esempio Giuseppe Pella, presidente del Consiglio dopo Alcide De Gasperi: «Circa la narrativa, Pella arriva a leggere anche una dozzina di romanzi stranieri all'anno. "E sa perché? Perché li leggo riassunti sul volume trimestrale edito da 'Selezione'. Quattro romanzi ogni tre mesi, faccia lei il conto", ed elencò tra gli ultimi letti *Il Cardinale*, *Storia di una monaca* e *Nessuno resta solo* di Morton Thompson».

«Tra quanti beneficamente collaborano all'allargamento della sua cultura» proseguiva deliziosamente perfida la giornalista, «Pella citò con riconoscenza al primo posto la signora Ines, sua moglie, che legge e gli condensa quello a cui lui non fa in tempo a tener dietro. "Lei è capace di riassumermi perfettamente romanzi, commedie e pellicole", disse con un'espressione di marito soddisfatto, e mi scoccò un'occhiata divertita anticipando un piccolo riso vellutato di gola, per aggiungere il seguente scherzetto: "Quello che, povera donna, per quanti sforzi faccia non riesce assolutamente a riassumermi, sono i concerti".»

Nel 1990 un libro firmato Anonimo Berico e intitolato *Il dono dell'obliquità*, in omaggio a un assessore vicentino («Signori, non posso essere dappertutto: non ho il dono dell'obliquità»), metteva alla berlina gli strafalcioni di politici anche di primo piano. «Il sismografo segna tempesta», avvertiva Claudio Martelli. «Su Chernobyl non abbiamo fatto dell'impressionismo di massa», sosteneva Luciano Lama. «Dobbiamo scoprire i nostri legamenti con la città», esortava l'onorevole Dc Settimo Gottardo. «Abbiamo speso fino all'ultimo grano di fiato», confidava Gianni De Michelis. E mentre il segretario missino Pino Rauti chiedeva in una proposta di legge di controllare «la fecondabilità dello sperma», il deputato democristiano Giovanni Bersani si presentava pomposamente così: «Presidente della conferenza di Lomé per lo sviluppo della fame nel mondo».

Sempre successo, sempre succederà. Ci cascano ministri e assessori, senatori e sindaci, segretari di partito e consiglieri regionali. Sul più bello, quando alzano il tono della voce, arrotano la «erre», incantano la platea, in quel preciso istante, improvviso, maligno e inarrestabile, ecco lo scivolone. Il capitombolo retorico: «Ho sputato sette camicie per convincere il mio gruppo a votare sì». Il corto circuito cerebrale: «Come dirò poc'anzi...». L'harakiri in latinorum: «E allora ut? Questo mi domando: ut?».

Un attimo di distrazione può essere fatale. E irrimediabile. Come ammonì un consigliere comunale vicentino, «cosa fatta kappaò».

L'insidia maggiore, testimoniano i collezionisti di queste chicche, è nelle citazioni. I cronisti meno giovani ricordano ancora l'esordio fulminante della conferenza stampa con cui Clemente Mastella, fino ad allora ragazzo-spazzola di Ciriaco De Mita, si candidò contro Mino Martinazzoli alla segreteria della Dc: «Chi viene prima, Aristotele o Platone? Eh? Platone prima e Aristotele era l'allievo... Ah, ecco... No? Prima Aristotele? Chi viene dopo? Vabbé, da vecchio professore di filosofia vorrei ricordare all'amico Mino...».

Da allora, non si è fermato più. E un giorno faceva notare a un comizio a Sant'Agata dei Goti che la sinistra arriva sempre in ritardo sulla storia «come l'uccello di Minerva», a un altro ammoniva che «i popolari non possono fare come il conte Ugolino che mangiava la gente intorno a lui», a un altro ancora declamava: «Basta guerre puniche!». Il filosofo Lucio Colletti, una delle persone più colte sbarcate in Parlamento, lo definiva «un buzzurro incolto, scorretto, in cerca di poltrone e insomma una fetenzìa». Ma lui insisteva avventurandosi in paragoni spiritati: «Cossiga ed io non siamo Giove e Crono».

D'altra parte, avrebbe raccontato a Flora Lepore di «Chi», quello era il suo destino: «Mi ricordo che quando ero bambino si ammazzava il maiale. Ognuno a casa – papà, mamma, i cugini – aveva il suo compito prestabilito. Fra i miei io ero "l'intellettuale". E così alla fine tutti si chiedevano: e Clemente che fa? "La coda!" E mi davano il compito di tenere alzata la coda del maiale. Una cosa a rischio per via degli ultimi spruzzi della povera bestia...». Ne è mai rimasto vittima? «Eeeh!»

Eppure i padri costituenti non avrebbero mai potuto immaginare lo smottamento culturale che un giorno sarebbe stato rivelato dalla trasmissione *Le Iene*. Che mandò Sabrina Nobile a fare ai parlamentari alcune domande di cultura generale. I servizi sono ancora su YouTube. Irresistibili. «Che cos'è Al Jazeera?» «Lei cosa pensa che sia... È un movimento dell'estremo... arabo... di carattere islamico, della Jihad... così mi ricordo almeno» spiega l'onorevole Giuseppe Morrone, dell'Udeur. «Che cos'è la Consob?» «Sono un po' in difficoltà, in questo momento non ho presente. Potrebbe essere un'associazione di controllo di come vanno le cose lì alla Telecom, si parlava anche di intercettazioni... tutto ciò è collegato a questo discorso della telefonia... Consob sta per controlli... sob non so» balbetta la leghista Paola Goisis, laureata in Pedagogia, docente di Lettere e storia. «Che cos'è il Darfur?» «Sono cose fatte in fretta. Sono cose velocissime» discetta l'onorevole berlusconiano Giuseppe Fini, confondendo la regione sudanese col fast-food.

«Sapere che molti parlamentari hanno la cultura di un ripetente di terza media è stato per me più sorprendente che scoprire l'uso di sostanze proibite. Questa, al limite, può essere una faccenda privata; l'ignoranza ha conseguenze pubbliche» commenta sul «Corriere» Beppe Severgnini. «Come possono, queste persone, decidere sulla cooperazione allo sviluppo se non sanno cos'è il Darfur? Come votano la Finanziaria se ignorano la Consob? Come scelgono in materia di ambiente, se non conoscono l'effetto serra? Risposta facile: non decidono, non votano, non scelgono. Fanno quello che dicono i capi partito.» Che selezionano questo o quello così, a capriccio.

Decisa a dimostrare di non essere solo dotata di un fisico da vamp ma anche di un cervello, la «donna forte» del berlusconismo in Alto Adige Michaela Biancofiore, vistosa e grintosissima, non ha perso occasione in questi anni per dire la sua. Offrendo via via ai cultori del genere, che vedono in lei il massimo esempio della nuova politica deluxe, una collezione di perle irresistibili.

Snocciola davanti ai forzisti a congresso una lista di italiani che hanno fatto grande la nostra cultura «fondante di tutta la civiltà occidentale» e ci mette in mezzo, tra Dante e Leonardo, Michelangelo e Berlusconi, anche Copernico. Cioè il polacco Mikołaj Kopernik. Tuona in favore del restauro del Monumento alla Vittoria di Bolzano, odiato dai sudtirolesi perché porta impressa la scritta insultante «Qui sono i confini della patria, da qui educammo gli altri con la lingua con le leggi e con le arti», dicendo che «è assurdo attaccarlo solo perché è stato costruito dai fascisti sennò dovremmo abbattere anche il Vittoriano», ignorando che i lavori per costruire l'Altare della Patria cominciarono 37 anni prima della Marcia su Roma. Non indovina un accento («dò», «stà», «pò») a pagarlo oro. Il capolavoro, però, resta un comunicato di qualche anno fa che, secondo i velenosi cugini di An, faceva a cazzotti «con la semantica, con la grammatica, con l'ortografia, con l'etologia e finanche con la matematica e con la letteratura greco-latina». Esagerati. Se è vero che la pugnace Michaela attribuiva a Fedro *La volpe e l'uva* di Esopo, che la scrisse nel 621 a.C. e quindi sei secoli e passa prima della nascita del successore, l'errore può scappare: la favola è stata ripresa non solo da Fedro ma anche da La Fontaine. Facile confondersi, se non si legge un libro dalle medie.

Il resto della missiva, tuttavia, era davvero spettacolare. Ne riportiamo un assaggio, testuale, comprese le spruzzate di punteggiatura «casual»: «Lo voglio raccontare agli altoatesini con quella mia sincerità sconcertante che mi rende un politico, una politica *sui generis*; l'elemento di disomogeneità col sistema, il soggetto avulso dalle logiche della spartizione delle poltrone e dunque, la speranza di una politica trasparente fra quanti, tanti, e li ringrazio tutti, mi hanno voluto esprimere la preferenza».

Ecco perché tanti le vogliono male, spiegava. Ecco perché la vogliono «distrutta, annientata, denigrata, scanzonata». Participio passato di un verbo new entry: «scanzonare». Interessante innovazione linguistica come l'accusa lanciata al presidente provinciale Luis Durnwalder: «Si è comportato come l'amantide religiosa». Che sarebbe, probabilmente, la mantide religiosa. Indimenticabile.

Come indimenticabile resta la baruffa tra altre due donne di destra nella primavera del 2008. Daniela Santanché, che cercava voti fascisti e martellava tutti i giorni contro Silvio Berlusconi («è vecchio come un aratro») e Gianfranco Fini, graffiò in faccia Alessandra Mussolini: «Credo che suo nonno Benito si rivolti nella tomba a vederla fare la valletta di chi ha definito "il fascismo il male assoluto"». L'altra rispose: «Proprio stanotte ho sognato mio nonno Benito e mi ha detto cosa pensa della Santanché».

Al che la signora, in attesa di convertirsi al berlusconismo dopo essere stata trombata alle elezioni, bacchettò: «Cara Alessandra, ti rivelo io riservatamente cosa ti ha detto ieri notte nonno Benito in sogno. "Mia amatissima nipotina, non dovevi essere proprio tu e non la Santanché a ricordare agli italiani, come ha fatto oggi a Napoli con la schiena dritta e il petto in fuori, che senza Mussolini non ci sarebbero stati il salario garantito, l'Inps, i diritti per le donne, Cinecittà, Marconi, Pirandello, D'Annunzio, la grande architettura e le grandi bonifiche?"».

Prendiamo il sussidiario e ripassiamo. Quando il Duce va al

potere, nel 1922, la cassa nazionale di previdenza esiste già da 24 anni e l'iscrizione da tre è obbligatoria. Luigi Pirandello ha già ottenuto il suo primo grande successo da 18 anni con *Il fu Mattia Pascal* scritto nel 1904. Guglielmo Marconi è già immensamente famoso nel mondo da un ventennio dopo aver fatto il primo collegamento radio da Poldhu, in Cornovaglia, a St. John's di Terranova nel 1901. E Gabriele D'Annunzio è già il Vate da un pezzo avendo pubblicato la raccolta poetica d'esordio, *Primo vere*, nel 1879. Quattro anni prima che a Predappio nascesse il futuro dittatore adorato dalla Santanché. Per carità, uno strafalcione può scappare a tutti. Noi per primi, si capisce. Però...

Il tema è: può una classe politica come questa farsi carico di un patrimonio culturale straordinario come quello italiano? Quale futuro può avere un tesoro come il nostro nelle mani di un ceto dirigente che troppo spesso non legge, non studia, non sa niente? Un esempio su tutti: Renzo Bossi. Il figlio, che il Senatùr ha fatto eleggere consigliere regionale lombardo, è conteso fra due immagini del bestiario. Il primo è la trota, grazie a una battuta del padre: «Lui il mio delfino? Per ora è una trota». Il secondo è il somaro, grazie a tre bocciature consecutive all'esame di maturità. Lui, in un'intervista a «Vanity Fair», contesta: «In questi anni sono stati costruiti miti negativi sul mio conto e, nonostante le mie smentite e le mie denunce, 85, è passato il messaggio, falso, che fossi un ignorante pluribocciato con 12.000 euro al mese di stipendio». Precisiamo: è stato bocciato tre volte ma come stipendio netto di euro ne prende, comprese tutte le indennità e le diarie, come spiega il sito ufficiale dei consigli regionali, 12.555.

Si dirà: anche Einstein fu bocciato a scuola eppure era un genio. Verissimo. Ma non avrebbe mai detto la sciocchezza che più preoccupa in bocca al «Trota»: si è vantato di non essere mai sceso a sud di Roma. Mai sentito parlare del Teatro di Segesta? Mai avvertita la curiosità di vedere il Duomo di Monreale? Mai immaginata la bellezza dei castelli federiciani?

Che aria tiri in alcune zone d'Italia, del resto, lo dicono le polemiche via via divampate intorno ai libri da leggere e da non leggere nelle scuole e nelle biblioteche pubbliche. Cominciò il deputato leghista Paolo Grimoldi chiedendo l'intervento del ministro dell'Istruzione perché in una elementare brianzola era stato letto il *Diario di Anna Frank* dove, a suo avviso, vi è un passo nel quale la ragazzina ebrea uccisa in un lager nazista «descrive in modo minuzioso e approfondito le proprie parti intime e la descrizione è talmente dettagliata da suscitare inevitabilmente turbamento in bambini della scuola elementare».

Poi, nel gennaio 2011, è arrivato l'invito di vari esponenti del Carroccio alle biblioteche venete perché togliessero dagli scaffali i libri di autori che avevano firmato un appello in favore di Cesare Battisti, il terrorista la cui estradizione era stata appena rifiutata dal presidente brasiliano Lula. Sia chiaro: Battisti non è «perseguitato» perché «antipatico» o perché ha aggiunto ai suoi delitti la strafottenza di scrivere libri nella cui prefazione si sostiene che lui «è un tipo poco incline al piagnisteo e poco disposto a chiedere perdono per sé o per altri». L'Italia ha fatto una lunga battaglia per metterlo in galera perché quello è un assassino condannato da più sentenze. Punto. E quanti firmarono l'appello in suo favore, da Daniel Pennac a Giorgio Agamben, da Massimo Carlotto a Tiziano Scarpa a Roberto Saviano, che poi se ne pentì, fecero un errore e un passo diseducativo. Ma detto questo: sono «diseducativi» anche i loro libri? È diseducativo *Gomorra*?

È dura da sostenere. Tanto più che, parallelamente, partiva una campagna contro Saviano per i suoi interventi alla trasmissione di Fabio Fazio *Vieni via con me*. Dicono tutto le parole del segretario provinciale trevisano leghista Gianantonio Da Re in appoggio alla misteriosa rimozione del bestseller dello scrittore casertano dagli scaffali della libreria comunale di Preganziol: «L'amministrazione ha fatto bene a togliere i libri di quell'autore, visto che è tanto amico di quel terrorista. Li avrà comprati la giunta precedente, di sinistra. Se non vengono letti, non muore nessuno e la cultura non ne subirà alcun danno. Anzi, meglio metterli in uno scatolone in uno scantinato, chissà non se li rosicchi qualche criceto». Testuale.

Va da sé che con una classe politica di questo livello gli stessi criceti bibliofili rischiano di morire di fame. Lo rivela la European House-Ambrosetti su dati dell'International Library Statistics. Ogni 100 abitanti ci sono, nelle biblioteche pubbliche, 246 libri negli Stati Uniti, 237 in Francia, 231 in Giappone, 188 nel Regno Unito, 127 in Germania, 93 in Spagna, 88 in Grecia e 70 in Italia. Un panorama perfettamente coerente con il disinteresse per la cultura in generale.

Con tutto il rispetto: è difficile pensare che un patrimonio unico qual è il nostro possa essere custodito al meglio da chi ha una visione della storia di un popolo, di una terra, di una comunità come fosse solo un insieme di tradizioni, leggende, filastrocche, costumi, ricette, sagre della castagna o del polpo. Prendiamo il libro *Noi veneti*, edito e distribuito qualche anno fa dalla giunta regionale in tutte le scuole medie da Verona a Belluno, da Rovigo a Vicenza. Il sottotitolo è: *Viaggi nella storia e nella cultura veneta*. La prefazione lo ripete: l'obiettivo è «approfondire gli argomenti collegati alla cultura e alla storia dei veneti».

Quanto «profondo» sia il testo scolastico è presto detto. A partire da una poesia: «Perla lustra de luce, Sírmíone mia / fra tute le penìsole, tute le ìsole / de mari e de laghetí, ristreti e ímensi: / quanta sodísfaziòn, quanta alegria / te me meti int'el cuore!». L'avete riconosciuto? È Catullo: *Paene insularum Sirmio, insularumque / ocelle, quascumque in liquentibus stagnis...* Dato che era «veronese» (come dire che Settimio Severo era libico, Diocleziano slavo e Sant'Agostino algerino) eccolo in dialetto veronese: «Cossa de mejo gh'è del riposarse / infin, dal peso e dal strassinamento...».

Non una parola su pittori come Giorgione o Tintoretto, Tiziano o Canaletto, Carpaccio o Lotto. Non una parola su musicisti come Vivaldi o Albinoni, Benedetto Marcello o Cavalli, Monteverdi o Gabrielli. Non una parola su scrittori come Pietro Bembo, Ruzante, Giorgio Baffo, Niccolò Tommaseo, Goffredo Parise, Dino Buzzati, Andrea Zanzotto... Niente di niente. Solo un accenno a Carlo Goldoni. Fine. Il capitolo «Letteratura», che chiude il «tomo» dopo una lunga carrellata sui diversi dialetti locali dove si spiega che la coccinella si chiama nella sola provincia veronese con decine di nomi diversi (balotina, violeta, galineta, groleta...) è così composto: poesia popolare, filastrocche, indovinelli, proverbi...

Vogliamo dirlo? Qualche volta, a sentir parlare tanti uomini delle istituzioni, viene in mente una scena indimenticabile del romanzo *L'autunno del patriarca* di Gabriel García Márquez. Quella in cui la madre del dittatore, Bendición Alvarado, dopo la «sfilata del giubileo tra lo strepito delle ovazioni e gl'inni marziali e le tormente di fiori», nel vedere «suo figlio in uniforme d'etichetta con le medaglie d'oro e i guanti di raso» davanti al corpo diplomatico schierato al completo, non riesce a «reprimere l'impulso del suo orgoglio materno». E grida entusiasta: «Se io avessi saputo che mio figlio sarebbe diventato presidente della Repubblica lo avrei mandato a scuola».

15

E intanto la Casta pensa a sé...

Doppi vitalizi, voli di Stato, privilegi: come prima, più di prima

«Non ci sta 'o tempio greco antico? E noi lo facciamo nuovo nuovo!» La luminosa idea folgora il consiglio comunale di Albanella, un comune salernitano nell'entroterra di Paestum il 28 novembre 2005. Detto fatto, votano una delibera ufficiale. Certo, in contrada San Nicola c'è un tempio vero, dedicato a Demetra, dea delle messi, del IV secolo a.C., mai portato alla luce nonostante gli archeologi chiedano da tempo immemorabile un po' di fondi per gli scavi. Ma dite voi: perché tenersi dei vecchi ruderi marci se si può fare una bella cosa antica su misura?

Varano così, per sfruttare un po' di finanziamenti Fas (Fondo aree sottoutilizzate), il progetto di «un parco urbano a tema denominato "Megale Hellas"» che, ricorda il giornale on-line «Positano News», «prevede una spesa di 1.444.444,44 euro e dovrebbe inserirsi all'interno di un circuito turistico che consenta di "coptare" i turisti che annualmente si recano in visita al Museo archeologico della città di Paestum. Il progetto prevede la realizzazione di un anfiteatro sulla cui sommità sorgerebbe una riproduzione di un tempio realizzato in calcestruzzo armato rivestito in travertino».

Il sindaco Giuseppe Capezzuto, che guida un monocolore della Margherita ma passerà poi al Popolo della Libertà, dichiara al giornale locale il suo entusiasmo: «Questa è una grande idea che porterà turismo e interesse in un'area fuori dal grande flusso di turismo di Paestum ma pur vicina. Servirà anche a prolungare il soggiorno dei turisti oltre a essere una grande iniziativa culturale». Il mitico Cetto La Qualunque sarebbe non meno favorevole: «Basta con 'ste pietre vecchie, anfore, tombe, elmi, scudi, pezzi di colonne, capitelli consumati... Insommamente: macerie! Meglio bonificare la zona con l'igiene e l'eleganza del cemento armato».

Macché: nonostante gli appoggi in consiglio regionale, il grande sogno del tempio dorico in calcestruzzo viene travolto dalle polemiche, dagli strilli di indignazione degli archeologi e dalle avvisaglie di un'inchiesta della Corte dei Conti. Peccato. Perché sarebbe stato la metafora perfetta di come la cattiva politica mentre dieci, cento, mille templi di Demetra sono abbandonati all'incuria e ai tombaroli, se ne sta chiusa nel tempio dei propri privilegi.

Quanto costano ad esempio i voliblu dei ministri, dei sottosegretari e di chi ricopre alte cariche istituzionali? A Londra vi basterebbe andare sul sito web di Downing Street: ci sono uno per uno tutti i viaggi all'estero fatti dai membri del governo che abbiano comportato per l'erario una spesa superiore alle 500 sterline. Dal 1997 a oggi. Vi si spiega se il ministro ha viaggiato in treno, con volo di linea, con un aereo del 32° squadrone della Raf o altro apparecchio a disposizione. Perché viaggiava. Chi c'era a bordo. Esempio: la partecipazione di Gordon Brown e della delegazione di 32 persone al G8 di Hokkaido, in Giappone, dal 7 al 9 luglio 2008 costò ai contribuenti 525.477 euro.

Qui no. Zero su internet, zero sui documenti ufficiali, zero sui bilanci a disposizione dei cittadini. «Fate una richiesta ufficiale.» L'abbiamo fatta. Tempestando di lettere la presidenza del Consiglio. Cocciuti. Tutti i giorni. Lunedì, martedì, mercoledì... Per settimane. Sempre le stesse domande. «Qual è il costo complessivo dei voli di Stato dall'insediamento dell'attuale governo a oggi? Quanti sono gli aeromobili e gli elicotteri a disposizione? Quante ore hanno volato? Chi è salito su quei voli?» E via così... Lunedì, martedì, mercoledì... Per settimane e settimane.

Zero. Inutili le sollecitazioni. Inutili gli appelli alla trasparenza. Inutili i richiami alla differenza col Regno Unito. Lunedì, martedì, mercoledì... Ogni tanto, l'addetto scodellava risposte vaghe: «Come ho già scritto, ho ben presente le vostre richieste. Comprenderete tuttavia che questo ufficio stampa, non essendo in possesso di nessuno dei dati richiesti e trattandosi in buona parte di notizie estremamente delicate che provengono da più dipartimenti, ha bisogno di tempo...». Settimane e settimane di attesa. Niente da fare. Un muro inespugnabile.

Finché, miracolo miracoloso, dopo due mesi, a gennaio 2011, è arrivata una risposta. Da incorniciare. Vi «si fa presente che le informazioni relative ai costi sostenuti dalla Cai», cioè quelle più importanti perché riguardano i servizi segreti, «sono coperte da vincolo di riservatezza, che involge l'intera attività della compagnia area». E che «per quanto concerne, invece, i dati ostensibili, si è in attesa delle risultanze che saranno fornite dall'Aeronautica militare, cui è stata inoltrata richiesta in tal senso». Quindi? Amen.

E chi sale su quegli aerei? Non sarà che continuano a salirci ospiti non tanto istituzionali, come certe bionde di coscialunga fotografate mentre atterravano a Olbia per andare a Porto Rotondo? «Sul punto si fa riserva di fornire gli elementi di informazione richiesti non appena lo Stato Maggiore dell'Aeronautica renderà disponibili i relativi dati di riferimento.»

Eppure, perfino le scarne informazioni concesse aiutano a capire. Torniamo al 2005, l'anno dei record. Gli aerei del 31° stormo volano 7723 ore: 21 ore al giorno. Con l'aggiunta dei voli formalmente «umanitari» (per un quinto una copertura dei voliblu), quelli coi Falcon dei «servizi» e due contratti privati, si toccano le 37 ore al giorno.

All'arrivo di Romano Prodi, tutto uguale o quasi. Ricordate i voliblu di Fausto Bertinotti per andare in vacanza nella penisoletta bretone di Quiberon, in Grecia per una visita privata ai monaci del monte Athos, a Parigi per la festa di Clotilde d'Urso, nipote del banchiere Mario, promessa in sposa ad Arthur de Kersauson de Pennendreff? All'esplodere delle polemiche sui costi della politica, soprattutto dopo il celebre volo di Clemente Mastella e del figlio Elio per andare al Gran Premio di Monza, qualcosa cambia. I sottosegretari vengono esclusi, per i ministri ci vuole un'autorizzazione. Fuori pure gli accompagnatori: i cronisti al seguito, da lì in poi, pagano il biglietto: 300 euro. Serve? Pare di sì: nel 2007 le ore di volo, a dispetto dei 102 ministri, «vice» e sottosegretari, si dimezzano. C'è chi gioca sui voli «umanitari»? Può darsi. Comunque le ore precipitano da 7723 a 3902.

Nel 2008 torna Berlusconi. Due mesi e abolisce le restrizioni. Di più: blocca lo smantellamento dell'organizzazione ipertrofica della Cai deciso da Enrico Micheli per riportarla agli scopi originari, operare per i servizi segreti. E la compagnia riprende a marciare a pieno ritmo, procedendo anche nel rinnovo della flotta, cedendo un paio di vecchi velivoli per comprarne di nuovi. Nel 2009 acquista un aereo Piaggio P180, e a gennaio del 2010 un elicottero nuovo di zecca.

Fatto sta che gli aereiblu tornano a volare a un ritmo ancora superiore a quello forsennato del 2005. Ripetiamo: per scelta «top secret» del governo abbiamo i dati solo del 31° stormo. Ma bastano a capire. Dall'insediamento del Cavaliere l'8 maggio 2008 al 31 dicembre gli aereiblu volano 3294 ore: 411 al mese. Nel 2009, 5931 ore: 494 al mese. Nei primi dieci mesi del 2010, 5076 ore: 507 al mese.

Confrontiamo su dati omogenei il 2005 dei record e il 2009? Nel 2005 c'erano al governo 98 persone, nel 2009 mediamente 61. Conclusione: nell'anno del primato costato complessivamente 65 milioni di euro, gli aerei del 31° stormo volarono 78 ore e 50 minuti l'anno per ogni membro del governo, nel 2009 per 97 ore e 15 minuti. Un aumento del 23,3%. Alla faccia di tutti i bla-bla sui costi della politica e le promesse di tagli ai voli e alla flotta, dato che il 31° stormo ha sempre tre Airbus A 319, sette Falcon e due elicotteri. E i voliblu coi «servizi»? Segreti. I costi totali? Segretissimi. Perché mai far arrabbiare la gente? Occhio non vede, cuore non sente.

Un po' di più sappiamo del parco macchine. La presidenza del Consiglio (oltre a 31 furgoni e mezzi di servizio) ne ha 89, tutte in leasing: i ministri senza portafoglio e le «strutture di diretta collaborazione» ne hanno 35, i sottosegretari alla presidenza con le «strutture» loro 21. Il presidente del Consiglio? Dato riservato. Costi totali fra affitto, carburante, autostrada e permessi centro storico: 1.449.000 euro. Trentasei volte più del prezzo delle rovine di Alba Fucens, in Abruzzo.

Non è uno scherzo. La stima del valore del sito archeologico, ridicolizzata da Salvatore Settis nel libro *Italia S.p.A.*, è stata pubblicata sulla «Gazzetta ufficiale» del 6 agosto 2002 nell'elenco dei beni pubblici emanato dall'Agenzia del demanio e calcolati in base ai valori catastali non aggiornati nel mezzo delle polemiche sulla Patrimonio SpA che avrebbe dovuto «valorizzare» i nostri tesori. Cosa che spinse i giornali stranieri a infilzarci. Come fece Volker Breidecker sulla «Süddeutsche Zeitung» di Monaco, in un articolo del 22 agosto 2002 intitolato, in italiano, *Vendesi Italia*. Sottotitolo: «Il catalogo è questo: uno Stato vende la propria cultura». «L'Italia è in liquidazione. (...) L'elenco comprende spiagge, pezzi di costa, isole, zone paesaggistiche, pezzi di città, innumerevoli strade e palazzi. (...) Il Lungarno della Zecca a Firenze è valutato 13 milioni di euro. Anche qui si sente la differenza fra Nord e Sud: il Lungomare Nazario Sauro a Bari vale solo 5,7 milioni di euro, e gli Abruzzi valgono ancora meno, dato che l'intero sito archeologico di Alba Fucens, completo di strade e piazze col lastricato di età romana, vale solo 40.000 euro.»

È questa sproporzione tra il Palazzo e tutto il resto che stordisce. Torniamo al 22 dicembre 2010. Il Louvre, come ha raccontato il giorno prima Salvatore Settis sulla «Repubblica», ha appena trovato grazie a una sottoscrizione tra i francesi, il milione di euro che gli mancava per regalarsi *Le Tre Grazie* di Lucas Cranach.

E all'ultimo consiglio dei ministri prima delle feste, è in programma un dono di Natale a chi si dispera per le condizioni dei tesori italiani: il reclutamento in deroga al blocco delle assunzioni di una task force di 25 funzionari archeologi, architetti e amministrativi per Pompei. Un segnale importante. In controtendenza sul delirio dei commissariamenti. Macché: annullato. Come la nascita di una Fondazione che per l'antica città vesuviana sarebbe stata, secondo Bondi, il toccasana.

Ragazzi, non c'è un centesimo, dicono. E i 750 milioni di euro di arretrati alla Provincia di Bolzano che dopo irremovibili rifiuti sono stati appena sbloccati dal governo che si è impegnato a pagare cinque rate annuali da 150 proprio mentre i due deputati della Südtiroler Volkspartei decidevano di salvare Berlusconi con le loro determinanti astensioni alla Camera? Coincidenze. Solo coincidenze...

Facciamo un paragone? Quei 750 milioni di euro dati ai sudtirolesi sono il triplo dei fondi previsti dalla Finanziaria 2011 per il Fus, il Fondo unico per lo spettacolo che aiuta il cinema, il teatro, la lirica. Erano 409 milioni, sono stati ridotti a 258. In linea con la tesi di Renato Brunetta: «In questo Paese sotto il termine cultura si è realizzato un grande imbroglio. In passato sulla base di commissioni clientelari uno presentava un copione e riceveva un milione, due milioni a fondo perduto. La cultura è un bene pubblico e va finanziato. Lo spettacolo no».

Sono stati finanziati in passato film assurdi destinati al fallimento? Verissimo. «Nel mondo del teatro, non si contano le persone che hanno acquistato mobilio di pregio, per arredarsi le case, profittando del denaro pubblico» come ha rivelato al «Giornale» Salvatore Aricò, direttore del Teatro Valle di Roma? Gli crediamo sulla parola. Certi diritti sindacali hanno avuto dentro gli enti lirici uno sviluppo abnorme andato in metastasi? Sicuramente.

Ci vorrebbe Marchionne anche alla Scala titola a metà gennaio del 2011 «il Foglio». Non c'è passione per Bellini o Donizetti che giustifichi lo sproposito di otto sindacati che fanno trattative separate all'Opera di Roma. Non c'è culto per Verdi o Leoncavallo che possa far accettare assurdità come quelle denunciate da Giuseppe Ferrazza, presidente dell'Eti prima che lo stesso Ente teatrale italiano fosse soppresso nell'ottobre 2010: «Pochi sanno che c'è perfino l'indennità umidità per chi suona all'aperto. Ma se suoni all'aperto per 15 giorni, perché la devi prendere per 3 mesi? E perché la devono prendere pure gli impiegati?».

Tutto vero. Ma è meno cervellotico imporre al Teatro Lirico di Cagliari, come ha fatto il sindaco berlusconiano Emilio Floris, di mettere in scena le opere in cartellone usando coristi nel ruolo dei solisti, spingendo ovviamente alle dimissioni il direttore artistico Massimo Biscardi? O costringere Giorgio Napolitano a intervenire per ricordare che dentro l'elenco dei 232 enti culturali additati dal governo berlusconiano al pubblico sberleffo occorreva distinguere i carrozzoni dagli organismi seri?

Ma torniamo alla boutade di Brunetta: davvero «la cultura è un bene pubblico e va finanziato e lo spettacolo no»? Qual è la differenza? *Il trovatore* è spettacolo o cultura? *La dolce vita* di Fellini è spettacolo o cultura? E *Il fu Mattia Pascal*, che qualche deputato appassionato di canzonette magari chiama «il fu Mattia Bazar», è spettacolo o cultura? *Il lago dei cigni*, essendo un balletto, è spettacolo o cultura? Certo, lui dirà che l'hanno capito male, che non intendeva dire proprio quello, che si riferiva solo a certi eccessi...

Fatto sta che in Italia i finanziamenti allo spettacolo sono stati ridotti «causa crisi» dal governo di destra a 258 milioni, in Francia un altro governo di destra ha stanziato «nonostante la crisi», per lo stesso 2011, quasi il triplo, cioè 663 milioni, per il solo teatro. Cosa che presumibilmente avrà irritato assai perfino uno degli uomini più vicini a Berlusconi, Bruno Ermolli, che non ha fatto mistero della sua ostilità al massacro del Fus che avvia i conti della Scala, di cui è vicepresidente, a sprofondare in un buco di 17 milioni.

C'è da tagliare? Sono tanti, i settori dove si potrebbero recuperare soldi. I 151 milioni sforbiciati dal Fondo unico per lo spettacolo si potrebbero risparmiare ad esempio con una svolta virtuosa alla Regione Campania. Dove gli ispettori della Ragioneria mandati a fare le pulci alla gestione Bassolino hanno scoperto che i ritardi nei pagamenti delle Asl ai fornitori costano 200 milioni l'anno solo di interessi e spese legali. Un po' di puntualità e si avanzerebbe pure una cinquantina di milioni da dare con criteri più seri al buon cinema, al buon teatro, alla buona lirica, al buon balletto.

Oppure, per risparmiare, basterebbe tagliare davvero un po' di privilegi che ancora rallegrano i nostri politici. Ricordate la storia dello psichiatra Luigi Cancrini? Eletto deputato coi Comunisti italiani, sosteneva che gli spettasse oltre allo stipendio della Camera anche il vitalizio della Regione Lazio maturato dopo esser stato consigliere regionale per tre legislature. Era così sicuro di averne diritto da fare ricorso al tribunale civile di Roma. Scoppiò un putiferio. E prese le distanze anche il governatore Piero Marrazzo: «I costi della politica sono già così alti che se riuscissimo a ridurne qualcuno faremmo cosa buona e giusta».

Sagge parole. In seguito allo scandalo che lo costrinse a dimettersi è arrivato però anche il suo turno. E allora non c'è stato più «costo della politica» che tenesse. Anzi, gli è sembrata cosa buona e giusta, archiviata l'avventura politica dopo appena quattro anni e mezzo da governatore e incamerata la liquidazione (31.103 euro per un solo mandato quinquennale) passare all'incasso anche per il vitalizio. Possibile? E da quando? Alla domanda di Giuseppe Rossodivita, il capogruppo radicale in Regione deciso a vederci chiaro, è stato risposto: dal 12 maggio 2010. Quando l'ex presidente, nato il 29 luglio 1958, aveva 51 anni. Quattordici in meno di quelli richiesti per andare in pensione agli italiani.

Facendo un calcolo sulla base delle regole pubblicate sul sito ufficiale delle Regioni (www.parlamentiregionali.it) gli spettano circa 4000 euro lordi al mese. Una cifra con cui si potrebbero pagare due giovani archeologi dei Beni culturali. Dovesse serenamente invecchiare come un italiano medio, cosa che con affetto gli auguriamo, riceverà complessivamente, al lordo, circa un milione e mezzo di euro. Per una cinquantina di mesi di lavoro. Se fosse ancora il conduttore di *Mi manda Raitre* e questa storia riguardasse qualcun altro, colpevole di essersi rovinato con le proprie mani, ci farebbe sicuramente un servizio.

Non basta: grazie al fatto che quella prebenda mensile è un vitalizio e non una pensione, distinzione che fa salire il sangue alla testa ai lavoratori normali quale che sia il loro reddito, Marrazzo potrà liberamente cumulare i soldi con lo stipendio di giornalista della Rai (discreto se è vero che giurava di rimetterci, a fare il presidente regionale) dove nel frattempo è rientrato. Esattamente come da tempo fa un altro pensionato: l'ex governatore a riposo e corrispondente da Madrid Piero Badaloni.

Certo, non tutte le Regioni sono così generose con i loro pensionati-baby. Se nel Lazio l'età minima per prendere il vitalizio è fissata a 55 anni anche se si può cominciare a intascare l'assegno già a 50 anni rinunciando al 5% per ogni anno di sconto, dalle altre parti oscilla di regola fra i 60 e i 65. Così come varia la base di partenza sulla quale quel vitalizio va calcolato. La Sicilia e il Friuli-Venezia Giulia sono le più generose: 100%.

Segue la Puglia, con il 90%. Poi il Piemonte, con l'85%, la Lombardia con l'81% e il Lazio con l'80%. Ma i deputati laziali hanno un vantaggio in più. A quell'80% dell'indennità parlamentare (9362 euro, fino al luglio 2010) va aggiunto, diversamente da tutte le altre Regioni, anche il 100% della diaria: altri 4003,11 euro al mese. Il totale su cui calcolare la pensione sale così a 13.365 euro al mese. E dopo appena 15 anni di contributi si raggiunge il diritto all'assegno massimo: 70% di quell'importo. A 55 anni e con tre legislature dietro le spalle si intascano 9355 euro al mese, lordi. Seimila netti. Dieci volte più di un pensionato medio, e dieci anni prima.

Anno dopo anno, gonfia gonfia, la bolla dei vitalizi è diventata un problema abnorme: l'ente presieduto oggi da Renata Polverini ha speso nel 2010, per 179 vitalizi e 38 trattamenti di reversibilità, qualcosa come 16 milioni di euro. Più di quanto il Fus, falcidiato dai tagli di Bondi, abbia destinato nel 2011 all'intero cinema italiano: 15.338.000 euro, il 34% in meno dell'anno prima. Media di ognuno dei 217 assegni: 73.732 euro annui: sei volte quello di una pensione media Inps (12.486 euro).

Ancora più sconcertante è lo squilibrio tra i contributi che entrano dai consiglieri regionali in carica e quelli che escono per garantire una serena vecchiaia (vecchiaia si fa per dire, visti gli arzilli cinquantenni...) ai pensionati. Entrate: meno di 1,7 milioni. Uscite: 16. Quasi dieci volte di più.

Non c'è ente previdenziale al mondo che possa sopravvivere con un buco simile, destinato tra l'altro ad allargarsi. Eppure alla Camera va perfino peggio: per ogni euro che entra ne escono 12. E al Senato peggio ancora che alla Camera: uno entra, 13 escono. Una vera catastrofe finanziaria: per i vitalizi degli ex onorevoli nel solo 2010 abbiamo speso 219 milioni. Molto più di quanto incassano in due anni tutti i nostri musei e siti archeologici messi insieme.

Eppure non è tutto: nonostante le roventi polemiche di qualche anno fa sulla Casta dei politici, è rimasto intatto perfino il doppio vitalizio. Un esempio: Giulio Maceratini. Parlamentare per sei legislature, missino prima e aennino poi, prende 9947 euro al mese come ex onorevole. Più 9088, stando alle tabelle, come ex consigliere regionale del Lazio. Totale: 19.000 euro e spicci al mese. Lordi. Fatti i conti: basterebbero a pagare una bella fetta della task force di giovani studiosi per Pompei.

Un caso isolato? Niente affatto. Tra i pensionati della sola Regione Lazio sono in 21 su 179: quasi un ex consigliere su otto. C'è lo storico avversario di Bettino Craxi Paris Dell'Unto (8455 euro dalla Camera, circa 8000 dalla Regione); gli ex presidenti socialisti Giulio Santarelli, Sebastiano Montali e Bruno Landi; gli ex sindaci di Latina postfascisti Aimone Finestra e Vincenzo Zaccheo. Una lista alla quale si dovrebbero aggiungere fra qualche anno, quando matureranno l'età per raddoppiare con quello parlamentare il vitalizio regionale che già ricevono da quando hanno compiuto 50 anni, almeno altri due nomi di spicco: il nipote di Giulio Andreotti, Luca Danese, e il figlio di Arnaldo Forlani, Alessandro. Che in attesa del raddoppio (è del 1959) riceve dal 2009 un'altra busta paga pubblica come componente dell'authority per gli scioperi.

Ma quanti sono i politici sparsi per l'Italia che hanno avuto due vite? Duecento, trecento, chissà. Il numero sfugge alle statistiche. In Lombardia, per fare un altro caso, i titolari di doppio vitalizio parlamentare e regionale (più modesto di quello laziale) sono 22. Un sesto dei 155 ex consiglieri pensionati. C'è Piero Bassetti, per esempio. E Luigi Baruffi, ex coordinatore regionale dell'Udc, l'ex ministro Dc Alessandro Fontana, il craxiano di ferro Giorgio Gangi, l'ex senatore del Pci Carlo Smuraglia, il cofondatore dell'Idv Elio Veltri, l'ex leader del movimento studentesco Mario Capanna, l'ex portavoce dei Verdi Carlo Ripa di Meana...

C'è chi dirà: possibile che non ci sia un limite? Vi risponderanno che c'è: la doppia pensione si può incassare solo se non si rientra in Parlamento o alla Regione. In quel caso, e Cancrini ha dovuto rassegnarsi, i vitalizi sono sospesi. Lo stabiliscono precise norme di «reciprocità» fra le Regioni, Montecitorio e Palazzo Madama. Ma poteva mancare l'eccezione? No: alla Regione siciliana, quella leggina di argine agli eccessi, si erano completamente «scordati» di farla. Ah, la memoria...

Se ne «accorsero» solo nel 2006, quando sei ex deputati regionali (Giovanni Ricevuto, Giuseppe Firrarello, Nino Strano, Franco Piro, Vladimiro Crisafulli e Angelo Capodicasa: tre di destra, tre di sinistra) finirono a Roma intascando, grazie alla provvidenziale dimenticanza, la paga da deputato o senatore più il vitalizio dell'Ars, che poteva arrivare a 9947 euro al mese. Un'offesa a tutti i comuni mortali. Alla quale si rimediò con un'altra assurdità: una norma che proibiva il cumulo, ma solo dal 1° gennaio 2011. Risultato: con le elezioni del 2008 gli ex deputati siciliani con doppia busta paga sono passati da sei a quattordici. Con l'aggiunta dell'ex ministro Dc Calogero Mannino, Sebastiano Burgaretta, l'ex sindaco di Palermo Leoluca Orlando, quello di Catania Raffaele Stancanelli, Ugo Grimaldi, Nicolò Cristaldi e cinque baby-pensionati: Salvatore Fleres (54 anni), il proconsole forzista di Palermo Dore Misuraca (53), l'ex governatore Salvatore «Totò» Cuffaro (52), poi finito in carcere in seguito alla condanna in Cassazione, l'ex assessore regionale Alessandro Pagano (51) e il finiano Benedetto Fabio Granata (51).

Tutti avviati su un viale del tramonto sereno. Perso il diritto al cumulo dal 1° gennaio 2011, infatti, si rifaranno quando lasceranno il Parlamento. Tranquilli: il doppio vitalizio spetterà anche a loro. A meno che un giorno deputati e senatori, arrossiti per l'imbarazzo, non decidano infine una cosa rivoluzionaria: che anche i politici devono essere uguali agli altri cittadini e avere un trattamento previdenziale unico calcolato col metodo contributivo.

Eventualità remota. Ha avuto modo di appurarlo il dipietrista Antonio Borghesi. Che a settembre 2010 presentò con la collega di partito Silvana Mura un ordine del giorno chiedendo di trasformare i vitalizi in pensioni normali.

La sua requisitoria non faceva una grinza: «Penso che nessun cittadino e nessun lavoratore al di fuori di qui possa accettare l'idea che gli si chieda, per poter percepire una pensione, di versare contributi per quarant'anni quando qui dentro sono sufficienti cinque anni per percepire un vitalizio. È una distanza fra il Paese reale e questa istituzione che deve essere ridotta ed evitata. Non sarà mai accettabile che vi siano persone le quali hanno fatto il parlamentare per un giorno (ce ne sono tre) e percepiscono più di 3000 euro al mese di vitalizio».

Men che meno, proseguiva, che vi siano persone come Toni Negri, l'ideologo di Autonomia operaia riparato in Francia per evitare l'arresto, che dopo essere «rimaste qui per sessantotto giorni, dimessisi per incompatibilità, percepiscono un assegno vitalizio da più di 3000 euro al mese». Di più ancora: «C'è la vedova di un parlamentare che non ha mai messo piede materialmente in Parlamento, eppure percepisce un assegno di reversibilità...».

Tutti casi stupefacenti che, messi in fila, pensava avrebbero messo a disagio i colleghi spingendoli a votare una riforma. E come è andata a finire? Prima gli hanno chiesto di ritirare l'ordine del giorno: su, da bravo, lascia stare, non conviene a nessuno... Poi, dato che lui si impuntava, lo hanno seppellito sotto una valanga di voti contrari: 525 presenti, 5 astenuti, 22 favorevoli ad abolire il privilegio, 498 contrari. Decisi, a destra e a sinistra, a non mollare di un millimetro. Manco difendessero il monte Ortigara.

E la crisi internazionale? Gli allarmi congiunturali? Il crollo delle esportazioni? Il dilagare della cassa integrazione? I licenziamenti a catena? Gli appelli al popolo italiano a tener duro? I suicidi in successione di piccoli imprenditori messi in ginocchio da difficoltà insormontabili? I moniti alla necessità di sacrifici?

Uno sfregio. Come quei cinquanta asciugamani di lino comprati dall'amministrazione di Palazzo Madama nel 2009, quando i cancelli delle fabbriche chiudevano uno dietro l'altro, per il bagno degli ospiti dell'appartamento di Sua Eccellenza il Presidente del Senato Renato Schifani al prezzo di 4400 euro: 88 euro l'uno. O quel corso di perfezionamento al Gambero Rosso per i suoi nove cuochi, costato 35.000 euro. Un anno intero di stipendio di un giovane architetto della soprintendenza, contributi compresi.

Che il Palazzo si consideri «a parte» rispetto al Paese, del resto, si è visto nel pomeriggio del 23 dicembre 2010. Quando, approvata la riforma universitaria che proprio non poteva essere più rinviata, lo stesso Schifani, titillato da un senatore democratico che gli aveva fornito l'assist invitandolo a dare una bacchettata ai rompiscatole che pongono il problema dei costi della politica, si è lanciato in un'auto-sviolinata: «Siamo tutti al corrente che da tempo vi è nel nostro Paese una campagna contro pezzi delle istituzioni, viste come "Casta". La migliore risposta che questo ramo del Parlamento sta dando a chi intende essere polemico nei suoi confronti è che oggi, 23 dicembre, alle ore 17, all'antivigilia di Natale, siamo ancora qui a lavorare». Dopo di che (fra gli applausi entusiasti dei leghisti, dice il resoconto stenografico) ha proseguito: «Credo che questa sia una risposta fattuale, a dimostrazione del fatto che non siamo una Casta; siamo persone, possiamo sbagliare o meno, ma sicuramente lavoriamo nell'interesse e per il bene del Paese».

Ciò detto, ha annunciato: «Il Senato tornerà a riunirsi mercoledì 12 gennaio 2011». Cioè venti giorni dopo. Il tempo necessario a festeggiare Gesù Bambino, Santo Stefano, San Giovanni Evangelista, San Silvestro, San Fulgenzio, l'Epifania e un'ultima domenica di festa con allegati (massì, esageriamo) il lunedì e il martedì successivi. Un mega-ponte esteso a tre campate settimanali. Evviva.

Vorremmo rispettosamente ricordare ai senatori stakanovisti che nell'intero 2010 l'aula di Palazzo Madama è stata complessivamente convocata 117 giorni su 365. Due alla settimana. Con un minimo di 4 giorni in agosto (che afa! che afa!) e un massimo di 13 giorni (massacrante: quasi uno su 3!) in maggio. Diranno: ma si lavora anche in commissione! Anche a Washington. Eppure lì, come ha dimostrato il professor Antonio Merlo dell'Università della Pennsylvania, il Senato in un anno campione, il 2007, si è riunito in seduta per 180 giorni: il 54% in più. E le aule erano sempre piene. Come nella tradizione americana: i senatori che saltano più di un decimo delle votazioni, lì, sono il 4%.

Non solo: ci permettiamo sommessamente di rammentare alle alacri Eccellenze che da lunedì 27 dicembre sono tornati al lavoro tutti i giorni, ammesso che non abbiano sgobbato anche a Natale e Santo Stefano, alcune decine di milioni di persone. Operai, falegnami, militari, notai, idraulici, camerieri, avvocati, cuochi, dentisti, pizzaioli, elettricisti, muratori, preti, profumieri, impiegati provinciali, pittori, domestici, elettrauti, calzolai, cronisti, suore, sommelier, baristi, ematologi, centralinisti, edicolanti, segretari, truccatori, funzionari regionali, fotografi, architetti, panettieri, taxisti, salumai, geometri, carrozzieri, ingegneri, pastai, carpentieri, ferrovieri, manager, gommisti... Insomma, tutti. Tutti meno loro: i senatori stakanovisti esaltati dal loro compiaciuto presidente. Che certo non si permetterebbe mai di fare la lezioncina, invece che ai cronisti irriverenti, ai colleghi assenteisti.

Come il deputato Antonio Gaglione. Il quale s'è dato evidentemente un obiettivo nella vita: infischiarsene dell'opinione degli italiani. Quelli di destra, quelli di sinistra e quelli di centro. Non c'è infatti altra spiegazione nella sua assenza perfino il giorno della sfiducia, mancata, a Berlusconi il 14 dicembre 2010.

Avrebbe potuto votare a favore del governo, avrebbe potuto votare contro, avrebbe potuto astenersi, avrebbe potuto presentarsi in aula e spiegare che per lui era tutta una farsa o addirittura togliersi in diretta tv il papillon da dandy in segno di disprezzo per l'assemblea. Tutto quel che voleva: l'unica cosa che non poteva fare era di fregarsene ancora una volta del suo mandato. Una schifezza.

Sono anni che Gaglione, un medico di Latiano al quale la politica aveva già generosamente regalato un seggio da senatore nel 2001 e una poltrona da sottosegretario nel secondo governo Prodi nel 2006, ci prende per i fondelli. Da quando, eletto alla Camera col Pd, ha deciso non solo di infischiarsene dei lavori parlamentari per i quali è pagato, indennità, diarie e prebende varie, dieci volte più di un ricercatore o un operaio. Ma di vantarsene pure.

Latitante nei primi due anni di legislatura nel 93% delle votazioni, espulso dal Pd nell'ottobre 2009 proprio per il suo assenteismo diventato insopportabile il giorno in cui la sua mancata presenza al momento del voto sullo scudo fiscale era stata determinante per far passare il provvedimento, l'ineffabile Gaglione accolse la decisione del partito facendo spallucce e spiegando a Monica Guerzoni del «Corriere»: «Chiedo scusa ai cittadini. Ma non mi dispiace se vengo espulso da un partito che seleziona i deputati in base all'ossequio a big e capicorrente». Non bastasse, aggiunse: «Stare in Parlamento è un lavoro frustrante, una perdita di tempo e una violenza contro la persona». Tesi ribadita un paio di mesi dopo al «Giornale»: «Sì, è vero, non sono mai in Parlamento. Non mi va di reggere la coda al potente di turno». Penoso.

Non bastasse ancora, il giorno prima del voto sulla sfiducia al governo, un passaggio chiave su cui era appuntata l'attenzione di tutta l'Italia e dei mercati internazionali, l'incallito assenteista aveva detto a Goffredo De Marchis della «Repubblica» che sì, visto che era a Roma già per un congresso medico, quasi quasi si sarebbe degnato di fare una capatina in aula. Macché: ha dato buca di nuovo. Rubando, per l'ennesima volta, lo stipendio agli italiani. Un furto mensile, alla faccia del micro-taglio della Finanziaria 2011, di 14.269 euro netti al mese. Più quelli del vitalizio che riceverà quando andrà in pensione. Senza che lui, che mai potrebbe sfilare venti euro da un portafoglio o una matita in tabaccheria, si senta un ladro. In fondo, sono soldi dello Stato. Di tutti e di nessuno, secondo la morale corrente...

«In America sarebbe assolutamente impensabile» dice dal suo osservatorio americano Antonio Merlo. «Un parlamentare statunitense, mentre fa il parlamentare può fare solo ed esclusivamente il parlamentare. Al massimo gli è consentito di fare qualche sporadica conferenza per un ammontare massimo di 10.000 dollari l'anno. Se sei eletto fai quello e basta. Ci mancherebbe altro. Non esistono eccezioni. Non conosco un solo caso di qualcuno che ci abbia provato. La legge è quella. Fine.»

Da noi ci sono parlamentari come Niccolò Ghedini e Pietro Longo o addirittura presidenti della Commissione giustizia come Giulia Bongiorno che continuano a fare gli avvocati. Sottosegretari azionisti di case farmaceutiche che sbandierano orgogliosi nel curriculum l'attività di consulenti «farmacologi» di squadre di calcio e sono al tempo stesso titolari di una delega governativa sul «doping» nello sport, come Rocco Crimi. Deputati e coordinatori di grandi partiti che restano fino all'ultimo presidenti di banche che finanziano amici o addirittura soci in affari impegnati in appalti pubblici come Denis Verdini. Membri di governo proprietari di concessionarie pubblicitarie della stampa nazionale come Daniela Garnero Santanché. E via così, potremmo andar avanti per pagine e pagine.

«Anche a prescindere dal rischio del potenziale conflitto di interessi di chi assume incarichi remunerati al di fuori dell'attività parlamentare c'è un'altra ragione importante per cui sarebbe auspicabile limitare queste attività» scrivono nel saggio *Classe dirigente. L'intreccio tra business e politica* lo stesso Merlo, Tito Boeri della Bocconi e Andrea Prat della London School of Economics. «I parlamentari che sono di fatto "part-time" non possono essere impegnati nella loro attività legislativa quanto quelli "a tempo pieno". I dati a nostra disposizione ci consentono di calcolare quanto un'attività extraparlamentare influisca sulla qualità del lavoro dei politici o, più precisamente, quanto un reddito extraparlamentare riduca la loro presenza alle sessioni di voto. Per ogni 10.000 euro guadagnati al di fuori dell'attività legislativa, la presenza alle votazioni in Parlamento si riduce dell'un per cento. Anche questo risultato suggerirebbe di precludere le attività extraparlamentari.» Un esempio? Stando a questi parametri, con un milione e passa di euro l'anno presi facendo l'avvocato, Niccolò Ghedini sottrarrebbe sul lavoro parlamentare 100 giorni. E questo al di là del conflitto di interessi ogni volta che mette il naso in una legge che riguarda i suoi clienti, a partire ovviamente dal Cavaliere.

L'America che è un Paese serio non glielo permetterebbe mai.

Basti l'esempio di Henry Paulson, che come segretario al Tesoro fu chiamato a gestire la gravissima crisi finanziaria nella quale, oltre alla Lehman Brothers, era coinvolta anche Goldman Sachs di cui era stato il numero uno e con la quale aveva reciso ogni contatto vendendo (la legge è legge) un grosso pacchetto di azioni. Bene: nell'estate del 2009 il «New York Times» lo attaccò frontalmente denunciando i suoi contatti con Lloyd Blankfein, il suo successore al comando della Goldman Sachs. E come aveva fatto il quotidiano a scoprire la cosa, vietatissima a Washington? Spulciando tutte le telefonate partite dall'ufficio del ministro, che in base alla legge sulla libertà d'informazione, il Freedom of Information Act, possono essere richieste e ottenute non solo dai cronisti ma da ogni cittadino.

Ve lo immaginate se qualcuno proponesse una cosa simile da noi? Verrebbe fatto a pezzi come un servo dei giudici e teorico dello Stato poliziesco e liberticida. Non hanno dubbi, i nostri, sulla sacralità intoccabile dei loro privilegi. Lo conferma ciò che successe quando, ancora in quel dicembre del 2010, i deputati dell'Api Bruno Tabacci e Marco Calgaro proposero di reinserire nella riforma dell'Università un emendamento per dirottare 20 milioni l'anno dei rimborsi elettorali ai ricercatori, emendamento fatto passare miracolosamente al Senato da Francesco Rutelli in un momento di distrazione collettiva, ma prontamente abolito alla Camera. Venti milioni? Un quindicesimo del rimborso annuale? Mai! E la proposta, nonostante fossero giorni in cui destra e sinistra non si sarebbero accordate manco sull'uso o meno dell'ombrello in caso di diluvio, venne stracciata con il concorso di 45 deputati dell'opposizione. In linea con la tesi dello storico «tesoriere» della sinistra Ugo Sposetti. Che aveva liquidato l'idea come «indecente».

Nessuno stupore. Su quello scoglio si era già schiantato pochi mesi prima Giulio Tremonti. Il quale, proponendo un taglio dei rimborsi ai partiti del 50% si era via via dovuto rassegnare a tagliare il 30%. Poi il 20%. Poi il 10%... E non subito. Ma a partire dal 2013 (future «politiche») oppure dal 2014 (future «europee») o addirittura dal 2015, prima scadenza delle «regionali». Indecoroso. Tanto più che la stessa manovra contemporaneamente prevedeva di tagliare del 5% o del 10% gli stipendi pubblici più alti a partire da subito: dal 1° gennaio 2011.

Un momento: non tutti gli stipendi pubblici. Non quelli, ad esempio, dei collaboratori più stretti del governo a Palazzo Chigi. Lo dice lo stesso bilancio ufficiale. Spiegando che il taglio tremontiano valido per tutti gli altri italiani «ha sollevato alcuni dubbi di natura interpretativa con specifico riferimento ai destinatari».

Quindi? Quindi, in attesa di capire bene, tagli congelati. Anzi, il capitolo di spesa per i compensi del segretario generale e i suoi facenti funzioni dovrebbe crescere nel 2011 da 430.000 a 520.000 euro. Come pure la voce che riguarda lo stipendio di Berlusconi, dei ministri senza portafoglio e dei sottosegretari alla presidenza: da 1,6 a 2,1 milioni. Cinquecentomila euro in più. Un aumento venti volte superiore all'inflazione.

E non è l'unica impennata. Nel preventivo 2009 le spese di rappresentanza erano fissate in 200.000 euro. Sono quadruplicate: 800.000. Quelle per i convegni, i congressi, le visite ufficiali del premier erano stabilite in 900.000 euro: hanno passato di slancio i 6 milioni, più quasi 4 non previsti per «spese relative a eventi istituzionali anche di rilevanza internazionale». Totale: una decina. Oltre il decuplo. Come di dieci volte sono aumentate le spese legali e le parcelle degli avvocati: un milione nelle previsioni, 10.651.000 euro nel consuntivo finale. Com'è possibile sbagliarsi di dieci volte?

D'accordo: è giusto che il capo di un governo possa circondarsi di uno staff di collaboratori di sua piena fiducia senza doversi rassegnare a lavorare con chi trova sul posto. Ma le voci del bilancio che parlano dei collaboratori esterni, senza la trasparenza di Buckingham Palace o di Downing Street, lasciano perplessi: 2,3 milioni di euro per pagare gli «estranei» nelle segreterie particolari di Berlusconi e Letta più altri 2,9 per i compensi «accessori» alle stesse segreterie del premier e del sottosegretario alla presidenza, più un milione e mezzo per altri «esterni» impiegati dal plotone di sottosegretari, più altrettanti per gli «accessori». Più ancora 6.200.000 euro (1.300.000 in più sul 2009 con un aumento quindici volte superiore all'inflazione) per i collaboratori assunti da fuori nelle segreterie dei ministri senza portafoglio. Più ancora 1.184.000 euro per il «trattamento economico accessorio del personale dirigenziale non contrattualizzato».

Aumenti, aumenti, aumenti. Non c'è una voce che mostri, in questo settore, un taglio. Anzi, i soli distaccati, presi in prestito da altre amministrazioni e «in servizio presso gli uffici del presidente» nel 2011 costano 1,2 milioni: cinque volte più che nel 2009, quando la spesa era di 258.000 euro. «Estranei», «distaccati», «non contrattualizzati»... Messi tutti in fila dovrebbero essere oltre 300, presi in aggiunta ai 2398 dipendenti che nel 2008 risultavano di ruolo. Un numero già di per sé quasi doppio rispetto alla struttura del Cabinet Office.

Perché chiamare tanta gente da fuori con tutti quei dipendenti fissi già a libro paga che, stando al consuntivo, nel 2009 sono costati 122,7 milioni, cioè il 22,7% più di quanto era stato previsto, 100 milioni tondi? E tutto questo, senza calcolare la Protezione civile e i ministeri senza portafoglio. Perché se consideriamo anche quelli, il monte degli stipendi cresce e cresce fino ad arrivare a poco meno di 236 milioni. Anche qui il 19% in più delle previsioni iniziali: dieci volte l'inflazione. In soli tre anni il costo del personale cosiddetto «di *line*» è cresciuto di 29 milioni: quasi il triplo di quanto costerebbe risanare un tesoro come Selinunte per il quale non c'è il becco di un quattrino.

Nelle aspettative c'è sempre il cielo azzurro. Come nel bilancio di previsione del 2009: «L'andamento dell'ultimo triennio della spesa complessiva del personale registra un significativo decremento. La riduzione è dovuta essenzialmente alle misure di contenimento adottate, sin dall'avvento del governo attuale, sugli assetti regolamentari degli uffici di diretta collaborazione per i quali è stata operata, sotto l'egida di uno specifico indirizzo politico del presidente, una sensibile diminuzione dei contingenti». Poi leggi il consuntivo e scopri che in un anno il costo del personale di «staff» di Palazzo Chigi è passato da 20 a 21,8 milioni: più 8,8%. Motivo, «la riconfigurazione degli organi del vertice politico. Con decreto del presidente del Consiglio dei ministri del 9 luglio 2009 è stato nominato il nuovo ministro per il Turismo». Tutta «colpa» di Michela Vittoria Brambilla. Inutile dire che il preventivo per il 2010 ha superato di slancio i 27 milioni e mezzo: un altro 26% in più.

Ma certo, dei segnali di ravvedimento in questi anni si sono visti. Segnali, però. Nel 2009 la Camera ha risparmiato 28 milioni rispetto alle previsioni. Bene, ma è irrispettoso segnalare che è un trentasettesimo del bilancio di un miliardo e 54 milioni? E che nel 2012 si dovrebbe tornare nove milioni sopra il livello delle previsioni 2009 fino a un miliardo e 92 milioni? Pure il Quirinale, il cui bilancio continua a essere avvolto da una confortevole nebbia, ha tenuto ferme le spese: scese nel 2010, per la prima volta nella storia, di 3 milioni. Con il varo del primo concorso pubblico dopo decenni in cui, a partire dal 1963, erano entrati tutti per chiamata diretta e spesso clientelare, è una svolta positiva: ma è sfacciato ricordare che si tratta dell'1,2%?

Quanto al Senato, in tempi così neri che il settore automobilistico ha subito un'emorragia nel solo 2009 del 23%, grandi aziende italiane hanno denunciato crolli del 47% e milioni di famiglie hanno dovuto rinunciare alla serata in pizzeria una volta al mese, i cittadini dovrebbero esultare per un taglio fra il 2009 e il 2010 del 13 per mille? Sul serio? Da una parte vengono massacrati i finanziamenti all'archeologia e agli Uffizi, alla Scala e alla musica sinfonica e dall'altra Palazzo Madama si dà una limatina?

Ma facciamoli questi conti: Camera, Senato e Quirinale costano ogni anno quasi 1900 milioni di euro. Cioè sette volte l'amputazione di 281 milioni ai Beni culturali. Bastonati soprattutto sul fronte degli investimenti: -26,3%, contro il taglio del 16,4% alle spese correnti. È giusto? Ed è giusto che i palazzi del Palazzo, a dispetto di tutte le promesse di sobrietà, continuino ad aumentare? Erano 15, nel 2007, gli edifici occupati dalla presidenza del Consiglio e dai suoi «allegati». E sembravano già un'esagerazione. Macché: nel 2009 il patrimonio immobiliare si è arricchito di un nuovo stabile in via dei Laterani 36, un altro preso in affitto in via della Vite e un terzo ancora in via dell'Umiltà. Operazioni che hanno fatto lievitare nel 2011 da 10 a 13,7 milioni l'esborso per affitti. Un salasso aggravato da altri 8 milioni abbondanti spesi per «la ristrutturazione del padiglione centrale» di un palazzo in via della Mercede comprato in precedenza insieme con un altro stabile ancora sullo stesso marciapiede, ma separati da una stradina.

Una seccatura: come passare dall'uno all'altro quando piove, senza bagnarsi o essere costretti ad aprire l'ombrello? Si farà un «collegamento ipogeo». Cioè un tunnel sotterraneo. Costo previsto: 250.000 euro al metro. Per un totale di 2 milioni e mezzo. Uno in più dei fondi per gli «interventi per il restauro e la sicurezza della Domus Aurea e dell'area archeologica centrale di Roma», ridotti dopo un taglio di un terzo a 1.564.000 euro. Perché mai la spettacolare Villa di Nerone dai meravigliosi affreschi dovrebbe avere la precedenza su un tunnel dei Padreterni?

Il Cabinet Office, la struttura paragonabile alla nostra presidenza del Consiglio nel Regno Unito, il Paese che per estensione territoriale, numero di abitanti e dipendenti pubblici è più simile all'Italia, ha registrato nell'ultimo bilancio costi di amministrazione per un controvalore di circa 220 milioni di euro, con un taglio del 4,3% sull'anno precedente. Troppo poco, ha detto David Cameron. E ha annunciato, il 20 ottobre 2010, l'intenzione di tagliare entro il 2014-15 le proprie spese del 35% in termini reali. È antipatriottico dire che su queste cose i cittadini britannici, che hanno già visto la Regina tagliare del 61% le spese di Buckingham Palace, hanno davanti esempi più seri?

Prendiamo le autoblu. Renato Brunetta dice che sono 86.000, per un costo di 2 miliardi e mezzo, più 75.000 circa usate per i servizi di sicurezza e vigilanza. «Dimezzabile in tre anni» spiega. Per questo nel 2010 ha promesso un provvedimento a settembre. Poi un disegno di legge a ottobre. Quindi un decreto d'urgenza per fine anno. Poi è arrivata l'Epifania, che tutte le feste si porta via. Furente, il direttore del Piccolo Teatro di Milano, Sergio Escobar, è sbottato: «L'Italia investe ogni anno 42 milioni di euro in più per le autoblu che per la cultura». Errore: il costo del parco macchine vale quasi due volte e mezzo gli stanziamenti culturali. La sola Camera, dicono i dati ufficiali, dispone di 20 macchine, di cui 2 blindate e 28 autisti. E i deputati che hanno diritto a utilizzarle sono 63.

Ma quanto costano, queste berline superaccessoriate usate per sfrecciare come abbiamo visto anche sul basolato dell'Appia Antica? Ce lo dice lo scandalo scoppiato intorno a Gianfranco Fini. La Bmw 750 benzina, tremila di cilindrata, 240 kW di potenza, compratagli da An «per far risparmiare Montecitorio», è stata pagata secondo «il Giornale» 97.740 euro. Cioè 2740 euro in più dei soldi stanziati nel 2011 per l'Accademia della Crusca, l'istituzione fiorentina che dal 1583 cerca di conservare la purezza della nostra lingua. Tre macchine come quella, assai apprezzata dai nostri politici, ed ecco già bruciato quasi l'intero finanziamento (350.000 euro) rimasto a disposizione della Biblioteca nazionale centrale di Firenze dopo il taglio del 50% operato da Bondi. Sei macchine come quella ed è bruciato tutto lo stanziamento (600.000 euro) alla Società Dante Alighieri che tenta di tenere alta la lingua italiana nel mondo. Deve tenere in vita 423 comitati sparsi per il pianeta, da Tashkent a Montevideo, da Bangkok a Città del Guatemala, da Minsk a Brisbane? Ha 220.000 studenti che seguono ogni giorno 3300 corsi di italiano? Segue «la vita dei nostri connazionali emigrati all'estero, dando conforto a comunità regionali presenti in ogni angolo del mondo, offrendo borse di studio e corsi di formazione»? Brava. Si arrangi.

Una scelta sconcertante. Tanto più se paragonata agli sforzi che altri Paesi insistono a compiere per mantenere i loro istituti culturali. Quali siano i numeri lo ricorda l'appello «S.O.S. per l'italiano» sul sito www.iodonna.it: «Il British Council ha a disposizione 220 milioni di euro, il Goethe Institut 218, lo spagnolo Cervantes 90, il portoghese Camões 13 e Alliance Française 10,6». Eppure, anche gli altri patiscono la crisi. Anzi, il nostro governo ripete tutti i giorni che «noi stiamo meglio degli altri».

Quel problema ammorbante dello squilibrio tra come sono trattate le cose «fuori» dal Palazzo e «dentro» il Palazzo non riguarda solo, purtroppo, Roma e le strutture centrali. Anche la periferia. Riguarda il Mezzogiorno, dove la Provincia «a tre piazze» di Barletta, Andria e Trani, finanziariamente con l'acqua alla gola, lancia un bando in cui alle aziende disposte a pagare un banco e una sedia per le scuole (69,80 euro) offre la possibilità di metterci sopra una placca pubblicitaria e contemporaneamente spende per arredare 3 stanze della propria presidenza 88.000 euro, pari al costo di 1260 banchi e 1260 sedie. Riguarda la Padania, dove la società pubblica regionale Friulia compra come auto di servizio le Jaguar e il presidente del consiglio del Friuli-Venezia Giulia Edouard Ballaman è costretto a dimettersi dopo essere stato svergognato sul «Messaggero Veneto» da un'inchiesta di Anna Buttazzoni con un interminabile elenco di «viaggi blu» privatissimi. Tante trasferte per andare a pranzo a casa dei suoceri. Una puntata a Jesolo «da un notaio per rogito appartamento al mare». Una serata con la fidanzata al ristorante Da Giggetto a Miane. Un viaggio all'aeroporto di Venezia «con fidanzata per accogliere nonna e zio di lei in arrivo dal Sudafrica per il matrimonio». Un paio di sfacchinate fino a Milano per assistere ai primi di maggio 2008 all'incontro di calcio tra la Padania e il Tibet e poi per partecipare alla proiezione del film fortissimamente voluto dai leghisti *Barbarossa* di Renzo Martinelli. E via così...

Un po' troppo, per il massimo rappresentante regionale di quella Lega nata tuonando contro le autoblu. Tanto più che, al divampare dello scandalo, saltano fuori altri peccatucci del passato. Come lo scambio delle mogli con l'allora sottosegretario agli Interni, lui pure leghista, Maurizio Balocchi. Niente sesso, si capisce: per aggirare la legge che vieta di assumere i propri parenti, lui prese in ufficio la signora Laura Pace, compagna di Balocchi, e Balocchi prese come collaboratrice Tiziana Vivian, alla quale Ballaman era legato prima di fidanzarsi e poi sposarsi con l'attuale compagna di autoblu.

Fine di una luminosa carriera? Non è detto. La cattiva politica, ormai, ci ha abituati a tutto. Anche ai ritorni più inaspettati. Per dirla nel linguaggio di Nicole Minetti, la disinibita signorina che gestiva le presenze femminili ai festini del Cavaliere ed è stata premiata con un seggio nel consiglio regionale lombardo da 150.660 euro netti l'anno (sei volte più della somma succulenta, 23.757 euro, messa a disposizione di chi trova importanti opere d'arte), in questi anni «ne abbiamo viste di ogni».

Come la leggina spuntata alla Regione Calabria tra Natale e Capodanno del 2010. Quando la gente era distratta dalle feste e meno attenta al tradimento delle promesse fatte per rabbonire la rivolta contro l'arroganza della mala politica. Umma umma, per iniziativa di Nicola Adamo, l'ex comunista, ex diessino, ex democratico traslocato nel gruppo misto, la Legge regionale 29 dicembre 2010, n. 34 è passata con un codicillo. Dice che «anche in deroga a quanto previsto dall'articolo 4 L. 154/81 e dell'articolo 65 D.lgs. 267/00 le cariche di Presidente e Assessore della Giunta provinciale e di Sindaco e Assessore dei comuni compresi nel territorio della Regione sono compatibili con la carica di Consigliere regionale».

Traduzione: contrariamente a ciò che dice la legge, sarà possibile essere contemporaneamente sindaci o assessori perfino di città grandi come Cosenza o Reggio, impegni così gravosi che non dovrebbero lasciare neanche il tempo di respirare, e deputati all'assemblea regionale. Una schifezza. Che lancia un segnale a chi in questi anni ha chiesto un po' di sobrietà al mondo invasivo dei prepotenti: «Ce ne fottiamo».

Il Pd, nonostante l'innovazione possa tornare utile un domani anche a qualche esponente della sinistra, ha votato contro. Il governatore Giuseppe Scopelliti, che viene da quella destra che un tempo su queste cose tuonava invocando moralità, ha fatto il pesce in barile dicendo di essere contrario ai doppi incarichi ma astenendosi. Il Pdl, alla faccia delle sparate berlusconiane contro i politici di mestiere e a favore della riduzione delle poltrone, ha lasciato ipocritamente «libertà di coscienza» ai propri iscritti come se si trattasse di temi sensibili legati all'aborto o alla bioetica.

La ributtante decisione del parlamentino calabrese (che esordisce con una dichiarazione d'intenti di indimenticabile doppiezza: «Programma di interventi per il contrasto alla 'ndrangheta») ha un solo merito: spazza via, se mai qualcuno avesse avuto ancora dei dubbi, l'idea che esistano due Italie. In realtà, su queste cose, come dimostra la riluttanza del Parlamento a sanzionare casi di doppi o tripli incarichi quale quello di Daniele Molgora, il leghista che a lungo è stato contemporaneamente sottosegretario, parlamentare e presidente della Provincia di Brescia, c'è qualcosa che tiene insieme la peggiore destra e la peggiore sinistra, il Nord e Sud, padani e terroni: il Pti. Partito trasversale ingordi.

Appendice

Paese	1994	2000	2004	2011	2015
Brasile	596,763	642,420	665,554	2.192,958	2.789,275
Cina	559,224	1.198,477	1.931,646	6.422,276	9.982,076
Francia	1.366,163	1.333,283	2.060,576	2.590,787	2.945,204
Germania	2.151,025	1.905,795	2.748,821	3.358,242	3.728,766
Giappone	4.778,992	4.667,448	4.605,939	5.683,292	6.517,481
India	323,936	479,871	690,321	1.598,394	2.412,368
Italia	**1.054,897**	**1.100,563**	**1.730,095**	**2.054,902**	**2.288,866**
Regno Unito	1.061,382	1.480,527	2.203,575	2.395,483	2.885,407
Russia	276,902	259,702	591,177	1.678,107	2.498,978
Spagna	516,718	582,377	1.045,671	1.366,093	1.539,834
Stati Uniti	7.085,150	9.951,475	11.867,750	15.157,285	18.029,317

Prodotto interno lordo a prezzi correnti.
Valori espressi in miliardi di dollari.
Fonte: Fondo monetario internazionale, previsioni 2011-2015.

Quanto rende il nostro patrimonio

Anno	Ingressi netti (a)	Servizi aggiuntivi lordi	Aggio statale (b)	Totale incassi netti (a+b)
2002	75.705.579	30.137.295	4.597.518	80.303.097
2003	74.685.473	33.704.857	5.199.670	79.885.143
2004	78.755.697	36.933.949	5.497.543	84.253.240
2005	82.239.114	39.057.149	5.740.123	87.979.237
2006	90.456.090	44.498.909	6.333.770	96.789.860
2007	91.356.128	43.446.284	6.191.975	97.548.103
2008	88.793.327	42.082.356	5.876.662	94.669.989
2009	82.869.847	39.669.721	5.525.259	88.395.106

Introiti di tutti i siti museali e archeologici statali italiani espressi in euro correnti.
Fonte: Elaborazione su dati del ministero dei Beni culturali.

I siti italiani più visitati

	2004	2005	2006	2007	2008	2009
Colosseo, Palatino e Foro Romano*	3.523.315	3.880.179	4.064.534	4.441.453	4.777.989	4.655.203
Pompei	2.267.939	2.354.471	2.544.097	2.545.670	2.233.496	2.070.745
Galleria degli Uffizi	1.429.546	1.342.558	1.664.232	1.615.986	1.554.256	1.530.346
Galleria dell'Accademia (Firenze)	1.172.672	1.177.513	1.237.012	1.286.798	1.234.435	1.130.149
Circuito di Boboli (Firenze)	677.528	741.420	714.762	776.373	654.600	640.320
Reggia di Caserta	662.915	657.045	679.182	657.060	494.135	562.256
Villa d'Este (Tivoli)	504.017	509.844	541.322	554.320	513.973	434.206
Museo di Castel Sant'Angelo	707.069	808.787	875.893	843.972	734.583	804.272

*Dal 1° dicembre 2007 comprende anche il Foro Romano, prima gratuito.
Numero di visitatori nei primi dieci siti museali e archeologici statali italiani a pagamento.
Fonte: Elaborazione su dati del ministero dei Beni culturali.

Il Met incassa il quintuplo di Pompei

	Scavi di Pompei	Metropolitan Museum	British Museum	Musée du Louvre
Numero visitatori	2.070.745	4.700.000	5.700.000	8.388.000
Ricavi da biglietteria	16.369.854	21.290.285	2.582.624	40.613.853
Visite guidate	11.873	n.d.	n.d.	2.548.232
Servizi aggiuntivi	951.461	65.532.451	19.047.257	5.907.273
TOTALE INTROITI PROPRI	17.333.188	86.822.736	21.629.881	49.069.358
Altri ricavi (donazioni, etc.)	n.d.	113.808.240	24.665.968	29.564.581
Contributi pubblici	n.d.	20.333.254	56.771.886	109.980.000
TOTALE ENTRATE	17.333.188	220.964.230	103.067.735	188.613.939

Fonte: Elaborazioni su dati del ministero dei Beni culturali e bilanci dei singoli musei (anno 2009).
N.B. Le cifre del Louvre sono relative al 2006.

Sempre meno soldi al ministero dei Beni culturali

	2001	2009	2010	2011	2012	2013
Spesa totale	2.386	1.730,78	1.710,40	1.429,20	1.421,50	1.417,90
Investimenti	749,6	329,17	290,5	213	208,6	208,2

lori espressi in milioni di euro correnti.
nte: Legge Finanziaria.

Il crollo dei fondi pubblici per cinema e teatro

1985	825
1990	805
2000	610
2001	631
2002	580
2003	587
2004	555
2005	508
2006	458
2007	465
2008	481
2009	402
2010	409
2011	258

Stanziamenti del Fus (Fondo unico per lo spettacolo)
espressi in milioni di euro correnti.
Fonte: Elaborazioni su dati dell'Osservatorio dello spettacolo.

Le destinazioni preferite dai turisti
(numero di presenze straniere)

	2002	2007	Incremento
Francia	76.722.000	81.940.000	6,8%
Spagna	51.748.000	58.666.000	13,3%
Stati Uniti	41.892.000	55.986.000	33,6%
Cina	36.803.000	54.720.000	48,7%
Italia	**39.799.000**	**43.654.000**	**9,7%**
Regno Unito	23.962.000	30.871.000	28,8%
Germania	17.969.000	24.420.000	35,9%

Fonte: World Tourism Organization.

Battuti anche dai cinesi
(la classifica delle prime dieci mete turistiche mondiali)

	1950	**1970**	**1990**	**2004**	**2009**
1	Usa	**Italia**	Francia	Francia	Francia
2	Canada	Canada	Usa	Spagna	Usa
3	**Italia**	Francia	Spagna	Usa	Spagna
4	Francia	Spagna	**Italia**	Cina	Cina
5	Svizzera	Usa	Ungheria	**Italia**	**Italia**
6	Irlanda	Austria	Austria	Regno Unito	Regno Unito
7	Austria	Germania	Regno Unito	Hong Kong	Turchia
8	Spagna	Svizzera	Messico	Messico	Germania
9	Germania	Jugoslavia	Germania	Germania	Malesia
10	Regno Unito	Regno Unito	Canada	Austria	Messico

Fonte: Elaborazione su dati della World Tourism Organization.

Il regno della illegalità ambientale
Domande di condono per le tre sanatorie edilizie (1985, 1994, 2003)

Periodo	Numero totale abusi	Abusi al giorno
1948-1983	3.900.000	297
1984-1993	300.000	82
1994-2003	400.000	68
TOTALE	**4.600.000**	**203**

Fonte: Paolo Berdini, *Breve storia dell'abuso edilizio in Italia*, Donzelli Editore, Roma 2010.

Il consumo di suolo in Italia
Superfici urbane e «cementificate» nel 2010

Regione	Chilometri quadrati	In % del territorio
Lombardia	3400	14,2
Veneto	2100	11,4
Emilia-Romagna	2000	8,9
Piemonte	1900	7,5
Sicilia	1900	7,4
Lazio	1500	8,7
Campania	1450	10,7
Toscana	1300	5,6
Puglia	1100	5,7
Sardegna	900	3,7
Calabria	870	5,8
Friuli-Venezia Giulia	740	9,4
Marche	540	5,8
Trentino-Alto Adige	390	2,9
Abruzzo	360	3,3
Umbria	350	4,1
Liguria	340	6,3
Basilicata	210	2,1
Molise	70	1,6
Valle d'Aosta	70	2,1
TOTALE	**21.490**	**7,1**

Fonte: Legambiente.

La povertà delle biblioteche italiane

Stati Uniti	246
Francia	237,3
Giappone	231,7
Regno Unito	187,7
Germania	127,5
Spagna	92,7
Grecia	88
Italia	**70,1**
Turchia	16,5

Numero di volumi per 100 abitanti, 2006.
Fonte: The European House-Ambrosetti
su dati International Library Statistics (2010).

Come scivoliamo nella classifica della corruzione

	Italia	Spagna	Germania	Francia	Regno Unito
2001	29	22	20	23	13
2002	31	20	18	25	10
2003	35	23	16	23	11
2004	42	22	15	22	11
2005	40	23	16	18	11
2006	45	23	16	18	11
2007	41	25	16	19	12
2008	55	28	14	23	16
2009	63	32	14	24	17
2010	67	30	15	25	20

Posizione occupata nell'anno di riferimento nel Corruption Perceptions Index.

Ringraziamenti

Grazie a Matteo Marchetti, prezioso nell'aiuto su internet e dintorni. Grazie a Gianpiero Mattachini e agli amici del Centro di Documentazione del «Corriere della Sera», da Cristina a Daniela, da Giancarlo a Giuliano, da Luigi a Paola, da Silvia a tutti gli altri che ci hanno aiutato nelle ricerche. Grazie agli archivi della Rizzoli, del «Giornale», del «Foglio», dell'«Espresso», della «Repubblica» per averci dato una mano su cose specifiche difficili da rintracciare. Grazie a Infocamere, Antonio Albanese, Giuseppe Baldessarro, Davide Bonetti, Alfonso Bugea, Simona Brandolini, Lino Buscemi, Filippo Ceccarelli, Emiliano Fittipaldi, Alberto Fiorillo, Enrico Girardi, Piero Guerrera, Antonio Irlando, Fabio Isman, Emanuele Lauria, Antonio Merlo, Alessandra Mottola Molfino, Alma Rossi, Salvatore Settis e quanti ancora, con la memoria di chi conosce bene il tema e l'affetto degli amici, ci hanno aiutato a ricordare un'infinità di episodi, curiosità e dettagli. Ma soprattutto grazie a Michela Cosili, Sara Grazioli e Carlotta Petacco che ci hanno seguito passo passo con intelligenza, affetto, pazienza.

Indice dei nomi

Indice generale

Finito di stampare
nel mese di febbraio 2011 presso
Grafica Veneta S.p.A. - Via Malcanton, 2 - Trebaseleghe (PD)

Printed in Italy